Théophile Gautier

Reise in Andalusien

MÉD

AFRIO

DÉTROIT DE GIBRALTAR

Tanger

Tetouan

CORDOBA

SEVILLA

CADIX

8   7   6   5

Théophile Gautier
Reise in Andalusien

Mit 28 Holzstichen

von Gustave Doré

Herausgegeben

und ins Deutsche übertragen von

Ulrich C. A. Krebs

Büchergilde Gutenberg

Inhaltsverzeichnis

Vorwort des Herausgebers

Wer gern alte Reisebeschreibungen liest, befriedigt damit meist ein nostalgisches Verlangen nach einer schöneren und schwereloseren Welt, die auf ewig im brodelnden Krater des Fortschritts versunken ist. Dieser Gewinn läßt sich sogar aus den trockenen Berichten professioneller Entdecker ziehen, deren Sinn eher auf finanziellen oder botanischen Erwerb als auf Einfühlung in Land und Leute gerichtet war und die mit dem Degen oder dem Skalpell besser umzugehen wußten als mit der Feder. Seit Goethes Italienreise auf den Spuren Winckelmanns, seit Byrons empfindsamen und dithyrambischen Mittelmeerfahrten lockte es um die Mitte des 19. Jahrhunderts immer mehr bedeutende Dichter und Denker in die romantische Ferne. Dabei kristallisierten sich zwei Hauptziele heraus. Der malerische Rhein mit seinen Burgruinen hatte es denen angetan, die wie Victor Hugo oder W. M. Thackeray nicht nur von vergangener Ritterherrlichkeit träumen, sondern ihre Eindrücke mit Stift und Pinsel festhalten wollten.

Das andere Ziel war Spanien, das seit der napoleonischen Invasion vor allem die Franzosen anzog. Hier suchte man zwar auch die Zeugen einer märchenhaften Vergangenheit, ebenso aber eine bunte und abenteuerliche Gegenwart, an der sich im Unterschied zu den

Schauplätzen der hastenden industriellen Revolution jahrhundertelang kaum etwas geändert hatte. Man suchte die leibhaftige Carmen und nicht die sagenumwobene Brunhilde.

Nach diesem Land des Wunders in der Wirklichkeit sehnte sich auch Théophile Gautier (1811 bis 1872), als er sich mit seiner Lyrik einen Namen gemacht und Paris mit literarischen Skandalen aufgerüttelt hatte. Aus Protest gegen das philiströse Kunstverständnis seiner Zeit trug er bei der Erstaufführung von Victor Hugos *Hernani* zur allgemeinen Empörung die inzwischen legendär gewordene rote Weste. Diesen Protest artikulierte er 1834 in dem langen und ebenso aufsehenerregenden Vorwort zu *Mademoiselle de Maupin*, dem Roman des Mädchens, das auszieht, um das Leben in Männerkleidung zu erfahren, weil dies in der Frauenrolle unmöglich ist. Die sensationelle Wirkung des sittenlosen Romans wurde noch übertroffen von der des besagten Vorworts, das mit dem Buch kaum etwas zu tun hat, sondern ein Manifest gegen die verlogene Moral der Bourgeoisie und ein Bekenntnis zur Kunst um ihrer selbst willen ist.

Im Mai 1840 begann die sechs Monate währende Reise in Begleitung des Freundes und Kunsthändlers Eugène Piot, der meinte, im Spanien der politischen Wirren und säkularisierten Klöster Murillos und Goyas für ein Ei und Butterbrot einhandeln zu können, aber nicht entfernt auf seine Kosten kam. Der Weg führte über Bordeaux, Irun, Burgos, Valladolid nach Madrid, von wo Abstecher zum Escorial und nach Toledo gemacht wurden. Nachdem man Frankreich in komfortablen Postkutschen durcheilt hatte, begann jenseits der Pyrenäen das Wagnis in von zehn Maultieren gezogenen Kaleschen, vor die man im bergigen Gelände noch sechs Ochsen spannte. Die Herbergen waren ärmlich aber sauber, das Essen, auf das der unersättliche Théophile den allergrößten Wert legte, wurde karg. Alle Unzulänglichkeiten und Strapazen konnten jedoch die gute Laune der beiden jungen Männer nicht trüben, die emsig Land und Leute studierten und alle Kunstobjekte in erreichbarer Nähe aufstöberten und besichtigten. Gautier machte gewissenhaft Notizen; als maßgebender Literatur-, Theater- und Kunstkritiker des damaligen Paris hatte er die Reise mit dem Vorschuß finanzieren können, den ihm sein Verleger auf den Bericht gezahlt hatte.

Das Ziel der Sehnsucht war nun allerdings nicht Spanien, sondern Andalusien, das Land, wo die Agaven blühn. Neugier und Wissensdurst wurden in Kastilien genauso gestillt und die Ergebnisse registriert, aber die hellste Begeisterung wurde für den Süden aufgespart. Dort sollte das Herz mit den Menschen schlagen, hier beobachtete noch allein der Verstand. So eindrucksvoll die Schilderungen von Landschaft und Volkstreiben, so amüsant die Reiseepisoden, so treffend und fesselnd die Kunstbetrachtungen auch sein mögen, so wird die Szene doch aus der Sicht des Zuschauers, sozusagen aus der Proszeniumsloge wahrgenommen. Insofern ist der ganze erste Teil die Erzählung von einer Anreise, die man mit dem Verlassen Madrids erleichtert und hoffnungstrunken hinter sich gebracht hat. Wir beginnen daher die vorliegende — übrigens erste — deutsche Ausgabe mit diesem Moment der Abfahrt von Madrid.

Erst jetzt wird es spannend und abenteuerlich. Land-

schaft und Vegetation werden exotisch, Gefahr von Wegelagerern droht ständig, und Kontakte zu den Mit-
reisenden knüpfen sich zwanglos an. In Granada wird
Gautier völlig in den Bann des gesellschaftlichen Lebens gezogen, erliegt er dem Charme der Stadt und
ihrer Menschen.

Und so kann es einem auch heute noch ergehen.
Wenn man aus den atemlähmenden Betonvilles von
Torremolinos oder Marbella in die Stadt am Fuße der
Sierra Nevada entronnen ist, umfängt einen trotz Stra-
ßenlärms und Auspuffgasen die gleiche herzerquicken-
de Atmosphäre, die schon Gautier begeisterte. Selbst
die Ausdünstungen des Touristenstromes können sie
nicht verschmutzen. Es ist eine Stadt, der man unweigerlich verfällt.

Im Grunde hat sich nichts geändert. Was Gautier
von Córdoba schreibt, gilt noch heute. Es ist eine tote
Stadt, in der man nur die Mezquita und deren unmit-
telbare Umgebung wahrnimmt und keinen Spanier
außer Droschkenkutschern und Kellnern trifft. Welcher
Tourist hätte jemals das *ayuntamiento* gesehen? Im
Führer wird es nicht vermeldet; es liegt außerhalb des
sehenswerten Bezirks. Sevilla ist nach wie vor der lebendige und seelenlose Handelsplatz, wo die Giralda
ein Versatzstück ist wie in Hamburg der Michel. Mit
dem Gautier in der Hand kommt man jedenfalls noch
immer durch das ganze Land, wenn auch gewisse bedeutende Bauwerke wie die Kathedrale von Granada
nur beiläufig erwähnt werden und die Vier-Sterne-Ho-
tels nicht verzeichnet sind.

Getreu seinem Prinzip des *l'art pour l'art*, wonach
sich eine Kunstform in die andere transponieren läßt,

bildet der einstige Malschüler, der frühzeitig den Pinsel gegen die Feder als Werkzeug ausgewechselt hatte, die Kunstwerke an seinem Wege in Sprache nach. Diese Denk- und Betrachtungsweise erweitert sich auf die gesamte sichtbare Welt, die als einzige für ihn existiert und die er mit Worten zu malen bestrebt ist. Die Politik der wechselnden Regierungen seiner Zeit verachtet er als geistlos und engstirnig; philosophischen, religiösen und sozialen Fragen gegenüber ist er von spöttischer Gleichgültigkeit. Kein Wunder, daß man ihm Ideenarmut und Gefühlskälte vorgeworfen und den Tiefgang abgesprochen hat, der besonders in deutschen Augen den wahren Dichter ausmacht. Allenfalls bewilligt man ihm Meisterschaft in Form und Sprache sowie kunstvolles Nachempfinden ohne Originalität.

Philister, gegen die Gautier mit seinem Manifest zu Felde zog, haben es ihm nicht verziehen und werden es ihm nie verzeihen, daß er sich über sie lustig macht. Selbst wenn man Verständnis dafür aufbringt, daß bei Anlegung ihrer Wertmaßstäbe seine Lyrik und erzählende Prosa wegen unzureichender Gefühlstiefe nur mäßige Noten erhalten kann, so machen ihn gerade diese angeblichen Mängel zum idealen Reiseschriftsteller, dessen Qualitäten eher vom Sehen und Malen als vom Fühlen und Dichten bestimmt werden.

Sein Bericht über die Spanienfahrt erschien als Vorabdruck erst in *La Presse*, dann in der *Revue des Deux Mondes* unter dem Haupttitel *Tra* — falsch für *Tras* — *los Montes*, der in späteren Auflagen zugunsten des Untertitels *Voyage en Espagne* fallengelassen wurde. Es ist zweifellos eins von Gautiers fesselndsten Büchern, dessen Wert nicht zuletzt darin besteht, daß seine lebendigen und bildkräftigen Schilderungen wesentlich noch heute Gültigkeit besitzen. Er schreibt, wie er denkt, ehrlich und unprätentiös, ohne Vorbehalte und ohne Rücksicht auf bestehende Vorurteile. Dank der ihm nachgesagten dürftigen dichterischen Phantasie deklamiert er nie. Der Anblick eines vom Blitzschlag getroffenen Baumes oder des rinnenden Baches gemahnt ihn nicht an die Vergänglichkeit des menschlichen Lebens. Er verabscheut alle Plattheiten und Gemeinplätze, vergießt keine heuchlerische Träne über die blutigen Opfer des Stierkampfs. Seine Worte wählt er wie Farben, um genau den rechten Ton zu treffen, den gewollten Eindruck hervorzurufen, und gebraucht weder überflüssige noch gespreizte Ausdrücke. Der witzige und fesselnde Erzähler lugt nur diskret hinter seinem pointillistischen Kanvas hervor.

Ein eitles Selbstporträt mit flachem spanischen Hintergrund ist dagegen die aufschneiderische Anekdotensammlung, in die Alexandre Dumas den Bericht über seine Spanienreise vom Jahre 1846 kleidete. Als Abgesandter Frankreichs bei der Doppelhochzeit im spanischen Königshause sonnte er sich in seiner offiziellen Rolle und im Glorienschein des längst ins Spanische übersetzten Erfolgsautors und nahm die Zuvorkommenheiten der von höchster Stelle vorgewarnten Zollbeamten und Provinzgouverneure gnädig entgegen. Mit seinem zahlreichen Gefolge und einem ehrfurchtgebietenden Arsenal hatte Dumas wie vor ihm Gautier das Pech, keinem einzigen Wegelagerer zu begegnen. Die Spitzenerzeugnisse der renommiertesten Pariser Büchsenmacher mußten sich infolgedessen damit begnügen, spanischen Bewunderern vorgeführt und dazu mißbraucht zu werden, von armen Gastwirten reiche Mahlzeiten zu erpressen. Bei einer großen, ihm zu Ehren veranstalteten Treibjagd auf Wildschweine und Hirsche wurden sie immerhin in Anschlag gebracht, doch kam Dumas nicht zum Schuß. Der geliebte Sohn, der wenig später durch die Kameliendame literarische Geltung errang, verschlief die Jagd, denn Schlaf in jeder Form war seine Lieblingsbeschäftigung; er hatte sich vermutlich bei der Schürzenjagd übernommen oder litt noch unter der Augenverletzung, die er bei einer Schlägerei in Granada davongetragen hatte. Unumwunden gibt Dumas père jedenfalls zu, daß ihm Gautier an Geltungskraft überlegen ist, indem er schreibt: ›Er arbeitet zugleich mit Feder und Pinsel, meistert als einziger sowohl das Handwerk der Worte als auch das Zauberwerk der Farben und kann das malen, was ich nicht einmal zu skizzieren wage.‹

Von ganz anderem Rang ist das voluminöse Buch des Barons Davillier, der nach vielen früheren Besuchen des Landes im Jahre 1862 eine Spanienreise mit Gustave Doré (1832 bis 1883) unternahm. Als wohlhabender Sammler und Privatgelehrter hatte er gerade sein grundlegendes und heute noch wichtiges Werk über die hispano-maurische Fayencekunst veröffentlicht. In die Rahmenerzählung vom Ablauf der Reise sind sehr ausführliche geschichtliche, kunsthistorische und folkloristische Abhandlung eingeschaltet. So interessant und instruktiv diese sind, so hemmen sie doch den Fluß der Handlung und beschweren den Quartband in der Hand des Laien.

Dem vermögen auch die mehr als dreihundert Holzstiche nicht abzuhelfen, mit denen Gustave Doré das

Buch belebt und geschmückt hat. Während seine imaginären Illustrationen zu großen Werken der Weltliteratur von Rabelais bis zur Bibel noch heute Allgemeingut sind, waren die realitätsnahen zu Davilliers Reise in dieser Verpackung unverdient zur Obskurität verdammt, obwohl sie zu seinen besten gehören und die *cosas de España* mit einer Intuition erfassen, die einem Nordländer selten gegeben ist. Um wenigstens einige der Vergessenheit zu entreißen, wurde in diese Ausgabe eine Anzahl der charakteristischsten Holzstiche eingestreut.

Eine Auswahl erschien ohnehin angebracht, weil die Ansichten großenteils nicht auf Originalskizzen beruhen, sondern in Dorés Atelier Photographien nachgestochen wurden, die man unterwegs aufgenommen hatte. Die schmale künstlerische Leistung bestand hier im Einkomponieren von Figuren zur Staffage (z. B. Seite 89). Die eigenen Entwürfe wurden je nach beabsichtigter Stimmung in Linienschnitt (z. B. Seite 35) oder in Tonstich (z. B. Seite 49), zuweilen auch in Mischtechnik ausgeführt.

Mit gewissem Recht ließe sich einwenden, Gautiers Sprache sei so bildkräftig, daß sie Illustrationen überflüssig mache. Hätten andererseits die beiden miteinander Spanien bereist, ist nur vorstellbar, daß aus ihrem Erlebnisbericht in Wort und Bild eine ideale und kongeniale Harmonie geklungen hätte, zumal Schriftsteller und Künstler eng befreundet waren; 1866 illustrierte Doré Gautiers *Capitaine Fracasse*.

Für die Kürzung einiger weniger Passagen, die nur aus der Situation der damaligen Pariser Kunst- und Theaterszene verständlich sind, bittet der Herausgeber um Nachsicht. Der bekannte Kritiker glaubte es seinem Publikum schuldig zu sein, ein paar Proben der gewohnten Kost zu servieren und beispielsweise einen Leitartikel über das zeitgenössische spanische Melodrama und Vaudeville einzuschalten.

Gautier war nie verheiratet, aber seine beiden Familien machten ihm ständige Geldsorgen, andererseits jedoch viel Freude, weil die ganze Sippe durch Dick und Dünn zusammenhielt. Von seiner Freundin Eugénie Fort hatte er einen Sohn, Théophile Gautier fils (geboren 1836), den er anerkannte. Was dieser veröffentlichte, hat ausschließlich mit Deutschland zu tun. Als Beamter – Sous-préfet und zeitweilig Pressesprecher des Innenministeriums – schrieb er ein Buch über die preußische Provinzverwaltung. Als Literat übersetzte er L. A. von Arnims Novellen und Goethes *Wilhelm Meister* ins Französische. Den nachhaltigsten Erfolg hatte er mit seiner Fassung von Bürgers *Münchhausen,* weil sie mit Gustave Dorés phantasievollen Illustrationen ausgestattet war. Meist schrieb ihm der Vater ein Vorwort, was er vergalt, indem er dem alten Herrn den Gang ins Theater abnahm und ihm die Kritik zumindest im Rohbau lieferte.

Die Schauspielerin Ernesta Grisi schenkte Théophile Gautier zwei Töchter, die er ebenfalls legitimierte. Die ältere, Judith (geboren 1846), war eine erfolgreiche Schriftstellerin, oft mit ins Deutsche übertragenem Familiennamen unter dem Pseudonym Judith Walter. Als glühende Verehrerin Richard Wagners trug sie unter anderem durch ihr Buch *Richard Wagner et son oeuvre poétique* (1882) wesentlich dazu bei, dem Dichter-Komponisten in Frankreich die Wege zu ebnen. Sie war häufig zu Gast in Wahnfried und übersetzte den Parsifal (1893).

So eng befreundet und so ausgelassen Théophile Gautier und Gustave Doré zum Beispiel auf ihrem Pyrenäenausflug im Jahre 1855 miteinander gewesen waren, so trübte sich das Verhältnis, als der Künstler immer weiter von seiner ursprünglichen, phantasiegeladenen Eigenart abrückte und den Zeichenstift gegen den Pinsel tauschte, um riesige religiöse Prachtschinken zu malen, deren Abmessungen zuweilen über fünfzig Quadratmeter hinausgingen. Damals unterschrieb er Briefe: *G. Doré, chrétien militant.*

Gautier hingegen galt als Heide. Wie gottlos er war, ist aus der letzten Strophe eines auf den steinigen Höhen der Sierra Nevada konzipierten Gedichtes aus dem Zyklus *España* (1845) zu entnehmen:

Ils ne rapportent rien et ne sont pas utiles;
Ils n'ont que leur beauté, je le sais, c'est bien peu.
Mais moi, je les préfère aux champs gras et fertiles,
Qui sont si loin du ciel qu'on n'y voit jamais Dieu.

Wüst und unersprießlich sind die steinigen Höhen der Sierra Nevada;
Sie wirken nur durch ihre Schönheit, und ich weiß, daß ist sehr wenig.
Aber ich ziehe sie den ertragreichen und fruchtbaren Ebenen vor,
die so weit vom Himmel entfernt sind, daß man dort niemals Gott sieht.

Reise in Andalusien

I

Madrid — Jaén — Granada

Madrid war uns unerträglich geworden, und die beiden letzten Tage vor unserer Abreise kamen uns vor wie mindestens zwei Jahrhunderte. Unsere Gedanken waren nur noch mit Orangen- und Zitronenbäumen, mit *cachuchas*, Kastagnetten und malerischen Kostümen beschäftigt, denn alle Welt schilderte uns die Wunder Andalusiens mit jener etwas großsprecherischen Emphase, welche sich die Spanier ebensowenig je abgewöhnen werden wie in Frankreich die Gascogner.

Endlich war der ersehnte Augenblick gekommen, denn alles und sogar der herbeigewünschte Tag kommt einmal, und wir fuhren ab in einem sehr komfortablen Postwagen, vor den eine Herde von stämmigen, schnellfüßigen Maultieren mit kurzgeschorenem, glänzendem Fell gespannt war. Das Innere des Wagens war mit Nanking ausgeschlagen; als Sonnenschutz dienten grüne Jalousien und Gardinen. Nach den fürchterlichen *galeras, sillas volantes* und Kaleschen, in denen wir bisher durchgeschüttelt worden waren, kam er uns als das Höchste an Eleganz vor. Er hätte in der Tat ein recht bequemes Gefährt abgegeben, wäre nicht diese Bruthitze gewesen, die uns trotz unserer unablässig betätigten Fächer und unserer äußerst leichten Kleidung röstete. Außerdem erhob sich in unserem rollenden Schwitzkasten eine pausenlose Litanei von *Jesus!*

que calor! ich ersticke! ich schmelze! und anderen Ausrufen. Indessen nahmen wir unser Kreuz geduldig auf
uns und ließen unseren Schweiß ohne viel zu schimpfen in Kaskaden an Nase und Schläfen hinunterrinnen.
Schließlich hatten wir am Ende unseres Leidensweges
die Aussicht auf Granada und die Alhambra, den Traum
jedes Poeten, Granada, dessen bloßer Name den behä-
bigsten Bürger in Begeisterung ausbrechen und auf
einem Bein tanzen läßt.

Die Umgebung Madrids ist traurig, öd und versengt, wenn auch weniger steinig auf dieser Seite als
von Norden her. Das eher geworfene als bewegte Gelände verläuft eintönig ohne andere Unterbrechung als
hier und dort inmitten der allgemeinen Dürre ein staubiges, kreidiges Dorf, das man gar nicht bemerken würde, lenkte nicht der viereckige Kirchturm den Blick auf
sich; die spitze Form trifft man selten in Spanien. An
Straßenkreuzungen öffnen verdächtige Kreuze ihre un-
heilgemahnenden Arme. Ab und zu trifft man Ochsenkarren mit dem Fuhrmann schlafend unter seinem
Mantel oder verwegen aussehende Bauern zu Pferde
mit dem Karabiner über dem Sattelbogen.

Um die Tagesmitte hat der Himmel die Farbe von
geschmolzenem Blei, und die Erde brütet in glimmri-
gem Staubgrau, das selbst in sehr großer Entfernung
nur einen leichten bläulichen Ton annimmt. Nicht eine
einzige Baumgruppe, kein Gebüsch, nicht ein Tropfen
Wasser in den ausgetrockneten Bachbetten; nichts, was
den Blick anziehen, die Phantasie beflügeln könnte.
Um etwas Schutz vor den verzehrenden Sonnenstrahlen zu finden, muß man dem schmalen Streifen spärlichen, blauen Schattens folgen, der von den Mauern

geworfen wird. Ehrlich gesagt, waren wir mitten im Juli, was in Spanien nicht gerade eine kühle Reisezeit ist. Wir meinen jedoch, daß man ein Land in seiner charakteristischsten Saison besuchen sollte: Spanien im Sommer, Rußland im Winter.

Bis zur königlichen Residenz, dem Palacio Real von Aranjuez, stießen wir auf nichts Erwähnenswertes. Das Schloß ist ein roter Ziegelbau mit weißen Ortquadern; die hohen Schieferdächer, die Pavillons und die Wetterfahnen erinnern an den Stil zur Zeit von Henri IV und Louis XIII, an Fontainebleau oder die Palais der Place Royale in Paris. Der Tajo, der von einer Hängebrücke überspannt wird, sorgt für die von allen Spaniern bestaunte Frische und Üppigkeit der Vegetation. Diese Verhältnisse gestatten es Bäumen aus dem Norden in Aranjuez kräftig zu gedeihen, so daß man Eschen, Birken und Pappeln sieht, die einem hier unten so exotisch vorkommen, wie es bei uns Banyanbäume, Agaven oder Palmen täten. Man zeigte uns eine eigens für Godoy, den berühmten Friedensfürsten, angelegte Galerie, welche er benutzte, um sich von seinem Haus ins Schloß zu begeben. Am Ortsende liegt links eine ziemlich monumentale Stierkampfarena.

Während des Maultierwechsels schlenderten wir zum Markt, um einen Vorrat von Orangen einzukaufen und in einer dieser Erfrischungsbuden unter freiem Himmel, die in Spanien so häufig sind wie in Frankreich die Kneipen, ein Eis zu essen oder vielmehr Eisschnee mit Zitronensaft. Anstatt gläserweise schlechten Rotwein und Schnaps zu kippen, nehmen die Bauern und Marktweiber eine *bebida helada*, die auch nicht mehr kostet und ihnen zumindest nicht in den Kopf steigt oder sie gar auf die Dauer verblödet. Daß es Trunkenheit nicht gibt, macht die Leute aus dem Volke den entsprechenden Schichten in unseren angeblich zivilisierten Ländern weit überlegen.

Der Name Aranjuez wird aus *ara Jovis* abgeleitet und läßt darauf schließen, daß der Ort an einem Platz gelegen ist, wo einst ein Jupitertempel bestand. Das Innere des Palastes zu besichtigen hatten wir keine Zeit, was wir kaum bedauerten, weil sich alle Paläste ähneln. Das Gleiche gilt für Hofschranzen: Originalität ist nur beim Volk zu finden; der Pöbel scheint das Privileg der Poesie gewahrt zu haben.

Zwischen Aranjuez und Ocaña ändert sich zwar nicht viel, doch wird die Landschaft anmutiger. Schön gewellte Hügel, fein gezeichnet durch Licht und Schatten, beleben das Gelände zu beiden Seiten der Straße, wenn der Staubwirbel, in welchen der Wagen wie ein Gott in seine Wolke gehüllt ist, sich durch einen gefälligen Lufthauch lichtet und den Blick freigibt. Der Straßenzustand ist trotz der mangelhaften Instandhaltung ganz annehmbar, nicht nur wegen des günstigen Klimas, wo es kaum jemals regnet, sondern auch weil so wenige Fahrzeuge verkehren, denn Tragtiere besorgen die meisten Transporte.

In Ocaña sollten wir zu Abend essen und übernachten in Erwartung des *correo real*, denn wenn wir zusammen mit ihm weiterfuhren, begaben wir uns unter den Schutz einer Eskorte; dies war zweckmäßig, weil wir bald in der Mancha angelangt sein würden, die damals von den Banden der Palillos, Polichinelas und anderen ehrenwerten Leuten, denen zu begegnen nicht gerade angenehm ist, verunsichert wurde. Wir hielten an einem Gasthaus von einladendem Äußeren mit einem säulenumstandenen *patio;* dieser war mit einem prächtigen Zeltdach abgedeckt, dessen Stoff, teils einfach, teils doppelt, durch die mehr oder weniger große Lichtdurchlässigkeit hübsch gemustert war. Name und Adresse seines Fabrikanten in Barcelona waren nach diesem Verfahren gut leserlich angebracht. Myrten, Granatapfelbäume und Jasminbüsche in roten Tonkruken belebten und parfümierten diesen Innenhof mit seinem geheimnisvoll gedämpften Zwielicht. Der *patio* ist eine geniale Erfindung. Man hat dort mehr Kühle und Platz als in seinem Zimmer; man kann dort umherwandeln, lesen, alleinbleiben oder mit anderen zusammensein. Er ist neutrales Gelände, wo man sich trifft, wo man sich ohne lästige Formalitäten kennen und vielleicht schätzen lernt. Hat man dann wie in Granada oder Sevilla noch zusätzlich einen Springbrunnen, so gibt es für mich nichts, was köstlicher wäre, besonders in einer Gegend, wo das Thermometer ständig senegalesische Hitzegrade anzeigt.

In der Zwischenzeit bis zum Abendessen hielten wir Siesta, eine Gewohnheit, die man in Spanien unbedingt annehmen muß, denn von zwei bis fünf Uhr ist es so heiß, daß sich ein Pariser keinen Begriff davon machen kann. Das Pflaster brennt, die eisernen Türklopfer werden rotglühend, ein Feuerregen scheint vom Himmel zu fallen, das Korn platzt in der Ähre, die Erde wird rissig wie die Glasur eines überheizten Ofens, die Grillen lassen ihre Panzer lebhafter denn je schrillen und das bißchen Luft, das man schnappen kann, ist wie der Hauch aus dem bronzenen Schlund eines Hochofens. Die Geschäfte sind geschlossen, und alles

Gold auf Erden würde den Krämer nicht verleiten, einem etwas zu verkaufen. In den Straßen gibt es nur Hunde und Franzosen, wie der Volksmund so wenig schmeichelhaft für uns sagt. Die Führer lehnen es ab, einem auch nur die geringste Sehenswürdigkeit zu zeigen, böte man ihnen selbst eine Havannazigarre oder eine Eintrittskarte zum Stierkampf, beides Dinge von außerordentlichem Reiz für dienstbare Geister in Spanien. Es bleibt einem nichts weiter übrig als zu schlafen wie die anderen, und man findet sich rasch damit ab. Was sollte man als einzig Wachender inmitten einer schlafenden Nation auch schon tun?

Unsere gekalkten Zimmer waren tadellos sauber. Die Insekten, von denen man uns so kribblige Geschichten erzählt hatte, erschienen noch nicht, und unser Schlummer wurde von keinem tausendfüßigen Alpdruck gestört.

Um fünf Uhr standen wir auf, um uns die Wartezeit mit einem Rundgang zu vertreiben. Viel Sehenswertes gibt es nicht in Ocaña; seinen größten Anspruch auf Berühmtheit kann es wegen des verzweifelten Angriffs spanischer Truppen auf eine französische befestigte Stellung während des Invasionskrieges erheben. Diese wurde zwar genommen, doch blieb fast das gesamte spanische Bataillon auf dem Platze. Man begrub jeden dieser Helden an der Stelle, wo er gefallen war. Die Reihen waren trotz des Kugelhagels so fest geschlossen geblieben, daß man sie an der Symmetrie der Gräber jetzt noch erkennen kann.

Zu einer Zeit, wenn das Getreide bei uns kaum gelb zu werden anfängt, war die Ernte hier schon fast eingebracht; man schafft die Garben auf große Flächen aus gestampfter Erde, etwa wie Manegen, wo Pferde oder Maultiere die Ähren unter dem Getrampel ihrer unbeschlagenen Hufe entkörnen. Die Tiere sind vor eine Art Schlitten gespannt, auf dem der Drescher aufrecht in stolzer Haltung von kraftvoller Grazie steht. Man braucht viel Geschick und Sicherheit, um sich auf diesem schwankenden Gefährt zu halten, das von drei oder vier Pferden unter unablässigen Peitschenhieben herumgewirbelt wird. Ein Maler der Schule von Léopold Robert würde aus diesen Szenen von biblischer Primitivität mannigfache Anregungen beziehen. Hier würden ihm die schönen, tiefgebräunten Köpfe, die funkelnden Augen, die Madonnengesichter, die ausdrucksvollen Kostüme, das pralle Licht, Himmelsbläue und Sonne ebensowenig mangeln wie in Italien.

An diesem Abend war der Himmel von milchigem Blau mit einem rosa Schimmer. Soweit der Blick reichte, boten sich ihm die Felder als unermeßliche, blaßgoldene Fläche, auf der hier und da wie Inselchen in einem Ozean von Licht Ochsenkarren auftauchten, deren Gespann nahezu unter den Garben verschwand. Das für die chinesische Kunst charakteristische, schattenlose Trugbild war hier verwirklicht. Alles war strahlender Glanz; kein Ton war dunkler als perlgrau.

In einem niedrigen Raum, der mit auf Glas gemalten Bildchen in einem etwas sonderlichen, venezianischen Rokokostil geschmückt war, wurde uns schließlich ein annehmbares Abendessen serviert. Als mäßige Raucher und weil mein Reisekamerad und ich mit unseren dürftigen spanischen Brocken uns nur unbeholfen an der Unterhaltung beteiligen konnten, gingen wir nach dem Essen in unsere Zimmer. Durch die verschiedenen Räubergeschichten, die wir bei Tisch gehört hatten und die, halbverstanden, uns nur noch schrecklicher erschienen, waren wir recht kleinmütig geworden.

Bis zur Ankunft des *correo real* um zwei Uhr nachmittags mußten wir ausharren, denn ohne ihn weiterzufahren wäre unklug gewesen. Zusätzlich bekamen wir eine Sondereskorte von vier mit Donnerbüchsen, Pistolen und großen Säbeln bewaffneten Reitern. Es waren hochgewachsene Männer in spitzen Hüten, breiten, roten Schärpen, Samthosen und Ledergamaschen, die mit ihren verwegenen, von enormen, schwarzen Backenbärten gerahmten Gesichtern eher nach Räubern als nach Gendarmen aussahen; bestimmt war es besser, sie mitzunehmen, damit man nicht befürchten mußte, ihnen unterwegs zu begegnen.

Zusammengepfercht auf einer *galera* folgten zwanzig Soldaten dem *correo real*. Eine *galera* ist ein ungefederter, zwei- oder vierrädriger Karren mit einem Boden aus Weidengeflecht anstelle von Brettern. Diese kurze Beschreibung gibt eine Vorstellung von der Lage der armen Teufel, die aufrecht bleiben und sich mit den Händen an die Wagenleitern klammern mußten, um nicht durcheinander zu purzeln. Nimmt man eine Geschwindigkeit von 18 Kilometern in der Stunde und eine mörderische Hitze bei praller Sonne hinzu, kann man ermessen, daß ein gut Teil heldenhaften Galgenhumors dazugehörte, um diesen Zustand erfreulich zu finden. Und dennoch taten diese bedauernswerten Soldaten in ihren zerlumpten Uniformen, leeren Magens, mit nichts zu trinken als das warme Wasser aus der Feldflasche und herumgeschüttelt wie Ratten in der Falle, nichts anderes, als aus vollem Halse zu lachen und von Anfang bis Ende der Fahrt zu singen. Der Gleichmut und die Geduld, mit der die Spanier Strapazen ertragen, grenzen an Wunder. In dieser Hinsicht sind sie Araber geblieben; weiter läßt sich die Geringschätzung des Materiellen im Leben nicht treiben. Diese Soldaten hatten zwar kein Brot und keine Schuhe, aber sie hatten eine Gitarre.

Der Teil des Königreichs Toledo, den wir durchquerten, ist von erschreckender Dürre und kündigt an, daß man sich der Mancha, Don Quixotes Heimat und Spaniens trostlosestem und sterilstem Landstrich nähert.

Bald hatten wir La Guardia, eine kleine, unbedeutende und armselige Ortschaft, passiert. Für hübsche Beine in Paris kauften wir in Tembleque ein paar Dutzend kirschrote, orange und himmelblaue, gold- oder silberdurchwirkte Strumpfbänder mit eingestickten Sprüchen, denen gegenüber sich die gewagtesten Verschen an den Rohrflöten auf dem Jahrmarkt von Saint-Cloud schämen würden. Den Strumpfbändern verdankt Tembleque seinen Ruf, wie Châtellereachult seinen Taschenmessern.

Während wir um unsere Strumpfbänder feilschten, hörten wir neben uns ein heiseres, drohendes Knurren wie von einem wütenden Hund. Wir drehten uns jäh und nicht ohne eine gewisse Angst um, da wir ja nicht wußten, wie man mit spanischen Doggen spricht, und sahen, daß das Knurren nicht von einem Tier, sondern von einem Menschen ausging.

Niemals hat ein Alpdruck, der sich auf die Brust eines delirierenden Kranken hockte, ein schrecklicheres Monstrum hervorgebracht. Quasimodo ist ein Phöbus im Vergleich. Eine kantige Stirn, tiefliegende, wildglänzende Augen, eine so platte Nase, daß nur die Nasenlöcher deren Platz andeuteten, eine Kinnlade, die zwei Zoll hervorragte, — das wäre in wenigen Worten das Porträt dieser Vogelscheuche, deren Profil eine konkave Linie wie jene Sicheln der populären astrologischen Kalender bildete, in die das Mondgesicht eingezeichnet ist. Der Beruf dieses armen Kerls war, keine Nase zu besitzen und Hund zu spielen, was ihm hervorragend gelang, denn er war hohlnäsiger als der Tod und machte allein mehr Krawall als alle Buben eines Pensionats, wenn es Mittagessen geben soll.

Puerto Lápice besteht aus einigen mehr als halbverfallenen Hütten auf einer brüchigen, rissigen Hügellehne, die von der Trockenheit in bizarren Mustern ausgefurcht wird. Es ist der Gipfel von Öde und Dürre. Die einzigen Farben sind die von Kork und Bimsstein. Das himmlische Feuer scheint darüber hinweggefahren zu sein, und ein grauer Staub, fein wie Sandsteinmehl, überzieht noch dazu das Bild. Der Anblick dieses Elends ist um so deprimierender, als das strahlende Licht eines gnadenlosen Himmels alle Erbärmlichkeit hervorhebt. Die Melancholie unter der Wolkendecke des Nordens ist nichts verglichen mit der gleißenden Trostlosigkeit warmer Länder.

Wenn man derart ärmliche Hütten sieht, packt einen das Mitleid mit den Räubern, die vom Plündern zu leben in einer Gegend gezwungen sind, wo man im Umkreis von zehn Meilen nichts findet, um ein Ei zu kochen. Die Ausbeute der Postwagen und der Geleitzüge von *galeres* ist arg dürftig, und diese armen Briganten, die in der Mancha vagabundieren, müssen sich für ihr Vesper oft mit einer Handvoll süßer Eicheln, dem Leibgericht Sancho Pansas, begnügen. Was will man Leuten schon wegnehmen, die weder Heller noch Tasche haben, deren Häuser mit vier nackten Wänden möbliert sind und deren einzige Gerätschaften aus einer Pfanne und einem irdenen Krug bestehen? Ein solches Dorf zu plündern erschiene mir als einer der kümmerlichsten Einfälle, der arbeitslosen Strauchdieben je in den Sinn kommen könnte.

Kurz hinter Puerto Lápice beginnt die Mancha. Zu unserer Rechten standen ein paar Windmühlen, die für sich in Anspruch nehmen, dem Lanzenstoß Don Quixotes siegreich widerstanden zu haben; jedenfalls drehten sie gerade sehr gemächlich ihre schlaffen Flügel im Röcheln eines kurzatmigen Windes. Die *venta*, bei der wir hielten, um einige Krüge frischen Wassers zu leeren, rühmt sich ebenfalls, vom unsterblichen Helden Cervantes heimgesucht worden zu sein.

Wir wollen den Leser nicht mit noch mehr Beschreibung dieser eintönigen Straße langweilen, denn sie führt durch plattes, steiniges, staubiges Land mit hie und da einigen graugrünen, saftlosen Olivenbäumen; wenn man Menschen begegnet, so sind es vergilbte, abgezehrte, mumiengleiche Bauern mit sonnengerösteten Hüten, kurzen Hosen und Gamaschen aus grobem, schwärzlichem Tuch, über die Schulter ein zerschlissenes Wams gehängt und vor sich her einen räudigen Esel treibend, dessen Fell vor Alter weiß geworden ist, dessen Ohren erschlafft sind und der ein wahres Bild des Jammers abgibt; und an den Dorfeingängen erblickt man nur halbnackte, mulattenbraune Kinder, die den Vorbeifahrenden mit wildem Ausdruck anstaunen.

Mitten in der Nacht kamen wir halbverhungert in Manzanares an. Der Postwagen, der uns vorausfuhr, hatte sein Prioritätsrecht und seine Beziehungen zum Gastwirt ausgenutzt und sämtliche Vorräte erschöpft, die allerdings nur aus ein paar Eiern und einem Stück Schinken bestanden hatten. Wir stießen gellende, herzzerreißende Schreie aus und drohten, das Haus in Brand zu stecken, um die Wirtin an seinem Feuer zu braten, falls man nichts Handfestes zu essen beschaffte. Dieses energische Auftreten bewirkte, daß uns gegen zwei Uhr morgens ein Mahl aufgetischt wurde, für dessen Bereitung man die Hälfte der Einwohnerschaft aus dem Schlaf hatte rütteln müssen. Wir bekamen das Viertel eines Zickleins, Eier mit Tomaten, Schinken und Ziegenkäse, dazu einen ganz anständigen weißen Landwein. Wir aßen alle miteinander im Hof beim Schein von drei oder vier Messinglampen, die den antiken Totenlampen ähnelten. Wenn die Nachtluft die Flammen in grotesken Lichtern und Schatten tanzen ließ, bekamen wir das Aussehen von Lamien und dergleichen Unholden, die Teile von ausgegrabenen Kinderleichen zerfleischen. Um die magische Stimmung beim Mahle zu vervollständigen, näherte sich, von unserem Lärmen geleitet, ein großes, blindes Mädchen unserem Tisch und begann, Lieder in klagenden, monotonen Weisen wie dunkle, sibyllinische Beschwörungsformeln zu singen. Als man ihr sagte, wir seien Ausländer, improvisierte sie uns zu Ehren gromme Stanzen, die wir mit einigen Münzen belohnten.

Bevor wir unseren Wagen wieder bestiegen, machten wir eine Runde durch den Ort; allerdings mußten wir ziemlich im Finstern tappen, aber es war uns lie-

ber, als im Hof des Gasthauses zu bleiben. Wir gelangten zum Marktplatz, nicht ohne in der Dunkelheit über den einen oder anderen Schläfer unter freiem Himmel gestolpert zu sein. Im Sommer schläft man meist auf der Gasse, die einen in ihren Mantel, die anderen in eine Maultierdecke gehüllt; Genießer nehmen sich einen Häckselsack als Pfühl, andere betten sich einfach an den Busen von Mutter Erde mit einem Stein als Kopfkissen. Die während der Nacht angekommenen Bauern schliefen bunt durcheinander inmitten von eigentümlichen Gemüsen und primitiven Erzeugnissen der Heimarbeit oder auch zwischen den Beinen ihrer Esel oder Maultiere in der Erwartung des Morgens, der nicht mehr lange auf sich warten lassen konnte.

Bleicher Mondschein warf sein vages Licht auf einen alten, zinnenbewehrten Bau; an dem helleren Mörtel konnte man die Befestigungsteile erkennen, die während des letzten Bürgerkrieges hinzugefügt worden waren und noch nicht genügend Zeit gehabt hatten, sich im Ton anzugleichen. Als gewissenhafter Reisender kann ich über Manzanares nichts weiter berichten.

Man stieg ein; Schlaf übermannte uns. Als wir die Augen wieder öffneten, befanden wir uns unweit Valdepeñas, das wegen seines Weines berühmt ist. Mit Steinen übersät, war die rote Erde der Hügellandschaft von seltsamer Unebenheit, und am Horizont begann man sägeartig gezähnte Bergketten zu erkennen, deren Silhouette sich trotz der beträchtlichen Entfernung klar abzeichnete.

Ohne seinen Wein wäre Valdepeñas völlig belanglos. Der Ortsname, der Tal der Steine bedeutet, ist treffend. Hier wurde eine Essenspause eingelegt; durch eine Eingebung des Himmels kam ich auf die Idee, zuerst meine Schokolade zu mir zu nehmen und dann die für meinen Kameraden bestimmte, der im Wagen weiterschlief. In der Voraussicht bevorstehender Hungerszeiten stopfte ich in meine beiden Tassen soviel schmalzgebackene *buñuelos*, wie sie zu fassen vermochten, so daß sich ein kräftiger Brei bildete. Bisher hatte ich es nämlich noch nicht zur Genügsamkeit des Kamels gebracht, was mir erst später nach langen Fastenübungen gelang, die eines frühchristlichen Anachoreten würdig gewesen wären. Die Eingewöhnung war langsam und mühselig, zumal ich aus Frankreich einen unwahrscheinlichen Appetit mitgebracht hatte, welcher den Spaniern staunenden Respekt einflößte.

Nach wenigen Minuten ging die Reise weiter; man mußte sich beeilen, um den vorausgefahrenen *correo real* einzuholen und rasch wieder in den Schutz seiner Eskorte zu gelangen. Als ich mich aus dem Fenster lehnte, um einen letzten Blick auf Valdepeñas zu werfen, fiel mir die Mütze vom Kopf; ein *muchacho* von etwa vierzehn Jahren bemerkte es, hob sie in der Hoffnung auf einige *cuartos* Belohnung auf und rannte hinter dem schon ziemlich weit entfernten Wagen her; er holte ihn ein, obwohl er barfuß auf einer mit scharfkantigen Steinen gepflasterten Straße lief. Ich warf ihm eine Handvoll Münzen zu, was ihn sicherlich zum wohlhabendsten Bengel der ganzen Gegend machte. Ich erwähne diese Episode nur, weil sie charakteristisch ist für die Leichtfüßigkeit der Spanier, der besten Marschierer der Welt und flinkesten Läufer, die sich denken lassen. Man braucht nur an die Postillione zu Fuß zu erinnern, die *zagales* genannt werden; der Kutsche im Galopptempo folgen sie meilenweit, anscheinend ohne zu ermüden und auch nur in Schweiß zu geraten.

In Santa Cruz bot man uns alle möglichen kleinen Messer und *navajas* zum Kaufe an; Santa Cruz und Albacete genießen großen Ruf wegen ihrer originellen Messerschmiedewaren. Typisch hierfür sind vor allem die *navajas* in ihrem maurisch-barbarischen Stil; die Griffe sind aus durchbrochenem Messing, in dessen Zwischenräume rote, grüne oder blaue Metallplättchen eingelegt sind. Grober, aber lebhaft herausgearbeiteter Nielloschmelz ziert die stets sehr scharfen, fischförmigen Klingen, die meist Devisen tragen, wie zum Beispiel: *Soy de uno solo* (Nur einem gehöre ich) oder *Cuando esta víbora pica, no hay remedio en la botica* (Wenn diese Viper sticht, gibt es kein Mittel in der Apotheke). Bisweilen sind drei parallele, rotgemalte Rillen in die Klinge eingraviert, was grausig aussieht. Die Größe dieser *navajas* schwankt zwischen drei Zoll und drei Fuß; manche *majos* haben solche, die geöffnet die Länge eines Säbels erreichen; ein Federstift oder ein Gleitring hält und sichert die Klinge. Die *navaja* ist die Lieblingswaffe der Spanier, insbesondere der unteren Schichten; sie gehen damit unglaublich geschickt um und machen sich einen Schild, indem sie ihre *capa* um den linken Arm wickeln. Es ist eine Kunst mit eigenen Regeln, wie es auch beim Fechten der Fall ist, und *navaja*-Lehrer sind so zahlreich in Andalusien wie Fechtlehrer in Paris. Jeder Messerheld hat seine geheimen Finten und seine speziellen Stöße. Man sagt, Eingeweihte können an der Wunde den Meister erkennen, der sie geschlagen hat, wie wir den Maler an seinem Pinselstrich bestimmen.

Das Gelände wurde immer welliger, und es ging ständig bergauf, bergab. Wir näherten uns der Sierra Morena, welche die Grenze zu Andalusien bildet. Hinter diesem Band violetter Berge verbarg sich das Paradies unserer Träume. Schon wandelten sich die Steine zu Felsen, die Hügel zu Kegeln. Am Straßenrand richteten sich sechs bis sieben Fuß hohe Disteln auf wie die Hellebarden unsichtbarer Soldaten. Obwohl ich mir anmaße, kein Esel zu sein, habe ich Disteln sehr gern (übrigens ein Geschmack, den ich mit den Schmetterlingen teile), und diese hier beeindruckten mich; es ist eine prachtvollle Pflanze, der sich reizvolle ornamentale Motive abgucken lassen. Die gotische Baukunst

besitzt keine Arabesken und kein Blattwerk von klarerer Ausformung und feinerem Schnitt. Von Zeit zu Zeit sahen wir auf den angrenzenden Feldern große, gelbliche Flecken, als hätte man dort Säcke von Häcksel ausgeleert. Doch als wir näher kamen, erhob sich dieser Häcksel schwirrend in die Lüfte und flog von dannen. Es waren Heuschreckenschwärme, die sich ausruhten. Es müssen Millionen dieser gefräßigen Tiere gewesen sein. Unwillkürlich mußte man an Ägypten denken.

Etwa in dieser Gegend habe ich zum ersten Mal in meinem Leben wirklich Hunger gelitten. Ugolino in seinem Turm kann nicht ausgehungerter gewesen sein als ich, und dabei hatte ich nicht wie er vier Kinder zum Auffressen. Der Leser, der mich erlebt hat, wie ich mir in Valdepeñas zwei Tassen Schokolade einverleibte, wundert sich vielleicht über diesen Hunger vor der Zeit, aber die spanischen Tassen sind so groß wie ein Fingerhut und fassen höchstens zwei oder drei Löffelvoll. In der *venta*, wo uns unsere Eskorte verließ, wurden meine Leiden noch schlimmer, als ich in einem durch den Kamin einfallenden Sonnenstrahl ein prachtvolles Omelett braunbacken sah, das für die Soldaten bestimmt war; ich strich herum wie ein gefräßiger Wolf, aber es war zu gut bewacht, als daß ich es hätte stibitzen können. Zum Glück hatte eine Dame aus Granada, die mit uns reiste, Mitleid mit meinen Qualen; sie gab mir ein paar Scheiben in Zucker gesottenen Mancha-Schinken und ein Stück Brot, das sie als eiserne Ration in einer Wagentasche verwahrte. Möge ihr dieser Schinken im Jenseits hundertfach zurückerstattet werden!

Nicht weit von dieser *venta* standen rechts von der Straße Pfeiler, auf denen die Köpfe von drei Missetätern zur Schau gestellt waren, ein beruhigender Anblick, weil er beweist, daß man sich in einem zivilisierten Lande befindet.

Die Straße stieg an und machte zahlreiche Windungen. Wir durchquerten den Desfiladero de Despeñaperros, eine enge Schlucht; es handelt sich um eine Bresche, die sich ein Wildbach durch die Bergmauer gebahnt hat und die gerade Platz für die an ihm entlangführende Straße läßt. Dieser ›Engpaß des Hundesturzes‹ verdankt seinen Namen der Tatsache, daß die Christen nach der siegreichen und entscheidenden Schlacht von Navas de Tolosa im Jahre 1212 die fliehenden Mauren zu Paaren in die nur an dieser Stelle passierbare Sierra trieben und zu Tausenden von den Felsen in die Tiefe stürzten. Damit war der Anfang zur Rückeroberung Andalusiens gemacht, der einzig das Königreich Granada noch geraume Zeit widerstehen sollte. Die weichenden Mauren nahmen das Glück und die Zivilisation Spaniens mit sich, denn dieses Land, das an Afrika grenzt wie Griechenland an Asien, ist für europäische Sitten nicht geschaffen. Das Genie des Orients tritt dort in allen seinen Erscheinungsformen zu Tage, und es ist vielleicht zu bedauern, daß es nicht maurisch und mohammedanisch geblieben ist.

Man kann sich nichts Malerischeres und Grandioseres vorstellen als diese Andalusische Pforte. Die Schlucht ist in gewaltige Felsen aus rotem Marmor eingeschnitten, dessen starke Schichten sich mit fast architektonischer Regelmäßigkeit überlagern. Diese Riesenblöcke mit ihren breiten Querrissen — Mormoradern des Berges, eine Art von geologischer Muskelfigur, an der man in enthäutetem Zustand die Anatomie der Erde studieren kann — haben Ausmaße, welche die größten Granitquadern Ägyptens im Vergleich mikroskopisch werden lassen. In den Spalten verkrallen sich Ilex und enorme Korkeichen, die einem nicht größer vorkommen als Pflanzenbüschel an einer gewöhnlichen Mauer. Am Grunde der Schlucht verdichtet sich die Vegetation und bildet ein undurchdringliches Dickicht, durch das man stellenweise das diamantene Wasser des Baches glitzern sieht. Der Straßenrand ist so schroff, daß man ihn wohlweislich mit einer Brüstung abgesichert hat; ohne diese riskieren die stets im Galopp fahrenden Postkutschen, die wegen der vielen Krümmungen schwer zu lenken sind, gut und gerne fünf- bis sechshundert Fuß abzustürzen.

Hier in der Sierra Morena war es, daß der Ritter von der traurigen Gestalt — frei nach Amadis auf der *peña pobre*, seiner armseligen Klippe — die berühmte Buße verrichtete, die darin bestand, nur mit seinem Hemd bekleidet auf den scharfkantigen Felsen Purzelbäume zu schlagen; hier war es auch, daß Sancho Pansa, der Mann aus dem Volke mit dem gesunden Menschenverstand zu Seiten des edlen Wahns, den so wohl mit Dukaten und Hemden aus feinster Leinwand gefüllten Mantelsack Cardenios fand.

Man kann in Spanien keinen Schritt tun, ohne an Don Quixote erinnert zu werden, so wahrhaft national ist das Werk des Cervantes und so echt fassen diese beiden Figuren für sich allein den gesamten spanischen Charakter zusammen: ritterliche Überspanntheit, Abenteuerlust im Verein mit praktischem Sinn und einer Art

von jovialer Gutmütigkeit, gewürzt mit Verschmitztheit und Spottlust.

In Venta de Cardona, wo die Maultiere gewechselt wurden, sah ich in seiner Wiege ein niedliches kleines Kind mit einer Hautfarbe von blendendem Weiß. Es ähnelte einem Jesuskind aus Wachs in seiner Krippe. Solange die Spanier noch nicht von der Sonne verbrannt sind, ist ihr Teint meist außerordentlich hell.

Sobald man die Sierra Morena überschritten hat, ändert sich die Landschaft vollkommen; es ist, als käme man plötzlich von Europa nach Afrika. Auf dem Wege zu ihrem Loch ziehen die Vipern ihre schrägen Spuren in den feinen Sand der Straße. Die Agaven beginnen ihre großen, stachligen Säbel am Grabenrand zu schwingen. Diese mächtigen Fächer aus dicken, fleischigen, bläulich-grünen Blättern verwandeln die Szenerie mit einem Mal. Man fühlt sich wirklich in ein anderes Land versetzt und glaubt, man habe Paris für immer verlassen. Der Wechsel in Klima, Architektur und Tracht befremdet einen weniger als der Anblick dieser Riesenpflanzen der heißen Zonen, die wir nur in Gewächshäusern zu sehen gewohnt sind. Die Lorbeersträucher, die Stein- und Korkeichen, die Feigenbäume mit ihrem gelackten, metallischen Laub haben etwas Freies, Robustes und Wildes an sich, was auf ein Klima hindeutet, in dem die Natur stärker ist als der Mensch und ohne ihn auskommen kann.

Wie ein unermeßliches Panorama breitete sich vor uns das schöne Königreich Andalusien aus. Diese Sicht war großartig wie ein Blick aufs Meer. Bergketten, die fern in den Himmel verliefen, rollten in sanften, langen Wellen ab wie eine azurne Dünung. Dicke, helle

Dunstschwaden hingen in den Scharten; hier und da warfen feurige Sonnenstrahlen eine goldene Glasur auf eine näherliegende Kuppe, so daß sie in tausend Farben schillerte wie die Brust einer Taube; andere seltsam gefaltete Bergzüge ähnelten jenen Stoffen auf alten Gemälden, die gelb auf der einen und blau auf der anderen Seite sind. All dies war in funkelndes, prächtiges Licht getaucht, wie es jenes gewesen sein muß, welches das irdische Paradies erleuchtete; es rieselte über dieses Gewoge von Bergen wie flüssiges Gold und Silber und warf phosphoreszierenden Schaum in Pailletten auf alles, was es traf. Die Szenerie war überwältigender als die weitesten Perspektiven des Engländers John Martin und tausendmal schöner. Das Unendliche im Hellen ist auf ganz andere Weise sublim und wunderbar als das Unendliche im Dunklen.

Während wir dieses herrliche Bild betrachteten, das mit jeder Umdrehung der Räder wechselte und neue Augenweide bot, sahen wir am Horizont die spitzen Dächer der symmetrischen Häuser von La Carolina, einer Art Musterdorf für eine bäuerliche Kommune. In der zweiten Hälfte des 18. Jahrhunderts vom Grafen de Floridablanca errichtet und unter großen Kosten mit Deutschen und Schweizern besiedelt, wurde es in einem spontanen Willensakt auf einmal gebaut und besitzt diese langweilige Regelmäßigkeit, welcher man nie bei Ortschaften begegnet, die je nach den Launen des Zufalls und der Zeit allmählich gewachsen sind. Alles ist mit der Richtschnur angelegt; von der Mitte des Platzes sieht man den ganzen Ort: hier ist die Markthalle und die Stierkampfarena, dort die Kirche und die Bürgermeisterei. So gut es gemeint sein mag, ist mir doch das ärmlichste Dorf lieber, das aufs Geratewohl entstanden ist. Im übrigen war dieser Kolonie kein Erfolg beschieden. Die Schweizer bekamen Heimweh und starben wie die Fliegen, wenn sie nur die Glocken läuten hörten; man mußte das Geläut einstellen. Sie starben indessen nicht alle, und man merkt der Bevölkerung von La Carolina noch immer ihren germanischen Ursprung an. Wir nahmen ein herzhaftes Abendessen zu uns und begossen es mit ausgezeichnetem Wein; ich brauchte nicht einmal doppelte Portionen zu bestellen. Auf den Postwagen waren wir nicht mehr angewiesen, weil die Straßen auf dieser Seite völlig sicher sind.

Agaven von immer afrikanischeren Ausmaßen säumten auch weiterhin unseren Weg. Zur Linken markierte eine lange Girlande von leuchtend rosa Blüten unter Blättern von glitzerndem Smaragd alle Windungen eines ausgetrockneten Bachbetts. Mein Kamerad benutzte einen kurzen Halt, um hinzulaufen und einen Riesenstrauß zu pflücken; es war Oleander von unvergleichlicher Pracht und Frische. Wie melancholisches Sinnen auf silbernes Lachen folgten dann große Olivenhaine, deren blasses Laub an den gepuderten Schopf der Weiden des Nordens erinnert und wunderbar mit der aschfarbenen Erde harmoniert. Dieses Laub mit seinem gedämpften, ernsten und sanften Ton wurde von den alten Griechen und Römern, die den Erscheinungen der Natur so geschickt einen Sinn zu unterlegen wußten, sehr adäquat zum Symbol des Friedens und der Weisheit erkoren.

Gegen vier Uhr kamen wir in Bailén an, das durch die verheerende Niederlage eines napoleonischen Heeres im Jahre 1808 traurige Berühmtheit erlangt hat. Hier sollte übernachtet werden, so daß wir die Zeit bis zum Abendessen nutzten, um mit der Dame aus Granada und einem sehr hübschen jungen Mädchen, das zum Baden im Meer mit ihren Eltern nach Málaga fuhr, einen Gang durch die Stadt und ihre Umgebung zu machen. Die übliche Zurückhaltung der Spanier weicht rasch einer aufrichtigen und herzlichen Vertraulichkeit, sobald man sich vergewissert hat, weder einen Handlungsreisenden noch einen Seiltänzer noch einen Pomadenverkäufer vor sich zu haben.

Die Kirche von Bailén, deren Bau nicht viel weiter als ins 16. Jahrhundert zurückreicht, überraschte mich durch ihre eigentümliche Färbung. Von der spanischen Sonne gebacken, hatten Stein und Marmor, anstatt sich zu schwärzen wie in unserem feuchten Klima, rote Töne von ungemeiner Wärme und Lebhaftigkeit angenommen, die bis zum Safran und Purpur wie bei Weinblättern im Spätherbst gingen. Oberhalb einer kleinen, von warmem Glanz vergoldeten Mauer neben der Kirche ragte eine Palme, die erste, die ich je im Freiland sah, in das tiefe Blau des Himmels. Als ich um eine Ecke bog und plötzlich diese unerwartete Palme vor mir sah, machte mir die Erscheinung aus dem Morgenlande einen märchenhaften Eindruck. Im Schimmer des Sonnenuntergangs erwartete ich, die Profile langhalsiger Kamele und die weißwallenden Burnusse der Araber einer Karawane auftauchen zu sehen.

Recht malerische Ruinen alter Befestigungen bescherten uns einen Turm, dessen Erhaltungszustand es gestattete, ihn mit Hilfe von Händen und Knien auf vorkragenden Steinen zu erklettern. Für unsere Mühe

wurden wir mit einer der herrlichsten Aussichten belohnt. Die Stadt Bailén mit ihren Ziegeldächern, ihrer roten Kirche und ihren weißen Häusern, die den Fuß des Turmes wie eine Ziegenherde umlagerten, bildeten einen fabelhaften Vordergrund; dahinter wogten Getreidefelder in goldenen Wellen, und am Horizont sah man über mehrere Gebirgszüge hinweg wie eine silberne Bordüre die ferne Kette der Sierra Nevada. Überflutet von Licht glitzerten die Schneefelder und reflektierten prismatische Blitze, während die Sonne wie ein riesiges goldenes Rad mit der Scheibe als Achse ihre flammenden Strahlen gleichsam als Speichen in einen Himmel schickte, der in allen Tönen das Achats und Aventurins schillerte.

Die Posada, wo wir übernachten sollten, war ein großes Gebäude, das nur aus einem einzigen Raum mit einem Kamin an beiden Enden bestand. Die rußgeschwärzte Balkendecke glänzte; an zwei gegenüberliegenden Wänden befanden sich Raufen für die Pferde, Maultiere und Esel. Für die Reisenden gab es seitlich ein paar Kammern mit einem Bett, das aus drei über zwei Böcke gelegten Brettern zusammengehauen war; darüber waren jene Leinensäcke gebreitet, in denen ein paar Wollbüschel herumgeistern und die von den Gastwirten mit der ihnen eigenen Unverfrorenheit Matratzen genannt werden. Das hinderte uns jedoch nicht, wie Epimenides und die Siebenschläfer im Konzert zu schnarchen.

Um der Hitze auszuweichen, brachen wir sehr früh am Morgen auf und freuten uns noch einmal an den Oleandern, die uns am Vorabend strahlend wie der Ruhm und knospend wie die Liebe bezaubert hatten.

Bald versperrte uns der Guadalquivir mit seinen trüben, gelblichen Wassern den Weg; wir setzten auf einer Fähre über und folgten der Straße nach Jaén. Zur Linken zeigte man uns den Turm von Torrequebradilla, auf dem ein Sonnenstrahl spielte, und es dauerte nicht lange, bis wir die eigenartige Silhouette von Jaén, der Hauptstadt des gleichnamigen Königreichs, erblickten.

Ein gewaltiger, ockerfarbener Bergkegel reckt sich falb wie ein Löwenfell, verwittert und goldgestreift vom Sonnenlicht, jäh in der Mitte der Stadt. Massige Türme und lange Zickzacklinien von alten Festungsmauern zeichnen seine ausgemergelten Flanken mit bizarren und pittoresken Mustern. Der Riesenbau der Kathedrale erscheint von weitem größer als die ganze Stadt und erhebt sich stolz als künstlicher Berg neben dem natürlichen. Im Renaissancestil durch die Herzöge von Medinaceli erbaut, rühmt sich diese Kathedrale, das echte Schweißtuch zu besitzen, mit dem die heilige Veronika den Gesichtsabdruck des Heilands abnahm. Obwohl die Kirche schön ist, erfüllte sie unsere Erwartungen nicht ganz, denn wir hatten gemeint, sie sei älter und phänomenaler.

Auf dem Weg vom Parador zur Kathedrale sah ich mir den Theaterzettel an. Am Vorabend hatte man Voltaires Tragödie *Mérope* gespielt, und heute sollte *El Campanero de San Pablo por el ilustrísimo señor don José Bouchardy*, mit anderen Worten *Der Glöckner von St. Paul* meines Freundes Bourchardy, gegeben werden. In einer wilden Stadt wie Jaén, wo man sich nur mit einem Dolch im Gürtel und dem Gewehr auf der Schulter aus dem Hause traut, aufgeführt zu werden, ist bestimmt schmeichelhaft, und sehr wenige unserer so genialen Zeitgenossen können sich eines solchen Erfolges rühmen. Wenn wir auch einstmals dem alten spanischen Theater einige Meisterwerke entliehen haben, so zahlen wir ihnen heute in der Münze unserer Lustspiele und Melodramen reichlich zurück.

Nach dem Besuch der Kathedrale kehrten wir mit den Reisegefährten zum Parador zurück, dessen Aussehen uns eine ausgezeichnete Mahlzeit verhieß. Es war ein Café dabei, und das ganze Etablissement machte einen durchaus europäischen und zivilisierten Eindruck. Als man sich aber zu Tisch gesetzt hatte, bemängelte jemand, das Brot sei hart wie Stein, und verlangte frisches. Der Gastwirt weigerte sich, es auszutauschen. Während des Streits bemerkte ein anderer Gast, daß die Gerichte aufgewärmt und vermutlich schon in grauer Vorzeit zubereitet worden waren. Daraufhin brach die ganze Gesellschaft in laute Klagerufe aus und forderte eine Mahlzeit, die vorher nicht schon einmal serviert worden war.

Hier des Rätsels Lösung: Die Straßenräuber der Mancha hatten den Postwagen vor dem unsrigen angehalten und die Passagiere in die Berge entführt; infolgedessen war die vom Gastwirt für sie hergerichtete Mahlzeit nicht verzehrt worden. Um auf seine Kosten zu kommen, hatte dieser die Gerichte aufbewahrt und sie uns wieder auftischen lassen. Er hatte sich allerdings getäuscht, denn wir erhoben uns alle, um anderswo essen zu gehen. Die unselige Mahlzeit wurde gewiß ein drittes Mal der nächsten Reisegesellschaft vorgesetzt.

Man verzog sich in eine finstere Posada, wo man uns nach langem Warten ein paar Koteletts, einige Eier

49

und Salat auf angestoßenen Tellern und mit nicht zusammenpassenden Bestecken und Gläsern servierte. Das Mahl war mittelmäßig, aber es wurde gewürzt mit so viel Lachen und Scherzen über die komische Wut des Gastwirts, als er die Reisegesellschaft in Prozession sein Lokal verlassen sah, und über das Schicksal der Unglücklichen, denen er unweigerlich seine mageren Hühner nach einem erneuten Kochkunststück ein drittes Mal vorsetzen würde, daß wir für die Dürftigkeit des Essens mehr als entschädigt wurden. Wenn das Eis ihrer Reserviertheit erst einmal gebrochen ist, sind die Spanier von einer kindlichen und naiven Fröhlichkeit von unendlichem Charme. Über die geringste Kleinigkeit können sie Tränen lachen.

Nirgends habe ich mehr und malerische Trachten gesehen als in Jaén. Die Männer trugen meist blaue Samthosen mit Silberknöpfen in Filigranarbeit und Gamaschen aus Ronda, die in Loch- und Schnürstich und mit Arabesken aus dunklerem Leder verziert waren. Der Gipfel der Eleganz ist, nur oben und unten einige Knöpfe zu schließen, um die Wade sehen zu lassen. Breite Schärpen aus gelber und roter Seide, ein besticktes Wams aus braunem Tuch, ein blauer oder kastanienfarbener Umhang, ein mit Samtstreifen und Seidenquasten aufgeputzter, spitzer, breitkrempiger Hut vervollständigen den Anzug, der dem ehemaligen Kostüm italienischer Briganten recht ähnlich ist. Andere trugen, was man *vestido de cazador* nennt, ganz aus lichtbraunem Wildleder und grünem Samt.

Einige Frauen aus dem Volke hatten rote Schultertücher umgelegt, welche der vorwiegend dunklen Tönung der Menge lebhafte Akzente aufsetzten. Die bizarre Aufmachung, die Sonnenbräune, die funkelnden Augen, der kraftvolle Gesichtsausdruck, die gelassene und unerschütterliche Haltung dieser *majos*, die hier zahlreicher sind als anderswo, verleihen der Bevölkerung von Jaén einen eher afrikanischen als europäischen Charakter. Diese Illusion wird unterstützt von der sengenden Hitze, dem blendenden Weiß der nach arabischer Sitte gekalkten Häuser, dem fahlen Ton des Erdreichs und dem beständigen Blau des Himmels. Im spanischen Volksmund heißt es von Jaén: ›Häßliche Stadt, böse Menschen‹, dem kein Maler beipflichten wird. Dort ebenso wie auch bei uns ist nämlich für die meisten Menschen eine schöne Stadt diejenige, welche mit Meßschnur und Winkel geplant wurde und mit einer ausreichenden Anzahl von Straßenlaternen und sittsamen Bürgern ausgestattet ist.

Sobald man Jaén hinter sich gelassen hat, gelangt man in ein Tal, das sich bis zur Vega von Granada hinzieht. Anfangs ist es wüst und öde; dürre, unter der Trockenheit zerbröckelnde Berge versengen einen wie Brennspiegel mit ihrem grellen Widerschein; keine Spur von Pflanzenwuchs außer einigen blassen Fenchelbüscheln. Bald aber verengt und vertieft sich das Tal, die Bäche beginnen zu rieseln, die Vegetation ist wieder da und mit ihr Schatten und Frische. Der *rio* von Jaén fließt im Talgrund, wo er behende zwischen den Steinen und Felsblöcken hindurchplätschert, die seinen Lauf hindern und ihm jeden Augenblick den Weg versperren. Die Straße begleitet ihn und folgt seinen Windungen, denn im Bergland sind die Bäche noch immer die geschicktesten Ingenieure bei der Anlage von Straßen; man hält sich daher am besten an ihren Wink.

Ein Bauernhaus, an dem wir zum Trinken hielten, war von zwei oder drei Rinnsalen umflossen, die sich unterhalb in ein Gewirr von Myrten, Pistazien-, Granatapfel- und allen möglichen anderen Bäumen von außerordentlich üppigem Wuchs verloren. Wir hatten seit so langer Zeit kein richtiges Grün mehr gesehen, daß uns dieser ungepflegte, nahezu verwilderte Garten wie ein kleines irdisches Paradies vorkam.

Ein junges Mädchen gab uns aus einem jener Krüge von porösem Ton zu trinken, die das Wasser so wunderbar kühl halten. Sie war auffallend hübsch mit ihren bis an die Schläfen langgezogenen Augen, ihrem bräunlichen Teint, ihrem afrikanischen Mund, der wie eine schöne rote Nelke erblühte, und mit ihrem volantbesetzten Rock, auf den sie sehr stolz zu sein schien, weil sie sich dauernd mit ihm beschäftigte. Dieser in Granada häufige Typ ist offensichtlich maurisch.

An einer Stelle wird das Tal ganz eng; die Felsen nähern sich so stark, daß der *rio* gerade noch durchschlüpfen kann. Früher waren die Wagen gezwungen, im Bachbett weiterzufahren, was nicht ganz gefahrlos war wegen der Löcher, der Felsbrocken und des Schwellwassers, das im Winter ungestüm sein muß. Um diesem Übelstand abzuhelfen, hat man einen Felsen durchbohrt und einen ziemlich langen Tunnel nach Art der Eisenbahnviadukte angelegt. Die umfangreichen Arbeiten wurden erst vor wenigen Jahren abgeschlossen.

Von da an weitet sich das Tal, und die Straße bietet keine nennenswerten Hindernisse. Hier klafft in meiner Erinnerung eine Lücke von mehreren Meilen. Völlig erledigt von der Hitze, die einem bei der aufkom-

menden Gewitterneigung fast den Atem raubte, war ich schließlich eingeschlafen. Als ich aufwachte, war die Nacht, die in südlichen Breiten so plötzlich einbricht, herabgesunken, und ein fürchterlicher Wind wirbelte glühende Staubwolken auf; er muß mit dem afrikanischen Schirokko nahe verwandt sein, und ich weiß nicht, wie wir dem Erstickungstod entgangen sind. Alle Konturen verschwanden in diesem Staubnebel; der in gewöhnlichen Sommernächten so glänzende Himmel war zum Gewölbe eines Backofens geworden; die Sichtweite betrug keine zwei Schritte.

Gegen zwei Uhr nachts kamen wir in Granada an und stiegen in der Fonda del Comercio ab, angeblich ein Hotel à la française, wo es allerdings keine Bettwäsche gab und wo wir uns vollständig angekleidet auf dem Tisch schlafen legten. Aber diese kleinen Mißhelligkeiten machten uns wenig aus. Wir waren in Granada und in wenigen Stunden würden wir die Alhambra und den Generalife sehen.

Nachdem wir einen ortsansässigen Domestiken angeheuert hatten, war es unsere erste Sorge, uns bei ihm nach einer *casa de pupilos*, nach einer Privatpension, zu erkundigen, denn die dürftige Gastlichkeit der Fonda del Comercio konnte uns auf die Dauer unseres recht langen Aufenthalts in Granada nicht zusagen. Dieser Lohndiener namens Louis war Franzose und stammte aus Farmoutiers en Brie. Er war während der napoleonischen Invasion desertiert und lebte seit mehr als zwanzig Jahren in Granada. Es war die drolligste Gestalt, die man sich vorstellen kann. Seine Länge von 1,85 Meter stand in seltsamem Widerspruch zu seinem winzigen Kopf, der verrunzelt war wie ein schrumpeliger Apfel und kaum größer als eine Faust. Von jeder Verbindung mit Frankreich abgeschnitten, hatte er den Dialekt seiner Heimat in aller Reinheit bewahrt und redete wie ein Hanswurst der komischen Oper, so daß er ständig nach einem solchen Vorbild zu rezitieren schien. Obwohl er schon so lange hier wohnte, hatte sich sein Dickschädel geweigert, eine neue Sprache einzulassen; er verfügte kaum über die unentbehrlichsten Redewendungen. Das einzige Spanische an ihm waren die *alpargatas* und der kleine andalusische Hut mit aufgestülpter Krempe. Dieses Zugeständnis machte ihm schweren Kummer, und er rächte sich, indem er alle Einheimischen, denen er begegnete, mit allen möglichen Schimpfworten überschüttete, wohlbedacht in seiner heimatlichen Mundart, denn Meister Louis hatte unheimliche Angst vor Prügeln und hütete seine Haut, als sei sie etwas wert.

Er brachte uns zu einem sehr ordentlichen Haus in der Calle de Parraga, nahe der Plazuela de San Antón und unweit der Carrera del Darro. Die Pensionswirtin hatte lange in Marseille gelebt und sprach französisch, was für uns ausschlaggebend war, denn unser Wortschatz war noch sehr beschränkt.

Man gab uns ein Zimmer im Erdgeschoß; es war mit Kalk geweißt und besaß als einzigen Schmuck eine bunte Rosette an der Decke. Der besondere Reiz des Raumes bestand darin, daß sich seine Tür zum *patio* öffnete; dieser war von weißen Marmorsäulen mit maurischen Kapitellen umstanden, die vermutlich von einer Palastruine stammten. Ein kleiner Springbrunnen in der Mitte dieses Hofes hielt ihn kühl; eine große Espartomatte bildete *tendido*, siebte die Tageshelle und streute hie und da Lichtsterne über den Boden aus Kieselsteinen in Rautenmuster.

Vom Dach des Hauses, das von einer Art *mirador* überragt wurde, sah man durch Baumgruppen hindurch auf einer sich klar vom Blau des Himmels abzeichnenden Hügelkuppe die massigen Festungstürme der Alhambra, welche die Sonne mit rötlichen Tönen von außerordentlicher Wärme und Kraft überzog. Die Silhouette wird durch zwei nebeneinanderstehende Zypressen vervollständigt, deren dunkle Spitzen in den Azur oberhalb der roten Mauern ragen. Diese Zypressen hat man stets im Blick, gleichgültig ob man die schneegestreiften Hänge des Mulhacén erklimmt oder in der Vega oder der Sierra de Elvira herumschweift. Immer findet man sie am Horizont, finster und unbeweglich in den bläulichen oder goldenen Dunstschwaden, in welche die Dächer der Stadt infolge der Entfernung gehüllt scheinen.

Granada ist auf drei Hügeln am Talabschluß der Vega erbaut. Auf dem ersten und niedrigsten stehen die nach ihrer Farbe so benannten Roten Türme (Torres Bermejas), die römischen oder gar phönizischen Ursprungs sein sollen. Die Alhambra, eine ganze Stadt, liegt auf dem zweiten und höchsten mit ihren viereckigen Türmen, die, verbunden durch hohe Mauern auf gewaltigen Grundfesten, einen Gürtel um Gärten, Haine, Häuser und Plätze bilden. Der dritte Hügel, der Albaicín, ist von den anderen beiden durch eine tiefe Schlucht mit reicher Vegetation von Kaktus, Koloquinten, Pistazien- und Granatapfelbäumen getrennt, an deren Grunde der Darro mit der Geschwindigkeit eines alpinen Wildbachs rinnt. Der Darro, der Gold führt,

durchquert die Stadt teils unter freiem Himmel, teils unter so ausgedehnten Brücken, daß man sie eher als Tunnelgewölbe bezeichnen könnte, und mündet nicht weit von der Promenade in den Genil, der die Vega bewässert und sich damit begnügt, nur Silber zu führen. Dieser Wasserlauf durch die Stadt heißt Carrera del Darro, und vom Balkon der Häuser, die an ihm liegen, genießt man eine großartige Aussicht. Der Darro schindet seine Ufer mächtig und verursacht häufig Erdrutsche. Das hat den Anlaß zu einem alten Kindervers gegeben, der sich auf diese Sucht, alles mit sich fortzureißen, bezieht und eine lustige Erklärung dafür findet:

Darro tiene prometido
el casarse con Genil
y le ha de llevar en dote
Plaza Nueva y Zacatín.

Die unter dem Namen Cármenes del Darro bekannten Gärten, die von spanischen und maurischen Dichtern mit so hellem Entzücken besungen werden, liegen an der Carrera, wenn man in Richtung auf die Fuente de los Avellanos hinaufgeht.

Die Stadt ist so in vier große Bezirke aufgeteilt: die Antequeruela an den Hängen des Hügels oder besser des Berges, der von der Alhambra gekrönt wird; die Alhambra mit dem Generalife; der Albaicín, einst eine gewaltige Festung, heute jedoch in Trümmern und spärlich bewohnt; und schließlich das eigentliche Granada, das sich unten um die Kathedrale und die Plaza de Bibarrambla lagert und das Zentrum bildet. Das Stadtbild ist also sehr übersichtlich: in ganzer Breite vom Darro durchflossen, vom Genil flankiert, der die

Promenade oder Alameda bespült, und beschützt von der Sierra Nevada, die man von jeder Straßenecke aus sieht und die infolge der klaren Luft so nah ist, daß man meint, man könne sie vom Balkon oder vom *mirador* mit Händen greifen.

Der Gesamteindruck von Granada entspricht durchaus nicht den Erwartungen. Unwillkürlich und trotz der bisher erlebten vielen Enttäuschungen möchte man es nicht wahrhaben, daß mehrere Jahrhunderte und Massen braver Bürger über die Szene so vieler romantischer und ritterlicher Taten hinweggegangen sind. Man hat sich eine halb maurische, halb gotische Stadt vorgestellt, wo sich durchbrochene Kirchtürme unter Minarette mengen, wo Giebel mit Terrassendächern abwechseln; man ist auf Häuser gefaßt, die mit Skulpturen und Fresken, Wappenschildern und heroischen Wahlsprüchen verziert sind; man gewärtigt bizarre Bauten mit überkragenden Stockwerken, mit vorspringenden Balken, mit Fenstern, die mit Perserteppichen und weiß-blauen Vasen dekoriert sind, kurz, die Wirklichkeit eines Bühnenbildes mit wundersamen, mittelalterlichen Perspektiven.

Die Leute, die sich modern in Gehrock und Zylinder kleiden, machen einem unfreiwillig einen wenig angenehmen Eindruck und kommen einem lächerlicher vor, als sie es wirklich sind; man kann schließlich nicht von ihnen verlangen, daß sie nur zur Erhöhung des Lokalkolorits im maurischen *albornoz* aus Boabdils Zeiten oder in einer stählernen Rüstung wie in den Tagen Ferdinands und Isabellas herumlaufen. Wie fast alle Bürger spanischer Städte haben sie den Ehrgeiz, ihre Zivilisation mit Hilfe von Steghosen zu beweisen

und zu zeigen, daß sie keineswegs pittoresk sind. Sie haben eine fixe Idee: sie fürchten als barbarisch und rückständig zu gelten, und wenn man die wilde Schönheit ihres Landes preist, entschuldigen sie sich zerknirscht, daß sie noch keine Eisenbahnen und in ihren Fabriken noch keine Dampfmaschinen haben. Einer dieser ehrbaren Bürger, demgegenüber ich vom Charme Granadas schwärmte, gab mir zur Antwort: »Es ist die am besten beleuchtete Stadt Andalusiens. Achten Sie nur auf die Menge von Straßenlaternen. Leider arbeiten sie allerdings noch nicht mit Gas!«

Granada ist frohsinnig, lachend, lebhaft, obwohl es seines einstigen Glanzes entkleidet ist. Es wimmelt von Menschen, welche die Rolle des Großstädters ausgezeichnet spielen. Die Wagen sind schöner und zahlreicher als in Madrid. Das muntere Temperament der Andalusier verleiht den Straßen ein Leben und eine Regsamkeit, wie sie dem bedächtigen, kastilischen Spaziergänger unbekannt sind, der keinen Laut mehr von sich gibt als sein Schatten. Dies gilt insbesondere für die Carrera del Darro, den Zacatín, die Plaza Nueva, die Calle de los Gomérez, welche zur Alhambra hinaufführt, für die Plaza del Teatro, die Promenade und ihre Zugänge sowie für die Hauptstraßen. Den Rest der Stadt durchziehen kreuz und quer unentwirrbare Gassen von drei bis vier Fuß Breite, die keinen Wagen durchlassen und an die arabischen Straßen von Algier erinnern. Der einzige dort vernehmbare Laut ist der Huf eines Maultiers oder Esels, der aus den glatten Kieseln des Pflasters Funken schlägt, oder das monotone Schrumm-Schrumm einer Gitarre, die tief in einem Innenhof summt.

Die Balkons im Schmuck ihrer Markisen und ihrer Töpfe mit Blumen und Blattpflanzen, die Weinranken, die sich von Fenster zu Fenster schlingen, die Oleander, deren feurige Blütenstände die Gartenmauern überragen, das launige Getändel von Licht und Schatten wie in den türkischen Dörfern auf den Gemälden von Gabriel-Alexandre Decamps, die auf der Schwelle ihres Hauses sitzenden Frauen, die halbnackten Kinder bei Spiel und Balgerei, das Kommen und Gehen der mit Federbüschen und Wollquasten ausstaffierten Esel, all dies verleiht den meist ansteigenden und oft treppenförmigen Gassen ein eigenartiges Gesicht, das nicht ohne Reiz ist und dessen Buntscheckigkeit seinen Mangel an Ebenmaß mehr als ausgleicht.

In einem der Gedichte seiner ›Orientales‹ sagt Victor Hugo von Granada:

Elle peint ses maisons de plus riches couleurs.

Das stimmt genau. Die Häuser einigermaßen wohlhabender Leute sind auf die mannigfaltigste Weise derart bemalt, daß die Illusion von plastischen Bauelementen, Grisaillemustern und Basreliefs entsteht. Man findet Medaillons und Kartuschen, Pfeiler, Urnen und Voluten, Eier- und Perlstäbe, Rosengirlanden, pausbäckige Putten mit allen erdenklichen allegorischen Gegenständen — und das auf apfelgrünem, fleischfarbenem, rehbraunem Grund: Rokoko auf die Spitze getrieben. Anfangs tut man sich schwer, diese illuminierten Fassaden ehrbaren Wohnhäusern zuzuordnen: es kommt einem vor, als wandele man ständig zwischen Theaterkulissen. In Toledo hatten wir schon bemalte Häuserwände gesehen, doch werden sie von denen Granadas mit ihren verrückten Ornamenten und seltsamen Farben weit übertroffen. Was mich anbelangt, so habe ich gegen diese Manier nichts einzuwenden, denn sie erheitert und bildet einen angenehmen Kontrast zu dem kalkigen Ton der geweißten Mauern.

Wir sprachen soeben von den nach französischer Mode gekleideten Bürgern; zum Glück folgt ihnen das Volk darin nicht. Nach wie vor tragen die Männer den spitzen Hut mit Samtkrempe und seidenen Troddeln oder die stumpfe Form mit aufgestülpter Krempe, was wie ein Turban wirkt; dazu das gestickte Wams mit bunten Stoffapplikationen an den Ellbogen, an den Manschetten und am Kragen, was an türkische Jakken anklingt; die rote oder gelbe Schärpe; die Bundhose mit Verschluß durch Filigran- oder Münzknöpfe; die Ledergamaschen, deren seitliche Öffnung die Wade sehen läßt; und all das prächtiger, blumiger, lustiger und beladener mit Flitter als in anderen Teilen des Landes. Häufig sieht man auch den sogenannten *vestido de cazador* aus Korduanleder und blauem oder grünem Samt mit aufgenähten Schnüren. Als fein gilt, in der Hand einen vier Fuß langen, weißen Stock *(vara)* zu tragen, der am unteren Ende aufgespleißt ist und auf den man sich lässig lehnt, wenn man stehen bleibt, um zu schwatzen. Kein *majo*, der etwas auf sich hält, würde sich ohne *vara* unter die Leute wagen. Zwei Taschentücher, deren Zipfel aus den Wamstaschen heraushängen, eine lange *navaja*, die nicht vorn, sondern in der Mitte des Rückens im Gürtel steckt, sind der Gipfel der Eleganz für diese Stutzer aus dem Volk.

Ich fand dieses Kostüm derart hinreißend, daß es meine erste Sorge war, mir eins anfertigen zu lassen.

Man brachte mich zu Don Juan Zapata, der einen sehr guten Ruf für Trachten genoß und die schwarzen Gehröcke mindestens ebenso haßte wie ich. Als er in mir einen Mann erkannt hatte, der seine Abneigung teilte, ließ er seiner Verbitterung freien Lauf und goß mir seine Elegien über den Niedergang der Kunst ins Herz. Mit einem Kummer, den ich vollauf mitfühlte, erinnerte er sich der seligen Zeit, als ein französisch gekleideter Fremder auf den Straßen ausgepfiffen und mit Orangenschalen beworfen worden wäre, wo die *toreadores* gold- und silberbestickte Seidenjacken im Werte von 500 Peseten und die jungen Leute aus guter Familie unendlich kostbare Besätze und Tressen trugen. »Leider, leider, Señor, gibt es außer den Engländern niemand mehr, der spanische Anzüge kauft«, sagte er, als er mir Maß genommen hatte.

Diesem Señor Zapata ging es mit seinen Kleidungsstücken etwa wie Cardillac mit seinen Juwelen. Es tat ihm weh, sie seinen Kunden auszuliefern. Als es zur Anprobe kam, war er derart geblendet vom Glanz der Blumenvase, die er mitten auf den Rücken in das braune Tuch gestickt hatte, daß er in eine irre Freude ausbrach und alle möglichen Kapriolen vollführte. Plötzlich wurde seine Heiterkeit von dem Gedanken durchkreuzt, dieses Meisterwerk in meinen Händen lassen zu müssen, und seine Miene verfinsterte sich. Unter dem Vorwand, daß noch eine Änderung zu machen sei, wickelte er die Jacke in sein Tuch und gab sie seinem Lehrling, denn ein spanischer Schneider würde sich entwürdigt fühlen, trüge er selbst sein Bündel. Wie von allen Teufeln gehetzt machte er sich aus dem Staub, indem er mir einen spöttischen und grimmigen Blick zuwarf.

Am nächsten Tag kam er allein, entnahm seiner ledernen Geldbörse das Geld, das ich ihm gegeben hatte, und sagte, er trenne sich so widerwillig von seiner Jakke, daß er es vorziehe, mir meine Duros zurückzugeben. Erst als ich ihm zu verstehen gab, daß dieser Anzug ihm eine hohe Meinung von seiner Kunstfertigkeit und einen ausgezeichneten Ruf in Paris eintragen würde, willigte er ein, ihn herauszurücken.

Die Frauen besaßen so viel Stilgefühl, die Mantilla, die reizvollste Kopfzier, welche ein spanisches Gesicht umrahmen kann, nicht aufzugeben; barhäuptig, eine rote Nelke an jeder Schläfe und in ihren schwarzen Spitzenschleier gehüllt, machen sie ihre Gänge in den Straßen und auf der Promenade und huschen die Mauern entlang, indem sie den Fächer mit unvergleichlicher Anmut und Geschicklichkeit handhaben. Ein Damenhut ist in Granada eine Rarität. Elegante Damen haben freilich irgendwo in einer Hutschachtel einen jonquillengelben oder klatschroten Apparat, den sie für besondere Gelegenheiten hüten; gottseidank sind diese Gelegenheiten jedoch sehr selten, so daß die gräßlichen Hüte nur am Namenstag der Königin oder bei Schulfeiern das Licht des Tages erblicken. Mögen unsere Moden niemals in die Stadt der Kalifen einfallen und möge sich die schreckliche Drohung niemals verwirklichen, die in den beiden schwarzgemalten Wörtern *Modista francesa* an der Passage zu einem Platz enthalten ist!

Sogenannte fortschrittliche Geister werden uns zweifelsohne sehr oberflächlich finden und sich darüber lustig machen, daß wir dem Pittoresken nachtrauern; aber wir gehören zu denen, die meinen, daß Lackstiefel und Gummimäntel nur wenig zur Zivilisation beitragen, und die die Zivilisation als solche für etwas kaum wünschenswertes halten.

Für den Dichter, Künstler und Philosophen ist es schmerzlich zu beobachten, wie Formen und Farben verschwinden, wie die Linien unscharf werden, wie die Töne verschwimmen und wie die Welt unter dem Vorwand des Fortschritts von der trostlosesten Gleichförmigkeit befallen wird. Wenn alles einheitlich ist, werden Reisen völlig sinnlos geworden sein, und gerade dann, welch glücklicher Zufall, werden die Eisenbahnen ihre höchste Betriebsamkeit erreicht haben. Was taugt es schon, wenn man mit 40 Kilometern Stundengeschwindigkeit weite Strecken zurücklegen muß, um Straßen wie die Rue de la Paix mit ihrer Gasbeleuchtung und ihren satten Bürgern aufzusuchen? Wir glauben, daß das nicht Gottes Wille war, denn er hat jedes Land nach einem anderen Bild geschaffen und es mit Menschen bevölkert, die sich in Rasse, Gestalt, Hautfarbe und Sprache voneinander unterscheiden. Der Sinn der Schöpfung wird mißverstanden, und es ist einer der tausend Irrtümer der europäischen Zivilisation, wenn man den Menschen jedweden Klimas die gleiche Uniform aufzwingen will. In einem Rock mit Schwalbenschwanzschößen ist man viel häßlicher und um nichts weniger barbarisch. Die armen Türken machen seit der Abschaffung der alten asiatischen Tracht eine wahrlich blendende Figur, und die Errungenschaften der Reform haben bei ihnen unglaubliche Fortschritte zustande gebracht!

Um zur Promenade zu gelangen, folgt man der Carrera del Darro und quert die Plaza del Teatro mit einer Gedenksäule für Joaquín Maíquez, die ihm von Julián Romea, Matilde Díez und anderen Schauspielern errichtet wurde. An einer Seite des Platzes steht das Arsenal, ein Rokokobau, der mit gelber Farbe beschmiert und mit Statuen von mausgrau angemalten Grenadieren verschönert ist.

Die Alameda von Granada ist zweifellos eins der hübschesten Fleckchen der Welt; man nennt sie Salon, ein ulkiger Name für eine Promenade. An jedem Ende einer langen Allee von mehreren Baumreihen in strotzendem Grün, wie man es in Spanien selten antrifft, steht ein monumentaler Springbrunnen, dessen oberes Becken auf den Schultern barocker Wassergötter von kurioser Mißgestalt und amüsanter Brutalität ruht. Im Gegensatz zu Wasserkünsten üblicher Art speien die Springbrunnen das Wasser in breiten Schleiern aus, die zu feinem Regen und feuchtem Nebel verdunsten und eine angenehme Frische verbreiten. Längs der seitlichen Alleestreifen rinnen, in Betten aus bunten Kieseln eingefaßt, kristallklare Bäche. Eine große, mit Fontänen durchsetzte Rabatte, die mit Sträuchern und Blumen, Myrten, Rosen und Jasmin, also allem Segen der Flora Granades bepflanzt ist, füllt die Fläche zwischen Salon und Genil aus und erstreckt sich bis zu der Brücke, welche der General Sebastiani zur Zeit der französischen Invasion bauen ließ. Der Genil kommt von der Sierra Nevada in seinem Marmorbett durch Lorbeerhaine von unvergleichlicher Schönheit geflossen. Glas und Kristall sind zu undurchsichtig und zu dicht, um als Metaphern für dieses Wasser dienen zu können und eine Vorstellung von ihm zu vermitteln, das noch am Vorabend als silbernes Tuch auf dem Kamm der Sierra ausgebreitet lag. Es ist ein Fließen von Diamanten im Schmelzzustand.

Die elegante Welt Granadas versammelt sich abends zwischen sieben und acht Uhr auf dem Salon. Die Wagen zirkulieren meist leer auf dem Fahrdamm, denn die Spanier lieben es sehr zu Fuß zu gehen und verschmähen trotz ihres Stolzes den Gebrauch der eigenen Beine nicht. Es gibt nichts reizvolleres, als die jungen Frauen und Mädchen zu sehen, wie sie mit bloßen Armen, in der Mantilla, mit echten Blumen im Haar, Satinschuhen an den Füßen und den Fächer in der Hand grüppchenweise kommen und gehen, gefolgt von ihren Freunden und Verehrern, denn in Spanien ist es nicht üblich, Frauen den Arm zu geben. Diese Gewohnheit des selbständigen Gehens verleiht ihnen eine kühne, elegante und ungebundene Haltung, die unseren, stets an irgendeinem Arm hängenden Frauen, abgeht. Wie die Künstler sagen: sie haben einen vollendeten *port*. Diese ständige Trennung von Mann und Frau, jedenfalls in der Öffentlichkeit, hat schon einen orientalischen Geschmack.

Einen Anblick, von dem Menschen aus dem Norden sich keine Vorstellung machen können, bietet die Alameda von Granada bei Sonnenuntergang: die Sierra Nevada, deren gezackter Kamm die Stadt auf einer Seite abriegelt, nimmt unfaßbare Töne an. Alle vom Licht getroffenen Hänge und Gipfel werden rosa, aber von einem blendenden, vollkommenen, märchenhaften, silbrigen, mit Regenbogen- und Opalreflexen durchsetzten Rosa, das die reinsten Farben der Palette schmutzig erscheinen lassen würde; es sind Perlmuttöne, Transparenzen von Rubinen, Achat- und Aventurinadern, welche den gesamten feenhaften Schmuck von Tausendundeine Nacht überbieten. Die Mulden, die Spalten, die Schattenlagen, eben alle von den Strahlen der untergehenden Sonne nicht erreichten Stellen sind von einem Blau, das sich mit dem Azur des Himmels und des Meeres, des Lapislazuli und des Saphirs messen kann. Dieser Farbkontrast zwischen Licht und Schatten hat eine wunderbare Wirkung: das Gebirge scheint ein unermeßliches Kleid aus gerippter, schillernder Seide mit silbernem Flitterbesatz angelegt zu haben. Nach und nach verblassen die prächtigen Farben und verschmelzen zu violetten Halbtönen; der Schatten kriecht die niederen Hänge hinan, das Licht zieht sich zurück auf die hohen Gipfel, und die ganze Ebene ist seit langem in Dunkelheit getaucht, während das silberne Diadem der Sierra noch immer im heiteren Himmel unter dem Abschiedskuß der Sonne funkelt.

Die Bummler machen noch einige Runden und verschwinden dann, die einen, um im Café des Don Pedro Hurtado, des besten Eiskonditors von Granada, einen Scherbett oder einen Agraz zu sich zu nehmen, die anderen, um sich zur *tertulia* bei Freunden und Bekannten zu begeben.

Dies ist die lustigste und lebhafteste Tageszeit in Granada. Die Stände der Limonaden- und Eisverkäufer unter freiem Himmel sind mit einer Unmenge von Lampen und Lichtern erleuchtet; die Straßenlaternen und die Ampeln vor den Madonnenbildern wetteifern in Zahl und Glanz mit den Sternen, was viel besagt. Und bei Mondschein kann man selbst den kleinsten Druck ausgezeichnet lesen. Das Licht ist blau anstatt gelb, das ist alles.

Dank der Dame, die mich im Reisewagen vor dem Hungertode bewahrt hatte und die uns bei mehreren ihrer Freunde einführte, waren wir bald sehr bekannt in Granada und hatten ein herrliches Leben. Es ist unmöglich, herzlicher, offener und liebenswürdiger aufgenommen zu werden. Nach fünf oder sechs Tagen waren wir völlig vertraut, und man nannte uns nach spanischer Sitte beim Vornamen: in Granada war ich Don Teófilo und mein Freund hieß Don Eugenio. Umgekehrt durften wir die Frauen und jungen Mädchen der Häuser, wo wir empfangen wurden, mit dem Rufnamen Carmen, Teresa, Gala usw. anreden. Diese Vertraulichkeit steht in keinerlei Widerspruch zu den höflichsten Umgangsformen und der respektvollsten Zuvorkommenheit.

Wir gingen also jeden Abend von acht Uhr bis Mitternacht zur *tertulia*, mal in diesem, mal in jenem Haus. Die *tertulia* wird im *patio* abgehalten, der von Alabastersäulen eingefaßt ist. Um das Becken des Springbrunnens herum stehen Blumentöpfe und Kästen mit Ziersträuchern, auf deren Blätter einzeln und vernehmbar die Tropfen fallen. Öllampen hängen die Wände entlang; Sitzmöbel aus Korbgeflecht stehen in der Galerie, hier und da liegt eine Gitarre herum; eine Ecke gehört dem Klavier, die andere den Tischen für die Kartenspieler.

Wenn man hineinkommt, begrüßt man die Dame des Hauses und den Hausherrn und tauscht die üblichen Höflichkeitsformeln aus; unweigerlich bekommt man eine Tasse Schokolade angeboten, die es sich ziemt abzulehnen, und eine Zigarette, die man hin und wieder annehmen darf. Sind diese Pflichtübungen erledigt, begibt man sich in eine Ecke des *patio*, um sich zu der Gruppe zu gesellen, zu der man sich am meisten hingezogen fühlt. Die Eltern spielen *tresillo* mit den anderen älteren Personen; die jungen Leute plaudern mit den Mädchen, rezitieren die im Laufe des Tages verbrochenen Stanzen und Sonette, werden gescholten und bestraft für die Verbrechen, die sie vielleicht am Vorabend begangen haben, wie der zu häufige Tanz mit einer hübschen Kusine, der arg lebhafte Blick zu einem verbotenen Balkon hinauf oder ähnliche kleine Sünden. Wenn sie artig gewesen sind, schenkt man ihnen für die mitgebrachte Rose eine Nelke vom Busen oder aus den Haaren und vergilt ihren Händedruck mit einem lieblichen Augenaufschlag und einem leichten Fingerdruck, während man zum Balkon hinaufgeht, um die Militärkapelle beim Zapfenstreich vorbeimarschieren zu sehen. Die Liebe scheint die einzige Beschäftigung in Granada zu sein. Man braucht nur ein paar Mal mit einem jungen Mädchen gesprochen zu haben, schon ernennt einen die ganze Stadt zu *novio* und *novia;* man muß sich einen Haufen harmloser Hänseleien wegen der angeblichen Leidenschaft gefallen lassen, kann sich aber ein gewisses unbehagliches Gefühl nicht verkneifen, weil sie Schreckensbilder des Ehelebens vor dem inneren Auge hervorrufen. Diese Tändelei ist eher scheinbar als echt. Trotz der schmachtenden Blicke, der feurigen Augensprache, des zärtlichen Liebesgeflüsters, trotz der Kosenamen, gar mit vorangestelltem *querido*, darf man sich keine allzu gewagten Hoffnungen machen. Ein Franzose, dem eine Frau von Welt ein Viertel von dem sagte, was ein junges Mädchen in Granada bedenken- und folgenlos zu einem ihrer zahlreichen Freunde sagt, würde meinen, die Schäferstunde schlüge ihm noch am gleichen Abend; darin würde er sich gewaltig täuschen. Ginge er auch nur ein wenig zu weit, würde er unverzüglich zurechtgewiesen und aufgefordert, den Großeltern seine Heiratswünsche vorzutragen. Diese ehrliche Unbefangenheit der Sprache, die von den überspannten und gekünstelten Sitten des Nordens so weit entfernt ist, taugt mehr als die Heuchelei unserer Worte, hinter denen sich im Grunde gemeine Absichten verstecken. In Granada erscheint es völlig abwegig, einer verheirateten Frau den Hof zu machen; andererseits ist nichts einfacher, als ein junges Mädchen zu hofieren. In Frankreich ist es genau umgekehrt: kein Mensch richtet auch nur ein Wort an die Mädchen; deswegen sind die Ehen auch so oft unglücklich. In Spanien sieht ein *novio* seine *novia* zwei oder dreimal am Tag, spricht ohne Ohrenzeugen mit ihr, begleitet sie auf Spaziergängen, kommt nachts, um mit ihr auf dem Balkon oder hinter einem vergitterten Fenster im Erdgeschoß zu sprechen. Er hat reichlich Zeit, sie kennenzulernen, ihren Charakter zu erforschen und kauft die Katze nicht im Sack, wie man sagt.

Wenn die Unterhaltung stockt, greift sich einer der Kavaliere eine Gitarre, schlägt die Saiten mit den Fingernägeln, markiert dabei den Takt mit den Handballen auf der Decke des Instruments und singt dazu ein fröhliches andalusisches Lied oder ein paar drollige, mit *ay!* und *olé!* durchsetzte Couplets, die eigenartig moduliert sind und eine seltsame Wirkung haben. Eine Dame setzt sich ans Klavier und spielt ein Stück von Bellini, der besonders beliebt bei den Spaniern zu sein scheint, oder singt eine Romanze von Breton de los Herreros, dem großen Madrider Verseschmied. Der Abend endet mit einem zwanglosen kleinen Ball, wo man jedoch leider weder Jota noch Fandango oder Bolero tanzt — diese Tänze überläßt man den Bauern, Dienstboten und Zigeunern —, sondern Quadrille, den Rigodon und manchmal auch Walzer. Auf unsere Bitte taten uns indessen eines Abends zwei Töchter des Hauses den Gefallen, einen Bolero vorzuführen. Vorher ließen sie jedoch die Fenster und die Tür zum *patio* schließen, die sonst stets offen bleiben; dermaßen fürchteten sie, des schlechten Geschmacks und des Provinzialismus geziehen zu werden. Die Spanier werden meist verstimmt, wenn man ihnen von *cachucha*, von Kastagnetten, *majos* und *manolas*, von Mönchen, Schmugglern und Stierkämpfen spricht, obwohl sie im Grunde für alle diese echt nationalen und so typischen Dinge eine starke Anhänglichkeit haben. Sichtlich pikiert fragen sie einen, ob man nicht meine, sie seien ebenso fortgeschritten in der Zivilisation wie man selbst; so tief sitzt die jämmerliche Manie, alles Englische und Französische nachzuäffen. Spanien steht heute noch beim Voltaire-Touquet-System und beim Constitutionnel von 1825, was besagt, daß es aller Farbe und Poesie abhold ist. Selbstverständlich sprechen wir immer nur von den Städtern der vorgeblich aufgeklärten Klasse.

Wenn es Schluß ist mit dem Tanzen, verabschiedet man sich von den Hausherren, indem man zur Dame *A los pies de Usted* und zum Herrn *Beso à Usted la mano* sagt. Darauf wird geantwortet mit *Buenas noches* und *Beso à Usted la suya*, besiegelt durch den letzten Abschiedsruf auf der Türschwelle *Hasta mañana*, der einen verpflichtet wiederzukommen. Trotz ihrer vertraulichen Art verkehren die Leute aus dem Volke, die Bauern und Vagabunden untereinander mit ausgesuchter Höflichkeit, die sich von den groben Formen unseres Pöbels ganz wesentlich unterscheidet; freilich kann ein verletzendes Wort einen Messerstich herausfordern, was allein schon den Gespächspartnern eine gewisse Vorsicht gebietet. Man vermag sich des Eindrucks nicht zu erwehren, daß die einst proverbiale französische Höflichkeit verloren gegangen ist, seit man aufgehört hat, einen Degen zu tragen. Die Gesetze gegen das Duell werden uns schließlich noch zum unhöflichsten Volk der Erde machen.

Auf dem Heimweg begegnet man unter den Fenstern und Balkonen den jungen Kavalieren in ihr Cape gehüllt und damit beschäftigt, *a pelar la pava*, d. h., die Pute zu rupfen oder, in Klartext, mit ihren *novias* durch die Gitterstäbe zu tändeln. Diese nächtlichen Unterhaltungen dauern oft bis zwei oder drei Uhr morgens, was kaum überrascht, weil die Spanier einen guten Teil des Tages verschlafen. Zuweilen gerät man an eine Serenade von drei oder vier Musikanten, doch ist es meist ein einzelner Verliebter, der mit tief in die Stirn gedrücktem *sombrero* seine Liedchen singt und sich dazu auf der Gitarre begleitet, indem er den Fuß auf einen Mauervorsprung oder Prellstein setzt. Früher hätten sich zwei Serenaden in derselben Straße nicht geduldet; der zuerst gekommene beanspruchte, allein zu bleiben, und erkannte jeder anderen Gitarre das Recht ab, die Nachtstille mit ihrem Summen zu unterbrechen. Diese Ansprüche wurden mit der Spitze von Degen oder Messer verfochten, es sei denn die Streife kam vorbei. In diesem Falle taten sich die beiden Rivalen zusammen, um die Patrouille zu attackieren, was nicht heißen will, daß sie später ihre Rechnung nicht doch ins reine brachten. Die Empfindlichkeit der Minnesänger hat stark nachgelassen, und jeder kann in aller Ruhe unter den Fenstern seiner Liebsten *rascar el jamón*, den Schinken schaben.

Wenn die Nacht dunkel ist, muß man achtgeben, daß man nicht auf den Bauch eines in seine *capa* gewickelten, ehrenwerten Hidalgos tritt; diese tut ihm nicht nur die Dienste eines Kleidungsstücks, sondern auch die von Bett und Haus. In Sommernächten ist die granitene Freitreppe des Theaters mit Massen dieser Burschen bevölkert, die keine andere Unterkunft haben. Jeder hat seine Stufe, die wie seine Wohnung ist, wo man ihn immer antreffen kann. Dort schlafen sie unter der blauen Himmelskuppel mit den Sternen als Nachtlichtern und geschützt vor Flöhen. Mückenstiche brauchen sie nicht zu fürchten, denn ihre Haut ist zäh wie Leder, gegerbt und versengt im Feuer der andalusischen Sonne, dazu sicher so schwarz wie die der dunkelsten Mulatten.

II

Alhambra — Albaicín — Kirchen und Klöster —
Sierra Nevada

Unser Tagesablauf war ohne wesentlich Abweichung
der folgende: der Vormittag war dem Stadtbummel
und Spaziergängen zur Alhambra oder zum Generalife, sodann der obligaten Visite bei den Damen gewidmet, in deren Haus wir den Vorabend verbracht hatten. Kamen wir nur zweimal am Tag, zieh man uns
der Vernachlässigung, und die Art, wie man uns empfing, war derart liebenswürdig, daß wir uns zerknirscht
wie rohe Wilde und äußerst rücksichtslos vorkamen.

Von der Alhambra waren wir so begeistert, daß wir,
nicht zufrieden mit den täglichen Besuchen, dort richtig wohnen wollten, und zwar nicht in einem der benachbarten Häuser, die man sehr teuer an Engländer
vermietet, sondern im Palast selbst. Dank der Protek-
tion unserer Freunde in der Stadt gab man uns zwar
keine offizielle Erlaubnis, versprach uns jedoch, die Augen zuzudrücken. Wir blieben dort vier Tage und vier
Nächte, ohne Zweifel die bezauberndsten Augenblicke
meines Lebens.

Auf dem Wege zur Alhambra überquert man die
Plaza de Bibarrambla, auf der Gazul, der tapfere Mau-
re, einst dem Stierkampf frönte und deren Häuser mit
ihren Balkonen und *miradores* aus Holz an Hühner-
käfige erinnern. Während der Fischmarkt eine Ecke
des Platzes einnimmt, befindet sich in seiner Mitte ei-

ne von steinernen Bänken umgebene, freie Fläche, wo Händler von *alcarrazas* und anderen Tonwaren, von Wassermelonen, Kurzwaren, Bilderbogen, Messern, Rosenkränzen und anderem Kleinkram unter heiterem Himmel ihr Geschäft betreiben. Der Zacatín, der seinen maurischen Namen beibehalten hat, verbindet die Bibarrambla mit der Plaza Nueva. In dieser Straße mit ihren Seitengassen spielt sich unter den *tendidos* aus Segeltuch der gesamte emsige Handel Granadas ab. Hutmacher, Schneider, Schuster, Putz- und Stoffhändler haben fast alle diese Läden inne, denen die Raffinessen des modernen Luxus noch unbekannt sind und die an die alten Läden zwischen den Pfeilern der Hallen von Paris denken lassen. Zu jeder Tageszeit drängt sich die Menge auf dem Zacatín. Mal ist es eine Gruppe von Studenten aus Salamanca auf der Walze; sie spielen Gitarre, Tamburin, Kastagnetten und Triangel und singen schwungvolle und spaßige Chansons. Mal ist es eine Horde von Zigeunerinnen mit ihren blauen, volantbesetzten, sternbesäten Kleidern, ihren langen, gelben Schals, ihren wirren Haaren, den Hals umhängt mit einer dicken Kette aus Bernstein oder Koralle. Oder aber es ist eine Kolonne von Eseln unter der Last von riesigen Tonkrügen und angetrieben von einem Bauern aus der Vega, der braungebrannt ist wie ein Afrikaner.

An einer Seite der Plaza Nueva steht der prächtige Palast der Cancilleria, der wegen seiner Säulen, der rustikalen Ordnung und wegen der strengen Üppigkeit seiner Architektur beeindruckt. Hat man den Platz überquert, geht es die Calle de los Gomérez hinauf, an deren Ende die Gerichtsbarkeit der Stadt Granada auf-

hört. Hier steht die Puerta de las Granadas, von den Mauren Bib-Leuxar genannt. Zur Rechten hat man die Torres Bermejas, in denen heutzutage Korbmacher und Töpfer hausen.

Ehe wir unseren Gang antreten, müssen wir diejenigen Leser warnen, welche unsere Beschreibungen, obwohl peinlich genau, als untertrieben empfinden könnten, weil sie ihren Traumgebilden nicht entsprechen. Die Alhambra, dieser alte Festungspalast der maurischen Könige, ist keineswegs das, was sich die Phantasie vorgaukelt. Man erwartet Terrassen, die sich überlagern, durchbrochene Minarette, Durchblicke zwischen endlosen Säulenreihen. Die Wirklichkeit bietet nichts von alledem. Draußen sieht man nur massige, ziegelrote oder rostfarbene Türme, die von den arabischen Fürsten in verschiedenen Epochen errichtet wurden; drinnen gibt es nur eine Flucht von Sälen und Galerien, die zwar mit erlesenem Geschmack ausgestaltet sind, aber nichts Grandioses besitzen. Mit diesem Wink wollen wir unseren Weg fortsetzen.

Hat man die Puerta de las Granadas durchschritten, befindet man sich innerhalb des Festungsgürtels und unter der Rechtshoheit eines besonderen Gouverneurs. Durch ein Gehölz führen zwei Wege, von denen wir den linken, steileren, dafür aber kürzeren und hübscheren nehmen. Wasser fließt hurtig in Rinnen aus Kieseln und verbreitet Frische am Fuß der hohen Bäume, die fast alle zu nördlichen Arten gehören und deren lebhaftes Grün, nur einen Sprung von Afrika entfernt, ein köstlicher Genuß ist. Das Murmeln des Baches vermischt sich mit dem heiseren Zirpen von hunderttausend Zikaden und Grillen, deren Musik nie aufhört und einen trotz der Kühle unwillkürlich an sengende Hitze denken läßt. Wasser sprudelt überall hervor, aus dem Wurzelwerk der Bäume, zwischen den Ritzen der alten Mauern. Je heißer es ist, desto reichlicher rinnen die Quellen, denn sie werden vom Schnee gespeist. Diese Mischung von Wasser, Schnee und Feuer macht Granada zu einem Paradies auf Erden mit einem Klima, das in der ganzen Welt seinesgleichen nicht hat. Wenn wir in tiefe Melancholie versunken scheinen, könnte man von uns, obzwar wir keine Mauren sind, mit der arabischen Redensart munkeln: ›Er denkt an Granada.‹

Am Ende des ständig ansteigenden Weges kommt man an dem riesigen Brunnenmonument für Kaiser Karl V. vorbei, das mit einer Unmenge von Wahlsprüchen, Wappenschildern, Namen von siegreichen Schlachten, Reichsadlern und mythologischen Medaillons im deutsch-römischen Renaissancestil von wuchtiger und kraftvoller Üppigkeit beladen ist. Zwei Wappen des Hauses Mondéjar bekunden, daß Don Luis de Mendoza, Marqués de Mondéjar, dieses Monument zu Ehren des rotbärtigen Kaisers errichten ließ. Der Brunnen ist eine solide Steinmetzarbeit und dient gleichzeitig als Schulterwehr wie auch als Stütze für das Erdreich der Rampe, die zur Puerta del Juicio, dem Tor zur eigentlichen Alhambra, führt.

Dieses Tor wurde 1348 von dem König Abul Haddschadsch Jussuf erbaut; der Name ›Tor des Richterspruchs‹ leitet sich von dem Brauch der Muslims ab, auf der Schwelle ihres Palastes Recht zu sprechen. Dies hatte den doppelten Vorteil, sehr majestätisch zu sein und niemanden in die inneren Höfe hineinzulassen.

Die Maxime von Royer-Collard: ›Das Privatleben sollte eingemauert sein‹ ist nämlich schon vor Jahrhunderten im Orient geprägt worden, diesem Land der
Sonne, aus dem alles Licht und alle Weisheit kommen.

Die Bezeichnung ›Turm‹ für den Bau des Mauren-
königs wäre viel treffender als ›Tor‹, denn es ist in der
Tat ein massiger, viereckiger und ziemlich hoher Turm,
durchbrochen von einem großen Bogen in Hufeisen-
form, dem in Basrelief auf zwei verschiedenen Steinen
eine Hand und ein Schlüssel eingemeißelt sind, was
nach schwarzer Magie aussieht und einen gruselig
macht. Der Schlüssel ist ein hochverehrtes Symbol bei
den Arabern, weil eine Sure des Korans mit ›Er hat
geöffnet‹ beginnt; dazu kommen mehrere andere magische Bedeutungen. Die Hand soll den bösen Blick,
die *jettatura*, bannen wie die Händchen aus Koralle,
welche man in Neapel als Nadel oder Berlocke trägt,
um sich gegen Scheelsucht zu schützen. Nach einer alten Weissagung sollte Granada nicht eher eingenom-
men werden, als bis die Hand den Schlüssel ergriffen
hätte. Zur Schande des Propheten muß allerdings kon-
statiert werden, daß die beiden Symbole sich bis heute
nicht von der Stelle gerückt haben und daß Boabdil,
el rey chico, wie er wegen seines kleinen Wuchses genannt wurde, außerhalb des eroberten Granada jenen
historischen Seufzer, den *suspiro del moro,* ausstieß,
der einem Felsen der Sierra de Elvira den Namen gab.

Dieser klotzige, zinnengekrönte Turm mit Glasuren
in Orange und Rot auf knallblauem Grund, hinter
sich einen üppig wuchernden Abgrund mit der Stadt
auf der Talsohle und in der Ferne lange Bergketten,
tausendfarbig geädert wie afrikanischer Porphyr, ist

eine wahrhaft majestätische und imposante Pforte zum arabischen Palastbezirk. Unter dem Tor befindet sich eine Wachstube, und zerlumpte Soldaten lungern jetzt an der gleichen Stelle, wo einstmals die Kalifen auf Diwanen aus Goldbrokat, die Augen unbewegt unter der Marmorstirn und die Finger in den seidig wallenden Bart vergraben, würdevoll und entrückt die Klagen der Gläubigen anhörten. Ein Altar mit einer Madonnenskulptur darüber hat seinen Platz in einer Nische, als sollte so vom ersten Schritt an dieser einstige Wohnsitz der Anhänger Mohammeds geweiht werden.

Hinter dem Tor gelangt man auf die weite Plaza de los Aljibes mit einem Brunnen in der Mitte, dessen Rand von einem mit Espartomatten abgedeckten Laubengang umgeben ist. Hier kann man für einen *cuarto* große Gläser eines Wassers trinken, das klar ist wie Diamant, kalt wie Eis und herrlich im Geschmack. Eine Seite des Platzes wird begrenzt von den Torres Quebrada, del Homenaje, de la Armería und schließlich von dem de la Vela, dessen Glocke die Stunden der Wasserverteilung einläutet, sie alle verbunden durch Mauerbrüstungen, auf die man sich lehnen kann, um den wundervollen Blick zu genießen, der sich dem Auge bietet. Die Innenseite des Platzes usurpiert der Palast Karls V., ein mächtiger Renaissancebau, den man überall bewundern würde, hier aber verwünscht, wenn man sich bewußt macht, daß an seiner Stelle ein Teil der Alhambra stand, der eigens niedergerissen wurde, um den klotzigen Kasten einzuschachteln. Dieser Wechselbalg wurde immerhin von Alonso Berruguete entworfen; die Trophäen, Basreliefs und Medaillons an seiner Fassade sind die Arbeit eines tüchtigen, kühnen und geduldigen Meißels. Der kreisförmige Innenhof mit seinen Marmorsäulen, auf dem vermutlich Stierkämpfe abgehalten werden sollten, ist unbestreitbar eine großartige architektonische Leistung, doch *non erat hic locus.*

An der Ecke des Palastes führt ein Korridor in das Innere der Alhambra; nach einigen Windungen tritt man hinaus auf den geräumigen Myrtenhof, den Patio de los Arrayanes, der nach seinem Wasserbecken auch Patio de la Alberca oder nach seiner einstigen Bestimmung als Frauenbad Patio del Mexuar genannt wird.

Wenn man aus den dunklen Gängen auf diesen lichtüberfluteten Hof hinauskommt, verspürt man eine Sensation wie bei einem Diorama. Es ist einem, als wäre man von einem Zauberstab berührt und vier oder fünf Jahrhunderte zurück mitten in den Orient versetzt worden. Die Zeit, die in ihrem Lauf alles wandelt, hat nichts am Aussehen dieser Stätten geändert, so daß das Erscheinen der Sultanin Herzenskette oder des Mauren Tarfe in seinem weißen Mantel keineswegs überraschen würde.

Die Mitte des Hofes nimmt ein großes, rechteckiges Wasserbecken von mehr als einem Meter Tiefe ein, dessen Längsseiten durch eine Myrtenhecke flankiert sind und das an jedem Ende mit einer Arkade auf schlanken, von zierlichen, maurischen Bogen überspannten Säulen abgeschlossen wird. An diesen beiden Schmalseiten lassen Fontänen ihr Wasser in Marmorschalen fallen, die ihren Überfluß über eine Rinne in das Becken ergießen; dergestalt wird die Symmetrie der Anlage vervollständigt. Zur Linken befinden sich die Ar-

chive und ein Raum, wo unter allem möglichen Schutt —
man muß es zur Schande Granadas aussprechen — die
herrliche Vase der Alhambra abgestellt ist; sie ist fast
anderthalb Meter hoch, über und über mit Ornamenten und Inschriften bedeckt und stellt ein Prunkstück
von unschätzbarem Seltenheitswert dar, das schon für
sich allein den Ruhm eines Museums ausmachen würde; spanische Achtlosigkeit läßt es hier in einem elen-
den Winkel verkommen. Einer der Flügel, welche die
Henkel bilden, ist unlängst in die Brüche gegangen.
Auf dieser Seite liegen auch die Durchgänge zur ehemaligen Moschee, die bei der Rückeroberung in eine
Kirche zu Ehren der heiligen Maria de la Alhambra
umgewandelt wurde. Rechts befinden sich die Quar-
tiere des Personals, und wenn der Kopf einer gebräun-
ten andalusischen Bedienerin im schmalen Rahmen
eines maurischen Bogenfensters erscheint, freut man
sich an dem ganz orientalischen Eindruck. Hinten über
dem scheußlichen Dach aus Rundziegeln, durch das
man die Zederbalken und die vergoldeten Ziegel der
arabischen Bedachung ersetzt hat, ragt majestätisch
die Torre de Comares, deren Zinnen sich mit ihren roten Zacken gegen die wundervolle Klarheit des Himmels abzeichnen. Dieser Turm umschließt die Sala de
los Embajadores; zu diesem Audienzsaal gelangt man
vom Myrtenhof über eine Art Vorzimmer, das seiner
Form wegen Barca genannt wird.

Dieses Vorzimmer des Audienzsaales ist seiner Bestimmung würdig: die Kühnheit seiner Bogen, die mannig-
faltigen Verschlingungen seiner Arabesken, die Mosaike
an seinen Wänden, die Stuckarbeit seines Gewölbes,
zerklüftet wie die Decke einer Tropfsteinhöhle, und,

nach den Spuren zu urteilen, einstmals blau, grün und rot bemalt, bilden in ihrer bizarren Originalität ein bezauberndes Ensemble.

Zu beiden Seiten der in die Sala de los Embajadores führenden Tür sind im Pfosten des Bogens oberhalb der Auskleidung mit glasierten Kacheln, deren Dreiecke den unteren Teil der Wände mit ihren leuchtenden Farben schmücken, zwei Nischen aus feinbehauenem, weißem Marmor in Gestalt kleiner Kapellen eingelassen. Als Zeichen der Ehrerbietung deponierten die Mauren hier vor Betreten des Audienzsaales ihre Babuschen, etwa wie wir an respektheischenden Orten unseren Hut abnehmen.

Die Sala de los Embajadores ist einer der größten Räume der Alhambra und nimmt das ganze Innere der Torre de Comares ein. Bei der Decke aus Zedernholz haben die arabischen Architekten ihre Phantasie in den ihnen so vertrauten mathematischen Kombinationen ausgelassen; die einzelnen Stücke sind so ineinandergefügt, daß ihre vor- und zurückspringenden Winkel eine unendliche Vielfalt von Mustern bilden. Die Mauern verschwinden hinter einem derart dichten und unentwirrbar verschlungenen Netzwerk von Ornamenten, daß man es einigermaßen nur mit mehreren übereinandergelegten Klöppelspitzen vergleichen kann. Die gotische Architektur mit ihrer steinernen Spitzenarbeit und ihren durchbrochenen Rosetten ist nichts dagegen. Nur Fischkellen oder die Spitzendeckchen aus gestanztem Papier, mit denen der Konditor sein Zuckerwerk bedeckt, können eine Vorstellung davon geben. Für den maurischen Stil ist es kennzeichnend, daß er sehr wenige Vorsprünge und Profile bietet. Die gesamte Ornamentik ist flach, und die Relieftiefe übersteigt selten zehn Zentimeter; der Eindruck ist der einer Tapisserie, die unmittelbar in die Wand gewirkt wurde. Ein besonderes Element ist ihr eigentümlich: die Verwendung der Schrift als Dekorationsmittel. Nun eignet sich allerdings die arabische Schrift mit ihren verschnörkelten und geheimnisvollen Formen wunderbar für diesen Zweck. Die Inschriften, meist Koransuren oder Lobpreisungen der verschiedenen Potentaten, welche den Saal bauen und ausschmücken ließen, laufen die Friese entlang und um die Türpfosten und Fensterbogen herum; eingestreut ist Blumen-, Laub- und Schnurwerk sowie aller Reichtum der arabischen Kalligraphie. In der Salas de los Embajadores bedeuten sie: ›Ehre sei Gott, Macht und Reichtum den Gläubigen‹; oder sie huldigen Abu Naßr (Jussuf III. 1408 bis 1417), der ›wenn er lebendig in den Himmel versetzt worden wäre, den Glanz der Sterne und Planeten zum Verblassen gebracht hätte‹, eine übertriebene Behauptung, die uns gar zu orientalisch vorkommt. Andere Schriftbänder preisen Abu Abdallah (Mohammed IX.), einen seiner Nachfolger, der ebenfalls an diesem Teil des Palastes arbeiten ließ. Die Fenster sind garniert mit Sprüchen zu Ehren der Klarheit des Wassers im Becken, der Frische der Sträucher und des Duftes der Blumen im Patio del Mexuar, den man von der Sala de los Embajadores durch die Tür und die Säulchen der Galerie einsehen kann.

Hoch oben die Scharten mit innen vorgebauter Kanzel, dazu die gezimmerte Decke ohne weiteren Schmuck als die durch die Fugen der Holzstücke hervorgerufenen Zickzack- und Überschneidungslinien verleihen der

Sala de los Embajadores einen strengeren Charakter, als er in den übrigen Sälen der Palastanlage herrscht, doch entspricht dies vollkommen seiner Bestimmung. Vom Fenster nach hinten hinaus hat man einen herrlichen Ausblick auf das Tal des Darro.

Zum Abschluß dieser Beschreibung fühlen wir uns verpflichtet, eine Illusion zu zerstören: alle diese Herrlichkeiten sind weder aus Marmor noch aus Alabaster, nicht einmal aus Stein, sondern ganz einfach aus Gips! Das steht in krassem Gegensatz zu der Vorstellung von feenhaftem Luxus, die der bloße Name Alhambra in der blassesten Phantasie erweckt. Nichts ist jedoch wahrer als das: mit Ausnahme der Säulen, die meist aus einem Stück sind und deren Höhe selten sechs bis acht Fuß übersteigt, einiger Bodenfliesen, der Springbrunnenschalen und der Kapellchen zur Babuschenablage wurde zum Innenausbau der Alhambra kein einziges Stück Marmor verwendet. Das gleiche gilt für den Generalife. Besser als die Araber hat übrigens kein Volk die Kunst des Mahlens, Härtens und Ziselierens von Gips beherrscht, der unter ihren Händen die Festigkeit von Stuck erhält, ohne dessen störenden Glanz zu besitzen.

Die meisten Ornamente wurden also mittels Holzformen hergestellt und ohne große Mühe so oft wiederholt, wie es die Harmonie des Raumes erforderte. Nichts wäre einfacher, als einen Saal der Alhambra genau zu reproduzieren, denn dazu brauchte man nur Abgüsse sämtlicher Ornamente zu nehmen. Zwei eingestürzte Bogen der Sala de la Justicia wurden von Granadas Arbeitern mit einer Perfektion rekonstruiert, die nichts zu wünschen übrigläßt. Wenn ich so etwas wie ein Millionär wäre, würde ich mir neben anderen Extravaganzen leisten, in einem meiner Parks ein Duplikat des Löwenhofs errichten zu lassen.

Von der Sala de los Embajadores gelangt man über eine Galerie aus der Zeit nach der Reconquista zum Tocador, dem Toilettenzimmer der Königin. Dieser kleine Pavillon diente einst den Sultaninnen als Andachtsraum; er liegt oben auf einem Turm und gewährt die Aussicht auf ein wundervolles Panorama. Am Eingang sieht man eine weiße Marmorfliese mit feinen Löchern als Durchlaß für die Duftschwaden des Räucherwerks, welches man unter dem Fußboden anzündete. An den Wänden kann man noch die grotesken Fresken von Bartolomé de Ragis, Alonso Pérez und Juan de la Fuente erkennen. Auf dem Fries verschlingen sich unter Gruppen von Amoretten die Monogramme Isabellas und Karl V. Man kann sich kaum etwas koketteres und reizenderes erträumen als dieses Gemach mit seinen maurischen Säulchen und flachen Bogen, wie es über einer azurblauen Schlucht schwebt, an deren Grund die Dächer Granadas wie Schindeln wirken; gehoben wird diese Stimmung noch durch die von der Brise herübergewehten Düfte des Generalife, dieses auf dem Hang des nächsten Hügels blühenden, riesigen Oleanderdikkichts, und durch den klagenden Schrei der Pfauen, die auf den verfallenen Festungsmauern stolzieren. Wieviele Stunden habe ich nicht in dieser heiteren und von der des Nordens so verschiedenen Melancholie verbracht, indem ich ein Bein über dem Abgrund baumeln ließ und meinen Augen anbefahl, jede Form und jede Kontur des unvergleichlichen Bildes zu erfassen, welches vor ihnen lag und das sie vermutlich niemals wieder erblicken würden! Keine Beschreibung, kein Gemälde wird jemals auch nur annähernd diesen Glanz, dieses Licht, diese lebhaften Nuancen wiedergeben können. Die gewöhnlichsten Töne erhalten den Wert von Juwelen, und dieser Maßstab gilt für alles. Wenn sich abends die Sonne neigt, entstehen die unglaublichsten Effekte: Die Berge glitzern wie Haufen von Rubinen, Topasen und Karfunkeln; Goldstaub liegt in den Senken, und wenn die Landarbeiter, wie oft im Sommer, Stroh auf der Ebene verbrennen, werden der langsam gen Himmel steigenden Flugasche vom lodernden Sonnenuntergang magische Reflexe verliehen. Es wundert mich, daß die spanischen Maler ihre Bilder im allgemeinen so bräunlich gehalten haben und den Spuren des Caravaggio und der anderen Meister des Helldunkels gefolgt sind. Die Bilder von Decamps, der doch nur asiatische und afrikanische Szenerien gemalt hat, geben von Spanien eine viel richtigere Vorstellung als alle Gemälde, die man unter beträchtlichen Kosten von der Halbinsel nach Paris geholt hat.

Ohne uns dort aufzuhalten, durchqueren wir den Jardín de Lindaraja, einen ungepflegten Innenhof mit allerlei Wildwuchs und Haufen von Schutt, und machen den Baños de la Sultana einen kurzen Besuch. Hier sind die Wandsockel mit glasierten Fliesen in Karomuster ausgekleidet, woran sich ein Gipsfiligran anschließt, das die kompliziertesten Korallen beschämen würde. In der Mitte des Raumes steht ein Springbrunnen, und in eine Wand sind zwei Nischen eingelassen, wo Herzenskette und Zobeida sich auf golddurchwirkten Tüchern ausruhten, nachdem sie die raffinierten Freuden eines orientalischen Bades genossen hatten.

Im oberen Teil des Ruheraumes kann man noch die Logen oder Balkons sehen, wo sich die Musikanten und Sänger postierten. Die Badewannen sind große Tröge aus einem einzigen Stück weißen Marmors; sie stehen in kleinen, gewölbten Kabinetten, die von Durchbrüchen in Form von Rosetten oder Sternen erhellt werden. Um langweilige Wiederholungen zu vermeiden, halten wir uns nicht bei der Sala de los Secretos auf, die vor allem wegen eines akustischen Effekts als bemerkenswert gilt; ihre Ecken sind geschwärzt von den Nasen kindischer Menschen, die dort eine Frechheit flüstern und sich darüber amüsieren, daß sie deutlich in der anderen Ecke vernehmbar ist. Ebenfalls kurz abtun können wir die Sala de las Ninfas, wenn sich auch über der Tür ein ausgezeichnetes Basrelief von Jupiter als Schwan in Umarmung mit Leda befindet, das sehr frei in der Komposition und mit außerordentlich kühnem Meißel gestaltet ist. Schließlich haben auch die schauderhaft verwüsteten Gemächer Karls V. nichts aufzuweisen, was erwähnenswert wäre, es sei denn deren mit der anspruchsvollen Devise *Non plus ultra* verzierte Zimmerdecken. Gehen wir daher weiter zum Patio de los Leones, dem interessantesten und besterhaltenen Teil der Alhambra.

Das Tafelwerk des Engländers Owen Jones und die zahlreichen Ansichten, die vom Löwenhof veröffentlicht worden sind, vermitteln eine sehr unvollständige, wenn nicht gar falsche Vorstellung davon. Den meisten mangelt es an den rechten Proportionen, was zusammen mit der Überladenheit, welche die Wiedergabe der unendlichen Details arabischer Architektur mit sich bringt, den Eindruck eines viel gewaltigeren Raumes entstehen läßt.

Der Löwenhof ist etwa 35 Meter lang, 20 Meter breit, und die ihn umschließenden Galerien sind nicht höher als 7 Meter. Diese werden von 128 weißen Marmorsäulen gebildet, die symmetrisch, aber nicht regelmäßig zu viert oder zu dritt gruppiert sind. Diese Säulen mit ihren reich ausgearbeiteten Kapitellen, die noch Spuren von Gold und Farbe aufweisen, tragen Bogen von höchster Eleganz und eigenwilliger Form.

Wenn man den Löwenhof betritt, blickt man über das Rechteck hinweg zu der gegenüberliegenden Sala de los Reyes oder auch Sala del Tribunal, in deren Deckenwölbung Gemälde eingefügt sind. Weil es vielleicht die einzigen sind, die uns die Araber hinterlassen haben, verleiht ihnen ihre Seltenheit einen unschätzbaren Wert. Eins dieser Bilder stellt offenbar den Löwenhof selbst mit dem klar zu erkennenden, allerdings vergoldeten Brunnen dar; einige Kämpen, die infolge des Alters der Malerei an Deutlichkeit verloren haben, scheinen ein Lanzenbrechen im Turnier auszufechten. Das Thema des zweiten ist eine Art Diwan oder Ratssitzung der maurischen Könige von Granada, deren weiße Burnusse, olivenfarbene Gesichter, rote Lippen und geheimnisvolle, schwarze Augen noch gut zu sehen sind. Angeblich sind diese Bilder auf besonders präpariertes Leder gemalt und auf Zedernholztafeln aufgezogen. Jedenfalls können sie als Beweis dafür dienen, daß die nach der Koranvorschrift verbotene Darstellung lebender Wesen von den Mauren nicht immer streng befolgt wurde, auch wenn die zwölf Löwen des Brunnens nicht vorhanden wären, um diese These zu erhärten.

Von der Mitte des Säulenganges an der linken Längsseite geht es in den Saal der beiden Schwestern, der das Gegenstück zur Sala de los Abencerrajes auf der rechten Seite bildet. Den Namen, Sala de las dos Hermanas, haben diesem Raum die beiden riesigen Fliesen aus weißem Macael-Marmor eingetragen, die vollkommen gleich in Form und Größe in den Fußboden eingelassen sind. Das Kuppelgewölbe, von den Spaniern höchst treffend *media naranja* genannt, ist ein Wunder von Geduldsarbeit. Vergleichen ließe es sich mit einer Honigwabe, mit den Stalaktiten in einer Höhle, oder mit den Trauben von Seifenblasen, die Kinder durch einen Strohhalm in die Luft pusten. Diese Myriaden von kleinen Gewölben, von drei oder vier Fuß hohen Kuppeln, die auseinander herauswachsen und deren Kanten sich ständig kreuzen und brechen, scheinen eher das Produkt einer zufälligen Kristallisation als Menschenwerk zu sein. Das Blau, das Rot und das Grün leuchten noch an den Hohlstellen der Gußstücke fast so lebhaft, als seien sie gerade erst aufgetragen worden. Wie in der Sala de los Embajadores sind die Wände vom Fries bis in etwa Mannshöhe mit Stuckwerk von unfaßlicher Zierlichkeit der Verschnörkelungen bekleidet. Der Sockel ist mit glasierten schwarzen, grünen und gelben Keramikplättchen ausgelegt, die mit dem weißen Untergrund ein Mosaik bilden. Nach unabänderlichem Brauch der Araber, deren Aufenthaltsräume anscheinend im wesentlichen große Fontänen in schmückendem Rahmen waren, steht in der Mitte ein Springbrunnen, dessen Wasserstrahl in ein Becken am Boden fällt. Von diesen Fontänen gibt es vier unter dem Portikus vor dem Tribunal, weitere vier unter dem Portikus vor dem Eingang zum Löwenhof und eine in der Sala de los Abencerrajes, ungerechnet die *taza de los leones*, die sich nicht damit begnügt, Wasser aus den Mäulern seiner zwölf Ungetüme zu speien, sondern aus der Brunnenschale noch dazu einen kräftigen Strahl gen Himmel schickt. Durch Rinnen im Fliesenboden der Säle und in den Platten des Hofs ergießt sich all dies Wasser am Fuß des Löwenbrunnens in einen unterirdischen Abflußschacht. Bestimmt hätte man hiermit eine Behausung, wo man vom Staub nicht belästigt wird; allerdings fragt man sich, wie diese Räumlichkeiten im Winter wohnlich gemacht werden konnten. Vermutlich schloß man dann die massigen Türen aus Zedernholz, bedeckte die Fliesen mit dicken Teppichen, zündete in den *braseros* Glut von Obstkernen und duftenden Hölzern und harrte so der Wiederkunft der schönen Jahreszeit, die in Granada nie lange auf sich warten läßt.

Wir sparen uns die Beschreibung der Sala de los Abencerrajes, die der de las dos Hermanas sehr ähnlich ist und keine Besonderheiten aufweist, es sei denn seine alte, aus rautenförmigen Holzstücken zusammengesetzte Tür, die aus der Maurenzeit stammt. Im Alcazar von Sevilla ist eine andere von völlig gleicher Machart zu sehen.

Die *taza de los leones* genießt in der arabischen Dichtung einen fabelhaften Ruf; es gibt kein schmeichelndes Attribut, mit dem man diese herrlichen Tiere nicht schon belegt hätte. Nach meinem Empfinden ist es schwierig, etwas zu finden, was Löwen weniger gleicht als diese Produkte afrikanischer Phantasie. Die Beine sehen eher aus wie unbearbeitete Pflöcke; die Mäuler mit Querrillen, wohl um die Schnurrhaare anzudeuten, ähneln vollkommen denen von Nilpferden; die Augen

sind von derart primitiver Behandlung, daß man an
ungelenke Kinderzeichnungen erinnert wird. Wenn
man indessen diese zwölf Ungetüme nicht als Löwen,
sondern als Fabelwesen, als launigen Einfall des Bild-
hauers begreift, wirken sie im Zusammenklang mit der
Schale darüber pittoresk und feinsinnig. Dann beginnt
man auch, ihre Berühmtheit und die Lobeshymne der
Inschrift aus dem Jahre 1379 zu verstehen, die in 24
Versen von je 22 Silben in den Rand des Auffangbeckens
eingraviert ist. Wir bitten unseren Leser um Nachsicht
für die etwas barbarische okzidentale Übersetzung:

Der du die Löwen hier, gebannt an ihrem Platz
                    betrachtest:
Um echt zu sein, fehlt ihnen nur das Leben.
Und du, dem dieses Schloß und Königreich
                    als Erbe zufällt,
Nimm es entgegen aus den edlen Händen,
Die ohne Mißmut, ohne Aufbegehren es regierten.
Gott segne dich für die vollbrachte Tat
Und leihe ständig seinen Schutz dir vor des
                    Feindes Rache!
Viel Ehr' und Ruhm sei dir, o Mohammed!
Du unser König mit den hohen Gaben,
Die Sieg und Beute dir bescherten!
O, möge Gottes Allmacht nie gewähren,
Daß dieser schöne Garten, Sinnbild deiner Größe,
Von einem Nebenbuhler übertroffen wird!
Der Stoff, aus dem die Brunnenschale ist,
Glänzt wie Perlmutt am Grunde laut'rer Fluten.
Wie Silberschmelze blinkt der Spiegel, denn
So klares Wasser und so weißer Stein sind
                    ohnegleichen;

Ätherisch, möcht' man sagen, wie ein Tropfen
Von Duftessenz auf einem Alabasterantlitz.
Der Lauf des Wassers läßt sich nicht verfolgen,
Betrachte einmal es und dann die Schale:
Du wirst nicht unterscheiden können,
Ob still das Wasser steht, die Schale aber rieselt.
Wie ein verliebtes Mädchen, deren Lider
Vor Sehnsuchtstränen heimlich überquellen,
So ist das Wasser eifersüchtig auf den Stein,
Der Stein nicht minder neidisch auf das Wasser.
Und dieser Strom, der nie versiegt,
Läßt sich mit uns'res Königs Hand vergleichen,
Denn seine Großmut lohnt den Löwenmut
                              des Kriegers.

In das Becken des Löwenbrunnens fielen die Köpfe
der 36 Abencerragen, die von der Sippe der Zegris in
einen Hinterhalt gelockt worden waren. Alle anderen
Abencerragen hätte das gleiche Geschick ereilt, wäre
nicht ein kleiner, anhänglicher Page unter Gefahr für
sein Leben davongerannt, um die übrigen zu warnen
und sie davon abzuhalten, den todbringenden Hof zu
betreten. Auf dem Grund des Beckens werden dem Besucher große, rötliche Flecken gezeigt als ewig untilg-
bare Anklage der Opfer gegen die Grausamkeit ihrer
Meuchler. Leider behaupten Fachleute, Abencerragen
und Zegris habe es nie gegeben; ich jedoch verlasse mich
blind auf die Romanzen, auf den Volksmund und auf
den Roman von Châteaubriand und bin felsenfest davon überzeugt, daß es sich bei den purpurnen Spuren
um Blut und nicht um Rost handelt.
    Wir hatten unser Standquartier im Löwenhof be-

zogen; unsere Einrichtung umfaßte zwei Matratzen, die tagsüber in irgendeinem Winkel zusammengerollt wurden, eine kupferne Laterne, einen irdenen Krug und einige Flaschen Sherry, die wir in der Brunnenschale kühlhielten. Mal schliefen wir in der Sala de las dos Hermanas, mal in der Sala de los Abencerrajes, und wenn ich auf meinen Mantel hingestreckt lag, sah ich nicht ohne ein leichtes Gruseln, wie die weißen Mondstrahlen, ganz verblüfft, auf das gelbe, flackernde Licht einer Laterne zu stoßen, durch die Öffnungen im Gewölbe auf das Wasser des Beckens und auf die glänzenden Bodenplatten fielen.

Die von Washington Irving in seinen *Tales of the Alhambra* zusammengetragenen volkstümlichen Legenden kamen mir ins Gedächtnis; die vom Padre Echeverria salbungsvoll wiedergegebenen Geschichten vom *Pferd ohne Kopf* und vom *Haarigen Geist* leuchteten mir durchaus ein, insbesondere, wenn das Licht gelöscht war. Solche Geschichten sind nachts viel glaubhafter, wenn die Schatten von ungewissen Reflexen durchquert werden, die alle sich nur verschwommen abzeichnenden Gegenstände fantastisch erscheinen lassen. Der Zweifel ist ein Sohn des Tages, die Gläubigkeit eine Tochter der Nacht. Was mich immer gewundert hat, ist, daß Thomas an Christus glaubte, nachdem er seine Hand in dessen Wunde gelegt hatte. Ich bin mir nicht sicher, ob ich nicht die Abencerragen gesehen habe, wie sie mit dem Kopf unter dem Arm im Mondschein unter den Arkaden wandelten. Stets nahmen jedenfalls die Schatten der Säulen teuflisch verdächtige Gestalt an, und wenn die Brise durch die Arkaden wehte, klang es zum Verwechseln wie menschlicher Atem.

Eines Sonntagmorgens gegen vier oder fünf Uhr — wir schliefen noch — fühlten wir uns auf unseren Matratzen von einem feinen und durchdringenden Regen benetzt. Man hatte früher als gewöhnlich das Wasser angestellt, und zwar zu Ehren eines Prinzen von Sachsen-Coburg, der einen Besuch der Alhambra vorhatte und von dem man sagte, er würde die junge Königin heiraten, sobald sie mündig sei.

Kaum hatten wir uns erhoben und angezogen, als der Prinz auch schon mit zwei oder drei Persönlichkeiten im Gefolge erschien. Er war wütend. Um ihn würdig zu empfangen, hatten die Wärter an allen Springbrunnen die lächerlichsten mechanischen und hydraulischen Spielereien angebracht. Eine dieser sinnigen Erfindungen sollte die Reise der Königin nach Valencia in einer kleinen Karosse aus Blech darstellen; die Eskorte bestand aus Bleisoldaten, die sich durch den Wasserdruck drehten. Man kann sich die Begeisterung des Prinzen über den raffinierten Geschmack und verblüffenden Einfallsreichtum vorstellen. Im *Fray Gerundio*, der Madrider satyrischen Zeitschrift, wurde der arme Prinz bitter angegriffen. Unter anderen Vergehen warf man ihm vor, zu heftig um seine Wirtshausrechnungen zu feilschen und im Theater als *majo* gekleidet mit spitzem Hut auf dem Kopf erschienen zu sein.

Eine Gesellschaft von Leuten aus Granada kam, um den Tag in der Alhambra zu verbringen; es waren sieben oder acht junge Mädchen und fünf oder sechs Kavaliere. Sie tanzten zur Gitarre, spielten Spiele und sangen nach einer entzückenden Melodie das Chanson von Fray Luis de León, das in Andalusien einen so

volkstümlichen Erfolg gehabt hat. Da die Wasserspiele
versiegt waren, weil sie schon zu so früher Morgen-
stunde begonnen hatten, ihre Silberraketen zu ver-
schießen, und die Becken infolgedessen trockenlagen,
setzten sich die ausgelassenen jungen Mädchen in der
Runde auf den Alabasterrand der Schale in der Sala
de las dos Hermanas. Sie bildeten sozusagen einen
Korb, warfen ihre hübschen Köpfe in den Nacken und
nahmen alle miteinander den Refrain des Chansons
auf.

Der Generalife liegt unweit der Alhambra auf einer Kuppe des gleichen Bergzuges. Man erreicht ihn
durch eine Art Hohlweg, welcher die Schlucht de los
Molinos quert; er ist eingesäumt von Feigenbäumen
mit riesigen, glänzenden Blättern, von Ilex, Pistazien-
und Lorbeersträuchern sowie Ziströschen von unglaub-
licher Üppigkeit. Der Boden besteht aus gelbem wasser-
getränktem Sand und ist ungeheuer fruchtbar. Es gibt
nichts reizvolleres, als diesem Weg zu folgen, der derart mit Blattgewächsen und Blumen überwuchert ist
und so schwindelerregende Düfte aromatischer Pflanzen verbreitet, daß man sich in einen südamerikani-
schen Urwald versetzt wähnt. Aus den Rissen der verfallenen Mauern sprießt Wein hervor und entrollt aus
allen seinen Reben fantastisch gewundene Ranken, die
zusammen mit den edel geformten Blättern wie Motive
arabischer Ornamentik wirken. Agaven öffnen ihre Rosetten stachelbewehrter Lanzen; Orangenbäume win-
den ihren knorrigen Stamm und suchen sich mit ihren
Greifwurzeln einen Halt in den Spalten der Böschung.
Alles blüht, alles gedeiht in diesem Laubgewirr voller
reizender Zufälligkeiten. Ein verirrter Jasminzweig

mischt einen weißen Stern unter die scharlachroten Blüten des Granatapfelbaums; ein Lorbeerstrauch umarmt über die Wegränder hinweg einen Kaktus, ohne sich an seinen Stacheln zu stören. Sich selbst überlassen, scheint sich die Natur in Koketterie zu gefallen und demonstrieren zu wollen, wie weit die Kunst, und sei sie noch so exquisit und perfekt, hinter ihr zurückbleibt.

Nach einem Fußmarsch von einer Viertelstunde ist man am Generalife, der nichts anderes ist als die *casa de campo*, der Landsitz der Alhambra. Wie bei allen orientalischen Bauten ist das Äußere ganz einfach: große, fensterlose Mauern, darüber eine Terrasse mit Arkadengalerie, das Ganze gekrönt von einem Mirador aus neuerer Zeit. Von dem ursprünglichen Bau ist nichts geblieben als die Arkaden und große Felder von Arabesken, die jedoch leider Schicht um Schicht mit Kalkfarbe überkleistert wurden, ein Verfahren, das aus einem Sauberkeitswahn von entsetzlicher Hartnäckigkeit ständig wiederholt wird. Allmählich verwischt sich das zarte Linienwerk dieser feenhaften Architektur, setzt sich zu und verschwindet. Was heute nur noch eine Mauer mit verschwommenem Bandmuster ist, war einstmals gleich einer Spitzenarbeit so fein durchbrochen wie jene Elfenbeinblätter, welche die geduldigen Chinesen für Fächer schnitzen. Der Pinsel des Anstreichers hat mehr Meisterwerke getilgt als der Zahn der Zeit, wenn es uns erlaubt ist, diese reichlich abgegriffene Metapher zu verwenden. In einem recht gut erhaltenen Saal befindet sich eine Reihe verräucherter Porträts spanischer Könige, die bestenfalls historisches Interesse besitzen.

Der eigentliche Reiz des Generalife geht von seinen

Garten- und Wasseranlagen aus. Ein mit Marmorplatten ausgelegter Kanal zieht sich der Länge nach durch den ganzen Bezirk und wälzt seine raschen und reichlichen Fluten unter einer Folge von Laubengängen, die durch eigenartig gestutzte Taxushecken gebildet werden. Orangenbäume und Zypressen sind auf beiden Seiten angepflanzt. Am Fuße einer dieser Zypressen von gewaltigen Ausmaßen — sie stammt noch aus der Maurenzeit — lieferte Boabdils Lieblingsfrau, wenn man der Legende glauben darf, häufig den Beweis dafür, daß Schloß und Riegel recht unzulängliche Garanten für die Tugend von Sultaninnen sind. Sicher ist hingegen, daß die Taxusstämme sehr dick und alt sind.

Ähnlich wie im Myrtenhof der Alhambra wird die Sicht von einem Portikus mit Springbrunnen und Marmorsäulen begrenzt. Der Kanal macht einen Knick, und man gelangt in andere, mit Wasserkünsten ausgestattete Säle, deren Wände Spuren von Fresken aus dem 16. Jahrhundert mit ländlichen Szenen und Veduten erkennen lassen. In der Mitte eines der Bassins entfaltet sich wie ein riesiger Korb ein üppiger Oleander von unerhörter Pracht. Zu der Zeit, als ich ihn sah, wirkte er auf mich wie eine Explosion von Blumen, wie die Garbe eines Feuerwerks aus Blüten: eine herrliche, lebhafte Frische, fast tosend, wenn man dieses Wort auf Farben anwenden darf, so daß der tiefste Purpur fahl dagegen erschienen wäre. Seine schönen Blüten schossen mit aller Glut des Verlangens empor zum reinen Blau des Himmels; seine edlen Blätter, welche die Natur mit Vorbedacht als Rosenlorbeer zur Bekränzung des Ruhms erschuf, wurden von dem feinen

Wasserstaub der Fontänen besprüht und glitzerten wie Smaragde in der Sonne. Nichts hat jemals in mir ein intensiveres Schönheitsempfinden geweckt als dieser Oleander des Generalife.

Das Wasser erreicht die Gärten über eine steile Kaskade, deren Seiten durch kleine Mauern bewehrt sind und deren Bett aus großen Hohlziegeln besteht, über die sich der Bach unter freiem Himmel mit munterem Gemurmel hinabstürzt. Auf jeder Stufe steigen kräftige Wasserstrahlen aus der Mitte kleiner Sammelbecken auf und schicken ihre kristallenen Pfeile hinauf in das dichte Blattwerk der Lorbeersträucher, die sich über ihnen verflechten. Der Berg rieselt allenthalben; mit jedem Schritt stößt man auf eine Quelle, und ständig hört man neben sich das Gemurmel irgendeines verirrten Wasserlaufs, der schließlich einen Springbrunnen speisen oder einem Baum Frische spenden wird. Die Araber haben die Kunst der Bewässerung zur höchsten Vollkommenheit entwickelt; ihre hydraulischen Anlagen bezeugen eine weit fortgeschrittene Zivilisation und bestehen noch heute. Ihnen verdankt Granada, das Paradies Spaniens zu sein und sich eines ewigen Frühlings unter afrikanischen Temperaturen erfreuen zu dürfen. Die Araber hatten vom Darro einen Arm abgeleitet und ihn viele Kilometer weit zum Hügel der Alhambra geführt.

Deutlich erkennen kann man vom Mirador des Generalife den Lageplan der Alhambra mit ihrem Gürtel rötlicher, halbverfallener Türme zwischen Mauern, die den Geländewellen folgend ansteigen oder abfallen. Der von der Stadt aus nicht sichtbare Palast Karls V. zeichnet, vergoldet von Sonnenreflexen, seinen massigen Block gegen die damastenen Hänge der Sierra Nevada ab, deren weißer Kamm seine scharfen Konturen in den Himmel schneidet. Der Kirchturm von Santa Maria ragt als christliche Silhouette über die maurischen Zinnen hinaus. Inmitten all dieses Lichts und all dieses Blaus strecken einige Zypressen ihre trauernden, schwärzlichen Kronen durch die Mauerbreschen wie Seufzer in der Fröhlichkeit des Festes. Die Abhänge des Hügels hinunter zum Darro und zur Schlucht de los Molinos verschwinden unter einer Flut von Grün. Es ist schlechtweg einer der schönsten Aussichtspunkte, die man sich denken kann.

Wie um einen Kontrast zu so viel Frische zu bilden, erhebt sich auf der anderen Seite wüst, versengt und fahl mit Tupfen von Ocker und Umbra ein Berg mit spärlichen Bauresten auf seinem Gipfel. Man nennt ihn *Silla del Moro*, weil König Boabdil im Jahre 1492 von hier aus die Kämpfe in der Vega zwischen seinen maurischen und den christlichen Rittern beobachtete. Das Andenken an die Araber lebt noch immer in Granada. Man möchte meinen, sie hätten die Stadt erst gestern verlassen, und wenn man nach den erhaltenen Überresten urteilt, muß man ihren Abzug bedauern. Südspanien braucht die orientalische und nicht die europäische Zivilisation, die sich mit der Glut des Klimas und den von ihr inspirierten Leidenschaften nicht verträgt. Der konstitutionelle Apparat taugt allein für Länder der gemäßigten Zonen; oberhalb von 30 Grad Wärme schmelzen Verfassungen, oder sie platzen.

Nachdem wir nun mit der Alhambra und dem Generalife fertig sind, wollen wir uns auf die andere Seite des Darroeinschnitts begeben und längs des zum Monte

Sagrado führenden Weges die Schlupflöcher der in Granada ziemlich zahlreichen Zigeuner aufsuchen. Dieser Weg ist an der Flanke des Albaicín gebahnt, der nach einer Seite überhängt. Riesige Agaven und eklige Kaktusfeigenbäume bewehren diese ausgemergelten, bleichen Hänge mit ihren spitzen Lanzen und stachligen Paletten im Farbton von Grünspan. Unter den Wurzeln dieser großen Fettpflanzen, die ihnen offenbar als spanische Reiter und Stachelkronen dienen, sind die Behausungen der Zigeuner in den gewachsenen Fels getrieben. Der Eingang zu diesen Höhlen ist gekalkt; anstelle der Tür ist ein Strick gespannt, über den ein ausgefranstes Stück Teppich gleitet. Hier drin wimmelt und mehrt sich das wilde Volk. Die Kinder von dunklerer Hautfarbe als eine Havanna spielen nackt ohne Rücksicht auf Geschlecht vor der Schwelle und wälzen sich im Staub, während sie scharfe, kehlige Laute ausstoßen. In der Regel sind die Zigeuner Hufschmiede, Maultierscherer, Veterinäre und vor allem Pferdehändler. Sie besitzen tausend Mittel, um den dämpfigsten und lahmsten Tieren Feuer und Kraft zu verleihen. Ein Zigeuner hätte Rosinante zum Galoppieren und Sanchos Grauchen zum Tanzen gebracht. Ihr eigentlicher Beruf ist im Grunde Dieb.

Die Zigeunerinnen verkaufen Amulette, sagen wahr und widmen sich den fragwürdigen Tätigkeiten, die bei den Frauen ihrer Rasse üblich sind; hübsche habe ich nur wenige gesehen, obwohl ihre Gesichtszüge bemerkenswert hinsichtlich Typ und Charakterausdruck sind. Ihr dunkler Teint hebt die Klarheit der orientalischen Augen hervor, deren Glut von einer unbeschreiblichen, geheimnisvollen Traurigkeit gedämpft wird,

wie etwa durch die Erinnerung an eine verlorene Heimat oder vergangene Größe. Ihre vollen und hochroten Lippen lassen die Knospenform afrikanischer Münder anklingen; die niedrige Stirn und die gebogene Nase deuten auf gemeinsame Herkunft mit den Zigeunern Böhmens und der Walachei, kurz mit allen Kindern dieses seltsamen Volkes, das unter dem mehr oder weniger verderbten Gattungsnamen Ägypter die ganze mittelalterliche Welt durchstreifte und dessen rätselhafte Arterhaltung so viele Jahrhunderte nicht haben hemmen können. Fast alle Zigeunerinnen besitzen in ihrer Haltung eine derart natürliche Majestät, benehmen sich so ungezwungen und ruhen so sicher auf ihren Hüften, daß es einem vorkommt, sie seien sich trotz ihrer Lumpen, ihrer Unsauberkeit und ihrer Armut stets des Alters und der Reinheit ihrer Rasse bewußt, denn Zigeuner heiraten stets unter sich, und Kinder aus einer gelegentlichen, flüchtigen Verbindung werden vom Stamm erbarmungslos ausgestoßen. Wenn die *gitanos* auch behaupten, gute Spanier und Katholiken zu sein, so glaube ich doch, daß sie irgendwie Araber und Moslems geblieben sind, wogegen sie sich aus einem Rest von Furcht vor der inzwischen aufgehobenen Inquisition heftig verwahren. In einigen verlassenen und halb verfallenen Gassen des Albaicín wohnen besser situierte und weniger nomadische Zigeuner. Dort beobachteten wir ein achtjähriges, völlig nacktes kleines Mädchen, wie es sich auf spitzem Pflaster im Tanzen des *zorongo* übte. Seine hagere, abgezehrte Schwester hockte mit Augen wie glühende Kohlen im zitronengelben Gesicht neben ihm auf dem Boden und entlockte den Saiten der Gitarre auf ihren Knien mit dem

Daumen schnarrende Töne, die dem heiseren Zirpen einer Grille nicht unähnlich waren. Die Mutter, aufgeputzt in buntem Kleid und den Hals mit Glasperlen überladen, schlug den Takt mit der Spitze eines blauen Samtpantoffels, mit dem sie wohlgefällig liebäugelte. Die Wildheit der Bewegungen, der exotische Aufzug und die außerordentliche Farbigkeit dieser Szene hätte ein ausgezeichnetes Motiv für ein Bild von Callot oder Salvator Rosa abgegeben.

Die Grotten der Märtyrer auf dem Sacromonte haben nichts Besonderes zu bieten, es sei denn dem frommen Pilger. Uns arg laschen Katholiken können diese Krypten mit ihren weißgekalkten, niedrigen Gängen und ihren von Devotionalien strotzenden Altarnischen kaum beeindrucken; wir brauchen das Pittoreske, um ein erhebendes, religiöses Gefühl zu spüren. Der Fromme hat kein Auge für das Spiel von Licht und Schatten, für die mehr oder weniger kunstvollen architektonischen Proportionen; er weiß, daß dieser dürftige Altar die Gebeine eines Heiligen birgt, der für einen Glauben starb, zu dem auch er sich bekennt. Das genügt ihm.

Dagegen ist die Cartuja, jetzt wie alle spanischen Klöster ihrer Mönche beraubt, ein wundervolles Bauwerk, und man kann nicht genug bedauern, daß es seiner ursprünglichen Bestimmung entzogen wurde. Wir haben nie recht begreifen können, welchen Schaden Mönche anzurichten imstande wären, die in ein freiwilliges Gefängnis gesperrt sind und ihr Leben unter strenger Ordenszucht im Gebet verbringen, und das insbesondere in einem Land wie Spanien, wo bestimmt kein Landmangel herrscht.

Zur Kirchentür mit einem recht wirkungsvollen Heiligen Bruno aus weißem Marmor darüber führt eine doppelseitige Freitreppe hinauf. Die Dekoration des Kircheninneren ist einmalig und besteht aus Stukkaturen von wahrhaft erstaunlicher Mannigfaltigkeit und Fülle an Motiven. Der Architekt scheint beabsichtigt zu haben, sich in Anmut und Überschwang, allerdings gänzlich anderen Stils, mit den Klöppeleien der Alhambra zu messen. In dem gewaltigen Schiff gibt es kein Plätzchen von Handtellergröße, das nicht mit Blüten- und Blattornamenten ausgefüllt, das nicht damasziert und guillochiert wäre; wollte man eine exakte Zeichnung davon machen, würde man den Verstand verlieren. Der Chor ist mit Porphyr und kostbarem Marmor ausgekleidet. Einige mittelmäßige Gemälde hängen hier und da an den Wänden; es ist schade um den Platz, den sie verdecken. Der Friedhof liegt neben der Kirche; nach dem Brauch der Kartäuser bezeichnet kein Stein, kein Kreuz die Stelle, wo die dahingeschiedenen Brüder schlafen. Die Zellen, jede mit einem Gärtchen, umgeben das Gräberfeld. Auf einem baumbestandenen Gelände, wo die Mönche vermutlich ihre Spaziergänge machten, zeigte man mir eine Art Terrarium mit einer Einfassung aus geneigten Steinplatten; dort krochen unbeholfen einige Dutzend Schildkröten umher, genossen die Sonne und waren glücklich, künftig vor dem Kochtopf in Sicherheit zu sein. Laut Ordensregel dürfen die Kartäuser kein Fleisch essen; nach spitzfindiger Auslegung gilt die Schildkröte jedoch als Fisch und konnte daher zur Ernährung der Mönche verwendet werden. Die Revolution war ihr Lebensretter.

Im Convento de San Juan de Dios ist der Kreuzgang einfach grotesk und von unwahrscheinlicher Geschmacklosigkeit. Die Fresken an den Wänden stellen gute Taten aus dem Leben des Heiligen Johann von Gott dar, der den Orden der Barmherzigen Brüder gegründet hat. Diese Szenen sind umrahmt von den skurrilsten und fantastischsten Ornamenten, die selbst die ausgefallensten und garstigsten Ungetüme der Japaner und Chinesen übertreffen. Da gibt es geigende Sirenen, Affenweibchen bei der Toilette, monströse Fische in unwirklichen Fluten, Blumen mit Vogelköpfen, Vögel mit Blumenköpfen, Spiegelglasrauten, Fayenceplättchen, Liebesknoten, kurz ein unentwirrbares Durcheinander. Die zum Glück einer anderen Epoche entstammende Kirche ist fast vollständig vergoldet, und der Altaraufsatz mit seinen Schlangensäulen wirkt reich und ehrfurchtgebietend. Als unser Führer, der Sakristan, merkte, daß wir Franzosen sind, erkundigte er sich nach unserem Land und fragte, ob das in Granada umgehende Gerücht stimmt, wonach Zar Nikolaus von Rußland in Frankreich einmarschiert sei und Paris besetzt habe: das waren die neuesten Nachrichten. Dieser plumpe Unsinn wurde von den Karlisten verbreitet, um die Bevölkerung an eine absolutistische Reaktion der europäischen Mächte glauben zu machen und durch die Hoffnung auf baldige Hilfe den sinkenden Mut der desorganisierten Banden zu beleben.

In dieser Kirche machte ich eine Beobachtung, die mich tief beeindruckte: eine alte Frau rutschte auf den Knien von der Tür zum Altar. Ihre Arme waren stocksteif in Kreuzesform ausgestreckt; in dem nach hinten geworfenen Kopf waren die Augen verdreht, so daß man nur das Weiße sehen konnte; die Lippen waren zusammengekniffen, das bleifarbene Gesicht leuchtete. Es war die bis zur Katalepsie gesteigerte Extase. Selbst Zurbarán hat diesen Ausdruck von Askese und fiebrigem Wahn nicht überboten. Sie verrichtete eine von ihrem Beichtvater auferlegte Buße und hatte noch vier Tage vor sich.

Der Convento de San Jerónimo, der jetzt als Kaserne dient, besitzt einen gotischen Kreuzgang mit doppelgeschossigen Arkaden von seltener Würde und Schönheit. Die Kapitelle sind mit Blattwerk und Fabeltieren in launiger und bezaubernder Steinmetzarbeit geschmückt. Die profanierte und verlassene Kirche weist die Besonderheit auf, daß alle Ornamente nicht wirklich plastisch, sondern in Grisaille gemalt sind. Hier liegt Gonzalo de Córdoba, *el gran capitán*, begraben. Sein Schwert, das in der Kirche aufbewahrt wurde, hat man vor kurzem entwendet und für zwei oder drei Duros, den Wert der silbernen Verzierungen am Knauf, verhökert. Auf diese Weise sind viele als Kunstwerke oder Erinnerungsstücke kostbare Gegenstände verschwunden, ohne daß die Diebe mehr davon gehabt hätten als das Vergnügen an der Missetat. Unsere Revolution kann man doch wohl auf anderen Gebieten nachvollziehen als ausgerechnet auf dem des Vandalismus. Dieses Gefühl überkommt einen jedesmal, wenn man beim Besuch eines verwaisten Klosters die zahllosen Ruinen und sinnlosen Verwüstungen betrachtet und sich bewußt wird, wieviele Meisterwerke aller Art auf Nimmerwiedersehn verloren gingen, welche Arbeit von Jahrhunderten in einem Augenblick hinweggefegt wurde. Niemand kann der Zukunft vorgreifen; ich selbst bezweifle, daß

sie uns zurückerstattet, was die Vergangenheit uns ver-
macht hat und was man zerstört, als hätte man etwas
an seine Stelle zu setzen. Schließlich könnte man dieses
Etwas ja auch danebensetzen, denn die Welt ist nicht
derart mit Baudenkmälern überfüllt, daß man alte Gebäude abreißen müßte, um neue errichten zu können.

Solche Gedanken beschäftigten mich beim Gang
durch den alten Convento de Santo Domingo im Stadt-
teil Antequeruela. Die Kapelle ist unvorstellbar überladen mit Flitter und Vergoldungen. Es wimmelt von
gedrehten Säulen, Voluten, Schnörkeln, Inkrustationen aus farbigen Breccien, Glasmosaiken, Perlmutt-
intarsien, geschliffenen Gläsern und Spiegeln, Sonnen
im Strahlenkranz, Transparenten usw., also von allem,
was der verschrobene Geschmack des 18. Jahrhunderts
und sein Horror vor der geraden Linie an Regellosigkeit,
an Mißgestalt, an barocken Monstrositäten eingeben
kann. Hier hat man eine Sammlung von Gemälden angelegt, die aus aufgehobenen oder zerstörten Klöstern
stammen. Außer ein paar asketischen Köpfen und einigen, anscheinend von Henkern gemalten Marter-
szenen — so stark spricht aus ihnen die meisterhafte
Beherrschung des Folterhandwerks — bietet sie nichts
Überwältigendes, ein Beweis dafür, daß sich die Plün-
derer hervorragend in Malerei auskennen, denn sie verstehen sehr wohl alles, was gut ist, für sich zu behalten.

Die Höfe und Kreuzgänge sind wunderschön in ihrem Schmuck von Springbrunnen, Orangenbäumen und
Blumen. Wie doch da alles unübertrefflich geschaffen
ist für Träumerei und Meditation und fürs Studieren!
Ein wahrer Jammer, daß die Klöster von Mönchen und
nicht von Dichtern bewohnt wurden! Die sich selbst

überlassenen Gärten sind verwildert, und eine üppige Vegetation überwuchert die Alleen. Überall tritt die Natur wieder in ihre Rechte; anstelle eines herabgefallenen Steins setzt sie einen Grasbüschel, eine Blume. Besonders ansprechend ist in diesen Gärten eine Allee von riesigen Lorbeerbüschen, die eine Laube bilden; der Boden ist mit weißen Marmorplatten ausgelegt, und der Weg ist auf beiden Seiten von einer langen Bank aus dem gleichen Material und mit geneigter Rückenlehne eingefaßt. Die in Abständen hervorsprudelnden Wasserstrahlen wahren die Frische unter dem dichten, grünen Gewölbe. An dessen Ende hat man auf der Sierra Nevada einen großartigen Ausblick von einem reizenden maurischen Erker aus, Überrest eines alten arabischen Palastes, der in den Klosterbau einbezogen wurde. Man sagt, dieser Pavillon stehe mit der ziemlich weit entfernten Alhambra durch lange unterirdische Gänge in Verbindung. Übrigens ist diese Vorstellung in Granada tief verwurzelt, denn der mindesten maurischen Ruine werden stets mehrere Meilen unterirdischer Gänge und ein vergrabener Schatz angedichtet, der von einem Zauber gehütet wird.

Wir waren oft in Santo Domingo, um im Schatten des Lorbeers zu sitzen und in einem Becken zu baden, an dem sich die Mönche, wenn man den Spottversen glauben darf, mit den hübschen Mädchen verlustierten, die sie angelockt oder entführt hatten. Seltsamerweise werden in den katholischsten Ländern heilige Dinge, Priester und Mönche am wenigsten ernstgenommen. Spanische Couplets und Geschichten über den Klerus stehen hinsichtlich Derbheit den Schwänken eines Rabelais oder Béroalde de Verville in nichts nach, und wenn man sieht, wie feierliche religiöse Handlungen in alten Theaterstücken parodiert werden, würde man gar nicht glauben, daß es einmal eine Inquisition gegeben hat.

Da wir nun einmal beim Baden sind, sei hier ein kleines Detail eingefügt, welches zeigt, wie weit in Granada die von den Arabern so hoch entwickelte Badekultur von ihrem einstigen Rang heruntergekommen ist. Unser Führer geleitete uns zu einer recht hübsch wirkenden Badeanstalt; die Zellen lagen um einen von Weinlaub beschatteten Hof, dessen größten Teil ein Bassin klarsten Wassers einnahm. So weit, so gut. Woraus bestanden aber wohl die Badewannen? Aus Kupfer, aus Zink, aus Satin, aus Holz? Nichts von alledem; wir wollen es sagen, weil es doch niemand errät. Es waren gewaltige Tonkrüge, wie man sie zur Aufbewahrung von Öl verwendet, und diese Badewannen neuer Machart steckten zu zwei Dritteln im Boden. Bevor wir in die Kruken stiegen, ließen wir sie mit einem weißen Laken ausschlagen, eine hygienische Vorsichtsmaßregel, die dem Bademeister äußerst spleenig vorkam; er war so fassungslos, daß wir unsere Anweisung mehrmals wiederholen mußten, ehe er sie befolgte. Sich selbst erklärte er diese Kaprice, indem er mitleidig die Achseln zuckte und halblaut ein einziges Wort sagte: *Ingleses!* Mit herausgestecktem Kopf hockten wir in unseren Töpfen, etwa wie Fasanen *en terrine*, und gaben ziemlich komische Figuren ab. Unwillkürlich mußte ich an die Geschichte von Ali Baba und den vierzig Räubern in ihren Ölkrügen denken.

Am Albaicín gibt es übrigens ein weiteres altes, maurisches Badehaus mit dem Becken unter einer Kuppel, welche Licht durch kleine, sternförmige Öffnungen einläßt; da es außer Betrieb ist, hätte man dort nur kaltes Wasser.

Das wäre es etwa, was man während eines dreiwöchigen Aufenthalts in Granada zu sehen bekommt. An Zerstreuungen wird wenig geboten: die Theater sind im Sommer geschlossen; in der Arena finden nur ab und zu Stierkämpfe statt; es gibt keine Kasinos und Gesellschaftshäuser, und ausländische Zeitungen sind nur im Liceo aufzutreiben. Dort veranstalten die Mitglieder an bestimmten Tagen Vortragsabende, wenn man nicht Gedichte rezitiert, singt oder Komödien aufführt, die meist von jungen Dichtern der Gesellschaft geschrieben wurden.

Jeder ist redlich damit beschäftigt, nichts zu tun: die Galanterie, die Zigarette, die Komposition von Vier- und Achtzeilern und vor allem das Kartenspiel füllen das Dasein genügend aus. Nirgends spürt man diese rastlose Unruhe, diesen Drang zur Geschäftigkeit und zum Hin- und Herhasten, der die Menschen des Nordens peinigt. Die Spanier kamen mir sehr philosophisch vor: der materiellen Seite des Lebens messen sie keinerlei Bedeutung bei, und der Komfort ist ihnen völlig gleichgültig. Die tausend eingebildeten Bedürfnisse, welche die Zivilisationen der nördlichen Länder geschaffen haben, erscheinen ihnen kindisch und lästig. Da sie sich nicht ständig vor dem Wetter zu schützen brauchen, neiden sie dem Engländer nicht die Annehmlichkeiten seines *home*. Was macht es Leuten, die gern für einen Durchzug, eine Brise bezahlen würden, wenn sie nur zu haben wären, schon aus, ob die Fenster dicht schließen? In der Gunst eines heiteren Himmels haben sie ihre Existenz auf die einfachste Formel gebracht. Diese Genügsamkeit und Mäßigung in allen Dingen verleihen ihnen Freiheit und Unabhängigkeit übergenug. Sie nehmen sich Zeit zum Leben, was wir von uns nicht behaupten können. Die Spanier sehen nicht ein, daß man zuerst arbeiten muß, um sich danach auszuruhen. Sie machen es lieber umgekehrt, was ich viel vernünftiger finde. Ein Arbeiter, der ein paar Real verdient hat, läßt die Arbeit liegen, hängt sich sein hübsches, gesticktes Wams über die Schulter, greift sich seine Gitarre und enteilt, um mit den *majas* seiner Bekanntschaft zu tanzen und zu tändeln, bis er keinen *cuarto* mehr in der Tasche hat; dann geht er wieder an seine Arbeit. Mit drei oder vier Groschen am Tag kann ein Andalusier herrlich leben. Für diesen Betrag erhält er schneeweißes Brot, eine riesige Scheibe Wassermelone und ein Gläschen Anisschnaps; seine Unterkunft kostet ihn nur die Mühe, seinen Mantel unter einem Säulengang oder Brückenbogen auszubreiten. Im allgemeinen betrachten die Spanier Arbeit als erniedrigend und eines freien Mannes unwürdig, eine nach meiner Meinung sehr natürliche und vernünftige Einstellung, nachdem Gott dem Menschen als Strafe für seinen Ungehorsam keine schwerere Bürde aufzuerlegen wußte, als sein Brot im Schweiße seines Angesichts zu essen. Vergnügungen, die wie bei uns durch Mühsal und Erschöpfung, durch körperlichen und geistigen Druck erkauft wurden, wären ihnen viel zu teuer bezahlt. Wie bei einfachen und dem Naturzustand noch nahen Völkern verfügen sie über ein ungetrübtes Urteil, das sie künstliche Genüsse verachten läßt. Wer aus Paris oder London, diesen beiden Strudeln aufreibender Betriebsamkeit und fiebriger, überreizter Existenz kommt, staunt über das Leben in Granada, ein Leben der Muße, das sich in Konversation, in Siesta, in Spaziergängen, in Musik und Tanz erfüllt. Man ist überrascht von dem heiteren Gleichmut der Gesichter, von der ruhigen Würde des Ausdrucks. Niemand ist so emsig wie die Passanten, denen man in den Straßen von Paris begegnet. Hier geht jeder gemächlich auf der Schattenseite der Straße, bleibt stehen, um mit Bekannten zu plaudern, und verrät keine Hast, irgendein Ziel zu erreichen. Die Gewißhheit, Geld nicht verdienen zu können, erstickt allen Ehrgeiz. Den jungen Leuten steht keine Karriere offen: die unternehmungslustigsten gehen nach Manila oder Havanna, es sei denn sie wählen den Heeresdienst; bei dem kläglichen Zustand der Staatsfinanzen müssen sie jedoch manchmal jahrelang warten, bis von Sold die Rede ist. Von der Zwecklosigkeit ihrer Bemühungen überzeugt, versuchen sie gar nicht erst, ihr Glück zu machen, das ja ohnehin unerreichbar ist, sondern verbringen die Zeit in charmanter Muße, was von der Schönheit der Gegend und der Glut des Klimas begünstigt wird.

Vom Stolz der Spanier habe ich keine Spur gemerkt; nichts ist irreführender als die Etiketten, die man Personen oder Völkern anheftet. Ich habe sie ganz im Gegenteil schlicht und gutmütig gefunden. Spanien ist das Land echter Gleichheit, wenn nicht in Worten, so doch in Taten. Der letzte Bettler zündet sein *papelito* am *puro* des feinen Herrn an, der ihn ohne ein Zeichen von Herablassung gewähren läßt. Die Marquesa steigt lächelnd über die zerlumpten Gestalten der Vagabunden, die auf der Schwelle ihres Hauses schlafen, und verzieht keine Miene, wenn sie auf Reisen aus dem gleichen Glase wie der *mayoral*, der *zagal* und der *escopetero* trinkt, die den Wagen lenken und begleiten. Ausländer haben es schwer, sich an diese Vertraulichkeit zu gewöhnen, insbesondere die Engländer, die sich ihre Post auf einem Tablett servieren lassen und sie mit einer Pinzette greifen. Auf einer Reise von Sevilla nach Jerez schickte einer dieser ehrenwerten Insulaner seinen *calesero* zum Essen in die Küche. Dieser hatte eigentlich gemeint, einem Ungläubigen große Ehre zu erweisen, indem er sich an denselben Tisch mit ihm setzte, machte jedoch keinerlei Bemerkung und verbarg seinen Zorn so sorgfältig wie der Verräter im Melodrama. Unterwegs, ein paar Meilen vor Jerez, wo die Gegend grauenhaft wüst und voller Dornengestrüpp und Erdspalten ist, warf der gute Mann den Engländer kurzerhand aus dem Wagen und schrie ihm mit einem Peitschenhieb auf sein Pferd zu: ›Milord, ich war Ihnen nicht gut genug, um an ihrem Tisch zu speisen; ich, Don José Balbino Bustamente y Orozco, finde Sie zu gering, um in meiner Kalesche zu sitzen. Guten Abend!‹

Das Gesinde wird mit liebenswürdiger Familiarität behandelt, sehr zum Unterschied von unserer gezwungenen Höflichkeit, die den Leuten bei jedem Wort ihre untergeordnete Stellung bewußt macht. Hierzu ein kleines Beispiel: Wir waren zu einem Ausflug auf den Landsitz einer Dame eingeladen; abends wollte man tanzen, doch waren die Damen in der Überzahl. Die Señora ließ den Gärtner und einen Diener heraufkommen, die den ganzen Abend frei von Verlegenheit, falscher Scham oder Diensteifer tanzten, so als gehörten sie zu der Gesellschaft. Sie forderten nacheinander die schönsten und vornehmsten Damen auf, die mit aller nur denkbaren Anmut annahmen. Unsere Demokraten sind noch weit von dieser egalitären Praxis, und unsere heftigsten Republikaner würden es verabscheuen, in der Quadrille einen Bauern oder Lakaien als Gegenüber zu haben.

Diese Bemerkungen dürfen allerdings nicht verallgemeinert werden, denn es gibt unzählige Ausnahmen. Zweifellos sind viele Spanier aktiv und arbeitsam und auch für alle Verfeinerungen des Lebens aufgeschlossen. Indessen ist dies der generelle Eindruck, den der Reisende nach einiger Verweildauer erhält, übrigens ein oft viel zutreffender Eindruck als der eines einheimischen Beobachters, der an die Zustände gewöhnt ist, so daß sie ihm viel weniger auffallen.

Als unser Wissensdurst über Granada und seine Sehenswürdigkeiten gestillt war und weil sich an jeder Straßenecke die Sierra Nevada unseren Blicken bot, beschlossen wir, nähere Bekanntschaft mit ihr zu machen und eine Besteigung des Mulhacén, des höchsten Gipfels der Kette, zu versuchen. Unsere Freunde wollten uns diesen Plan zunächst ausreden, denn das Unternehmen war nicht ganz gefahrlos. Als man jedoch erkannte, daß wir fest entschlossen waren, empfahl man uns einen Jäger namens Alejandro Romero als einen Mann, der die Berge gründlich kenne und uns zu führen imstande sei. Als er uns in unserer Pension aufsuchte, nahm uns seine männliche und offene Physiognomie sofort für ihn ein. Er trug ein altes Samtwams, eine rote, wollene Schärpe und Gamaschen aus weißem Leinen, die seine strammen, sehnigen und wie

Cordobaleder gegerbten Beine sehen ließen. Seine Füße steckten in *alpargatas* mit Sohlen aus Hanfkord, ein kleiner andalusischer, von der Sonne vergilbter Hut, ein Karabiner und eine Pulverflasche an über der Brust gekreuzten Riemen vervollständigten seinen Anzug. Er übernahm es, die Bergtour vorzubereiten, und versprach, uns am nächsten Morgen um drei Uhr die vier benötigten Pferde zu bringen, je eins für meinen Reisekameraden und mich, das dritte für einen jungen Deutschen namens Theodor Litzmann, der sich uns anschließen wollte, und das vierte für unseren Diener, dem die kulinarische Versorgung der Expedition übertragen wurde. Romero ging zu Fuß. Unsere Verpflegung bestand aus Schinken, Brathühnern, Schokolade, Brot, Zitronen, Zucker und vor allem aus einer *bota,* einer großen, ledernen Flasche mit köstlichem Valdepeñas.

Zur verabredeten Zeit waren die Pferde vor unserem Haus, und Romero bolzte mit dem Schaft seines Karabiners gegen die Haustür. Noch halb im Schlaf stiegen wir in die Sättel; die Karawane brach auf. Unser Führer lief voraus und wies den Weg. Es war zwar schon hell, die Sonne aber noch nicht aufgegangen. Die Hügellandschaft, die wir passierten, dehnte sich frisch, klar und blau um uns herum wie ein Meer mit bewegungslosen Wellen. In der Ferne verschwamm Granada im Morgendunst. Als die Feuerkugel am Horizont hochstieg, wurden die Gipfel rot wie junge Mädchen beim Anblick des Liebhabers und schienen sich zu schämen, in ihrem morgendlichen Déshabillé überrascht zu werden. Bisher waren wir nur sanfte Hänge hinaufgeritten, die ineinanderwogen und keinerlei Schwie-

123

rigkeiten bieten. Den Übergang von der Ebene zum Bergmassiv bildet ein geschickt in Serpentinen angelegter Pfad, so daß eine erste Hochfläche leicht erreichbar ist. Als wir dort ankamen, meinte der Führer, wir müßten die Pferde verschnaufen und fressen lassen und uns selbst eine Rast gönnen. Wir lagerten uns am Fuße eines Felsens neben einer kleinen Quelle, deren Wasser unter smaragdenen Gräsern diamanten glitzerte. Geschickt wie ein wilder Indianer baute Romero mit einem Armvoll Reisig ein Feuer; darauf kochte uns Louis eine Schokolade, die zusammen mit einer Scheibe Schinken und einem Schluck Wein unsere erste Mahlzeit in den Bergen abgab. Während der Imbiß gerichtet wurde, tauchte dicht neben uns eine prächtige Viper auf; offensichtlich erstaunt und verärgert über unser unbefugtes Betreten ihres Eigentums zischte sie uns böse an, was ihr einen wohlgezielten Hieb mit dem Stabdolch eintrug. Ein kleiner Vogel, der diese Szene sehr aufmerksam beobachtet hatte, sah kaum die Viper außer Gefecht, als er auch schon herbeihüpfte. Feurigen Blicks, die Halsfedern gesträubt und mit den Flügeln schlagend, piepste er im Zustand höchster Erregung. Jedesmal, wenn eins der Stücke des giftigen Reptils sich zuckend krümmte, wich er zurück, griff aber gleich wieder mit Schnabelhieben an, nach denen er jeweils etwa einen Meter hochflatterte. Ich weiß nicht, was diese Schlange dem Vogel angetan haben mochte und welchen Haß wir gestillt haben, indem wir das Biest töteten. Nie habe ich einen solchen Freudentaumel gesehen.

Wir machten uns wieder auf. Von Zeit zu Zeit begegnete uns eine Kolonne kleiner Esel; aus den höheren Regionen kommend, waren sie mit Schnee bepackt, den sie für den Tagesbedarf nach Granada brachten. Die Treiber grüßten uns im Vorbeiziehen mit dem üblichen: *Vayan Ustedes con Dios,* worauf ihnen unser Führer ein Scherzwort über ihre Handelsware zuwarf, die sie heil nicht in die Stadt hinunterbringen würden, allenfalls aber noch dem städtischen Amt verkaufen könnten, das für die Straßensprengung zuständig ist.

Romero war uns immer voraus, sprang leichtfüßig wie eine Gemse von Felsblock zu Felsblock und rief: *Buen camino.* Ich möchte wirklich wissen, was der gute Mann dann unter schlecht verstand, denn von einem Weg war keine Spur. So weit man sehen konnte, taten sich links und rechts beachtliche, in blauen Dunst gehüllte Abgründe auf; ob sie 1500 oder 2000 Fuß tief waren, war uns gleichgültig, denn im Fall der Fälle spielen ein paar Dutzend Klafter mehr oder weniger keine Rolle. Schaudernd erinnere ich mich an eine Überquerung von drei oder vier Gewehrschüssen Länge und zwei Fuß Breite, sozusagen eine natürliche Planke zwischen zwei Abgründen. Da mein Pferd an der Spitze des Zuges ging, mußte ich diese Art von Seilakt vormachen, was den mutigsten Akrobaten bedenklich gestimmt hätte. An manchen Stellen war der Grat so schmal, daß mein Gaul gerade Platz für seinen Huf hatte und jedes meiner Beine über einem anderen Schlund hing. Ich saß regungslos im Sattel und so aufrecht, als müßte ich einen Stuhl auf meiner Nasenspitze balancieren. Die paar Minuten der Überquerung kamen mir sehr lang vor.

Wenn ich kühl über diese unvorstellbare Bergbesteigung nachdenke, wundere ich mich wie über die

Teile eines unzusammenhängenden Traums. An manche Stellen unseres Weges hätten sich Ziegen nur ungern herangetraut, denn es war so steil, daß die Ohren der Pferde unser Kinn berührten. Es ging durch Felsen, über Geröll, das ins Rutschen kam, und entlang an schauerlichen Schluchten. Im Zickzack und unter Ausnutzung auch der winzigsten Geländehilfe kamen wir langsam aber stetig voran und näherten uns allmählich unserem Ziel, dem Gipfel, den wir seit unserem Einstieg in die Berge aus den Augen verloren hatten, denn jeder Buckel verdeckt die Sicht auf den nächsthöheren. Jedesmal, wenn unsere Tiere stehenblieben, um Luft zu schöpfen, wandten wir uns im Sattel, um das gewaltige, vom Rund des Horizonts begrenzte Panorama zu betrachten. Die Berglandschaft unter uns zeichnete sich ab wie auf einer großen Reliefkarte. Die Vega von Granada und ganz Andalusien boten sich dar unter dem Aspekt eines blauen Meeres, auf das Sonnenreflexe weiße Tupfen wie Segel setzten. Die benachbarten kahlen, rissigen und von oben bis unten zerklüfteten Gipfel hatten im Schatten grünliche und bläuliche, fliederfarbene und perlgraue Töne, in der Sonne dagegen strahlten sie in den warmen Farben einer Orange, eines Löwenfells oder von Mattgold. Nichts vermittelt einem die Vorstellung eines Chaos, eines Universums noch unter den Händen des Schöpfers so gut wie Berge von oben gesehen. Man möchte meinen, ein Volk von Zyklopen habe dort versucht, seine kolossalen Bauten zu errichten; als sie das Material aufgestapelt und die gigantischen Terrassen begonnen hatten, habe der Hauch eines riesenhaften Wesens wie ein Orkan die angefangenen Tempel und Paläste geschüttelt und zum Einsturz gebracht. Man fühlt sich versetzt auf das Trümmerfeld eines vorsintflutlichen Babylon, in die Ruinen einer präadamitischen Stadt. Diese enormen Blöcke, diese aufgeschichteten Massen wecken den Gedanken an ein verschwundenes Riesengeschlecht, denn derart leserlich ist das Alter der Erde mit tiefen Runzeln in die verwitterte Stirn und das schroffe Antlitz dieser vieltausendjährigen Berge eingegraben.

Wir hatten die Region der Adler erreicht. Ab und an sahen wir einen dieser edlen Vögel auf einem Felsvorsprung, ein Auge der Sonne zugekehrt und in jenem Zustand kontemplativer Extase verharrend, welche bei den Tieren das Denken ersetzt. Einer von ihnen schwebte in großer Höhe über uns und schien unbeweglich inmitten eines Ozeans von Licht. Romero konnte der Versuchung nicht widerstehen, ihm seine Visitenkarte in Form einer Kugel zu schicken. Das Blei riß eine der großen Flügelfedern aus, doch der Adler setzte mit unbeschreiblicher Majestät seinen Weg fort, als ob nichts geschehen wäre. Die Feder wirbelte lange umher, ehe sie sich auf den Boden niederließ; Romero holte sie sich und schmückte seinen Hut damit.

Schnee begegnete uns zunächst in schmalen Bändern oder als Wehen im Schatten von Felsen; die Luft wurde dünn, die Wände wurden schroffer. Bald aber lag der Schnee in geschlossenen Decken, in mächtigen Haufen, und die Sonnenstrahlen besaßen nicht mehr die Kraft, ihn zu schmelzen. Wir waren jetzt oberhalb der Quellen des Genil, den wir als blaues Band mit Silberfäden sehen konnten, wie er hurtig in Richtung auf seine geliebte Stadt davoneilte. Die kleine Mulde, in der wir uns befanden, liegt etwa 9000 Fuß über dem Meeresspiegel und wird nur vom Pico Veleta und dem Mulhacén überragt, die noch weitere 1000 Fuß in den unergründlichen Himmelsraum ragen. Hier beschloß Romero, die Nacht zu verbringen. Die völlig erschöpften Pferde wurden abgesattelt; Louis und der Führer sammelten Reisig, Wurzeln und Wacholderzweige für unser Lagerfeuer, denn wenn die Hitze in der Ebene auch 30 bis 35 Grad betrug, so herrschte hier auf der Höhe doch eine Frische, die sich nach Sonnenuntergang unweigerlich in beißende Kälte verwandeln mußte. Es mochte etwa fünf Uhr sein; mein Reisegefährte und der junge Deutsche wollten das restliche Tageslicht zur Besteigung des Gipfels ausnutzen. Ich selbst blieb lieber unten und kritzelte voller Begeisterung über das großartige und erhebende Schauspiel einige Verse in mein Notizbuch, die, wenn sie auch nicht wohlgedrechselt waren, so doch das Verdienst hatten, die einzigen, in einer derartigen Höhe komponierten Alexandriner zu sein. Als meine Strophen fertig waren, bereitete ich für unseren Nachtisch einige Sorbetts aus Schnee, Zucker, Zitrone und Branntwein. Unser Lager war recht malerisch; die Sättel dienten uns als Sitze, unsere Mäntel als Teppich, und ein großer Schneehaufen schützte uns vor dem Wind. In der Mitte brannte ein Feuer aus Ginster; wir nährten es ständig, indem wir Zweige hineinwarfen, die sich zischend krümmten, wenn sie ihren Saft in Strahlen aller Farben hervorschossen. Über uns reckten die Pferde ihre schlanken Köpfe mit den sanften, traurigen Augen und holten sich auch ein bißchen Wärme.

Die Nacht nahte mit Riesenschritten. Die weniger

hohen Berge waren als erste nacheinander erloschen, und wie ein Fischer auf der Flucht vor der steigenden Flut sprang das Licht von Gipfel zu Gipfel, indem es auf die höheren entwich, um dem Schatten zu entrinnen, der aus den Tiefen der Täler aufstieg und alles in seinen bläulichen Wogen ertränkte. Der letzte Strahl zögerte einen Augenblick auf der Kuppe des Mulhacén, öffnete aber dann seine goldenen Schwingen und flog gleich einem Feuervogel davon in die Tiefen des Himmels; dann war er verschwunden. Es war völlig dunkel, und der verstärkte Widerschein unseres Feuers ließ fratzenhafte Schatten auf den Felswänden tanzen. Eugène und Theodor kamen nicht wieder, und ich fing an, mich zu beunruhigen: sie konnten abgestürzt oder vom Schnee verschüttet worden sein. Romero und Louis baten mich bereits um eine Bescheinigung, wonach sie die beiden ehrenwerten jungen Männer weder umgebracht noch beraubt hätten; es sei deren eigene Schuld, wenn sie ums Leben gekommen wären.

Unterdessen schrien wir uns die Lunge aus dem Leib, um ihnen die Richtung zu unserem Wigwam zu weisen für den Fall, daß sie unser Feuer nicht sehen konnten. Schließlich kündigte uns der von den Echos der Berge vervielfältigte Knall eines Gewehrschusses an, daß wir gehört worden waren und daß unsere Gefährten nicht mehr weit sein konnten. Tatsächlich tauchten sie nach wenigen Minuten ganz erschöpft auf und erzählten, sie hätten jenseits des Meeres Afrika deutlich erkennen können, was durchaus möglich ist, denn in diesem Klima ist die Luft so rein, daß die Sichtweite bis zu 30 oder 40 Meilen reicht. Wir aßen fröhlich zu Abend, und da wir zu unseren Liedern die *bota* als Dudelsack benutzten, machten wir sie so flach wie den Sack eines kastilischen Bettlers. Wir vereinbarten, abwechselnd zu wachen, um das Feuer zu unterhalten, was auch getreulich befolgt wurde. Allerdings schrumpfte der Kreis, der anfangs einen beträchtlichen Umfang hatte, mehr und mehr zusammen. Es wurde von Stunde zu Stunde kälter, und wir lagen am Ende buchstäblich in der Glut, so daß unsere Schuhe und Hosen angesengt wurden. Louis fing an zu jammern; er vermißte seinen *gaspacho*, sein Haus, sein Bett und sogar seine Frau. Er schwor sich bei allen Heiligen, nie wieder in die Falle einer Bergbesteigung zu gehen, und behauptete, von unten seien die Berge viel schöner als von oben; man müsse ja irrsinnig sein, um sich der Gefahr von hunderttausend Knochenbrüchen auszusetzen und sich Mitte August in Andalusien angesichts Afrikas Ohren und Nase zu erfrieren. Die ganze Nacht hindurch brummte und stöhnte er, und es gelang uns nicht, ihn zum Schweigen zu bringen. Romero sagte nichts, obwohl er nur in Leinen gekleidet war und, um sich einzuwickeln, nichts als einen schmalen Streifen Stoff besaß.

Endlich dämmerte der Morgen. Wir befanden uns unter einer Wolkenhaube, und Romero riet uns zum Abstieg, wenn wir vor Einbruch der Nacht in Granada sein wollten. Als es hell genug geworden war, um Einzelheiten unterscheiden zu können, merkte ich, daß Eugène rot war wie ein gesottener Hummer; die gleiche Beobachtung machte er an mir. Der junge Deutsche und Louis waren ebenso gerötet; allein Romero hatte seine Hautfarbe wie Stiefelleder behalten, und seine bloßen, braunen Beine waren nicht im mindesten verändert. Die scharfe Kälte und die dünne Luft hatten unsere ungewohnte Haut gereizt.

Der Aufstieg ist nichts, weil man ansteigendes Gelände vor sich hat; der Abstieg mit dem Blick in den Abgrund ist eine ganz andere Sache. Anfangs kam er uns unmöglich vor, und Louis fing an zu kreischen wie ein Häher, der lebendigen Leibes gerupft wird. Andererseits konnten wir nicht an einem so unwirtlichen Ort wie dem Mulhacén bleiben, so daß wir uns mit Romero voraus an den Abstieg machten. Den Weg — oder vielmehr den fehlenden Weg — zu beschreiben, den der Teufelskerl uns hinabscheuchte, ist unmöglich, wollen wir uns nicht der Aufschneiderei verdächtig machen. Niemals hat man für ein Hindernisrennen eine derartige Folge von halsbrecherischen Hürden aufgestellt, und ich zweifle, ob die kühnsten Herrenreiter unsere Heldentaten am Mulhacén übertroffen hätten. Wir standen so gut wie immer aufrecht im Steigbügel und lehnten uns auf die Kruppe unserer Pferde zurück, um nicht ständig Purzelbäume über ihre Köpfe hinweg zu schlagen. Unsere Augen hatten jedes Raumgefühl verloren; die Bäche schienen bergauf zu fließen, die Felsen wackelten auf ihren Sockeln und weit entfernte Dinge kamen uns zum Greifen nah vor. Jeder Sinn für Maßstäbe war uns abhanden gekommen, eine Sensation, die man im Gebirge hat, wo die Riesenhaftigkeit der Massen und die überwiegend vertikale Stellung der Flächen es nicht mehr gestatten, die Entfernungen wie in gewohntem Gelände abzuschätzen.

Trotz aller Unwegsamkeiten erreichten wir Granada, ohne daß unsere Pferde auch nur den geringsten

Fehltritt getan hätten; allerdings war allen miteinander nur ein einziges Hufeisen verblieben. Die andalusischen Pferde — und unsere waren echte — haben ihresgleichen nicht für die Berge. Sie sind so fügsam, so geduldig und so klug, daß man den Zügel am besten locker über dem Hals hängen und sie gewähren läßt.

Unsere Rückkehr wurde besorgt erwartet, denn man hatte von der Stadt aus unser Lagerfeuer auf dem Mulhacén als flammendes Zeichen gesehen. Eigentlich wollte ich den charmanten Señoras über unsere gefahrvolle Expedition berichten, war aber so müde, daß ich mit einem Socken in der Hand auf einem Stuhl einschlief und erst am nächsten Morgen um zehn Uhr in derselben Stellung aufwachte. Einige Tage darauf verließen wir Granada mit einem Seufzer, der mindestens so tief war wie der des Königs Boabdil.

III

Málaga

Eine Nachricht, vortrefflich dazu angetan, eine ganze spanische Stadt in Aufregung zu versetzen, hatte sich auf einmal zur großen Freude der *aficionados* in Granada verbreitet. In Málaga war die neue Stierkampfarena endlich fertiggestellt worden, nachdem sie den Unternehmer fünf Millionen Real gekostet hatte. Um sie feierlich mit Heldentaten einzuweihen, die der ruhmreichsten Epochen der Kunst würdig sind, hatte man den großen Montes de Chiclana mit seiner *cuadrilla* verpflichtet; die erste *espada* Spaniens, der brillante Nachfolger eines Romero und Pepe Illo sollte den Ring drei Tage hintereinander beherrschen. Wir hatten zwar schon mehrere Stierkämpfe gesehen, leider aber nie mit Montes, dessen politische Einstellung sein Auftreten in Madrid verhinderte; und Spanien zu verlassen, ohne Montes gesehen zu haben, ist so banausisch und unmöglich, wie Paris besucht zu haben, ohne im Théâtre français Mademoiselle Rachel erlebt zu haben. Obgleich unser Reiseplan die direkte Weiterfahrt nach Córdoba vorsah, konnten wir trotz der schwierigen Straße und trotz des Zeitdrucks, in den wir geraten würden, der Versuchung nicht widerstehen, einen Abstecher nach Málaga zu machen.

Von Granada nach Málaga gibt es keinen Postwagen; die einzigen Verkehrsmittel sind *galeras* und Maultie-

133

re. Wir entschieden uns für letztere als die sichereren und schnelleren, denn wir mußten den direkten Weg durch die Berge nehmen, um am Morgen der *corrida* an Ort und Stelle zu sein.

Unsere Freunde in Granada empfahlen uns einen *cosario*, d. h. einen Konvoiführer, namens Lanza, einen gutaussehenden, kräftigen, anständigen Burschen, der mit den Banditen auf sehr gutem Fuße stand. In Frankreich würde das nicht gerade besonders für ihn sprechen, aber südlich der Pyrenäen liegen die Dinge anders. Die Maultierführer und Kutscher von *galeras* kennen die Räuber und treffen Vereinbarungen mit ihnen; gegen einen Tribut von soundsoviel pro Reisenden oder auch pro Konvoi bekommen sie freien Durchzug und werden nicht angefallen. An diese Abmachungen halten sich beide Parteien redlich, wenn ich dieses Wort für die Bestimmung eines solchen Handels gebrauchen darf. Sollte sich der Chef einer Bande, deren Revier eine bestimmte Wegstrecke ist, *à indulto* zurückziehen — was bedeutet, daß er sich gegen Zusicherung der Amnestie den Behörden stellt —, oder sollte er aus irgendeinem Grunde Geschäft und Kundenstamm einem anderen abtreten, versäumt er es nicht, seinem Nachfolger in aller Form die *cosarios* vorzustellen, die ihm ›Schwarzgeld‹ entrichten, damit sie nicht versehentlich belästigt werden. Auf diese Weise sind die Reisenden sicher, nicht ausgeraubt zu werden, und die Banditen laufen nicht das Risiko, das sie mit einer Attacke eingehen, weil sich ein blutiger Kampf daraus entwickeln kann. So kommen beide Seiten auf ihre Rechnung.

Eines Nachts, zwischen Alhama und Vélez Málaga, war unser *cosario* auf dem Hals seines Maultiers am

Schluß der Kolonne eingenickt, als ihn plötzlich schrille Schreie aufweckten; am Straßenrand sah er die Läufe von *trabucos* aufblitzen — kein Zweifel: Überfall! Überrascht schwingt er sich aus dem Sattel, drückt mit der Hand die Mündungen der Donnerbüchsen nach oben und nennt seinen Namen. »Ach, entschuldigen Sie, Señor Lanza«, sagen die Banditen, ganz kleinlaut nach ihrem Mißgriff, »wir hatten Sie nicht erkannt. Wir sind anständige Leute und einer solchen Rücksichtslosigkeit unfähig; unser Ehrgefühl verbietet es uns, Ihnen auch nur eine Zigarre wegzunehmen.«

Wer nicht von einem Mann begleitet ist, den man auf dem Straßenabschnitt kennt, muß sich eine starke, bis an die Zähne bewaffnete Eskorte anheuern, was nicht billig ist und weniger Sicherheit bietet, weil die *escopeteros* gewöhnlich Räuber im Ruhestand sind.

Wenn man zum Stierkampf reitet, ist es in Andalusien Sitte, dies in der Landestracht zu tun. So war denn unsere kleine Kavalkade recht malerisch und machte beim Verlassen Granadas gute Figur. Mit Vergnügen ergriff ich diese Gelegenheit, mich außerhalb des Karnevals zu verkleiden und für eine Weile den gräßlichen französischen Plunder abzulegen. Ich war in mein neues *majo*-Kostüm — spitzer Hut, gesticktes Wams, Samtweste mit Filigranknöpfen, rotseidene Schärpe, Trikothose und an der Wade offene Gamaschen —, mein Reisekamerad in seinem Anzug aus grünem Samt und Córdobaleder gekleidet. Andere trugen die *montera*, bestehend aus Wams und Hose in Schwarz mit Seidenstickereien in der gleichen Farbe, dazu Krawatte und Schärpe in Gelb. Lanza glänzte durch die Pracht der Silberknöpfe aus Münzen mit angelöteter

Öse und der Stickereien aus Florettseide an seinem zweiten Wams, das er über die Schulter gehängt hatte wie ein Husar seinen Dolman.

Das mir zugeteilte Maultier war zur Hälfte kurzgeschoren, so daß man seine Muskulatur genau so gut studieren konnte wie im abgehäuteten Zustand. Der Sattel bestand aus zwei buntscheckigen, doppelt zusammengelegten Decken, um nach Möglichkeit das Hervortreten der Wirbel und die Schräge des Rückgrats auszugleichen. An den beiden Flanken hingen anstelle von Steigbügeln hölzerne Kästen, die unseren Mausefallen glichen. Die Kopfzier war so überladen mit Pompons, Quasten und Troddeln, daß man durch ihre Zotteln hindurch kaum das störrische und griesgrämige Profil des rappelköpfischen Biests ausmachen konnte.

Wenn sie unterwegs sind, gewinnen die Spanier ihre volle Urwüchsigkeit zurück und streifen alle Fremdeinflüsse ab; der Nationalcharakter kommt bei diesen Konvois durch die Berge unverfälscht zum Vorschein. Von Karawanen durch die Wüste dürften sie sich nicht wesentlich unterscheiden. Die Holprigkeit der kaum trassierten Straßen, die großartige Wildheit der Landschaft, die pittoreske Tracht der *mulateros*, das bizarre Geschirr der Maultiere, Pferde und Esel im Gänsemarsch, all dies versetzt einen tausend Meilen weg von der Zivilisation. Reisen wird dann eine Realität, ein Vorgang, an dem man aktiv beteiligt ist. In einem Postwagen ist man kein Mensch mehr, sondern nur noch ein lebloses Objekt, ein Transportgut; man unterscheidet sich kaum von seinem Koffer. Man wird von einem Ort zum anderen befördert, weiter nichts. Ebensogut kann man auch daheimbleiben. Wer Freude am Reisen haben will, bezieht sie aus den Hindernissen, aus der Ermüdung, ja sogar aus der Gefahr. Was hat man schon von einer Fahrt, wenn man gewiß sein kann, am Ziel anzukommen, frische Pferde, ein weiches Bett, ein hervorragendes Essen und alle Annehmlichkeiten vorzufinden, die man auch zu Hause genießt?

Einer der großen Übelstände des modernen Lebens ist das Fehlen der Überraschung, das Ausbleiben des Abenteuers. Alles ist so gut geregelt, so gut verzahnt, so gut bezeichnet, daß der Zufall nicht mehr spielen kann. Noch ein Jahrhundert des Fortschritts, und jeder wird vom Tage seiner Geburt an voraussehen können, wie es ihm bis zu seinem Tode ergeht. Der menschliche Wille wird völlig ausgeschaltet sein. Es wird keine Verbrechen und keine Tugenden, keinen charakteristischen Ausdruck und keine Eigenart mehr geben. Man wird einen Russen von einem Spanier, einen Engländer von einem Chinesen, einen Franzosen von einem Amerikaner nicht mehr zu unterscheiden vermögen. Sogar einander wird man nicht mehr erkennen können, weil alle gleich aussehen. Dann wird ein mächtiger Lebensekel die Menschheit ergreifen, und Selbstmord wird die Bevölkerung dezimieren, denn die Haupttriebkraft des Lebens, die Neugier, wäre versiegt.

In Spanien ist eine Reise noch immer ein gefährliches und romantisches Unternehmen: man muß sein Leben wagen, man muß Mut, Geduld und Kraft aufbringen. Mit jedem Schritt trägt man seine Haut zu Markte. Entbehrungen aller Art, das Fehlen der lebensnotwendigsten Dinge, der elende Zustand der Straßen, der sie außer für andalusische Maultiertreiber unpassierbar

macht, die höllische Hitze bei einer Sonne, die einem
den Schädel zu zersprengen droht, das alles ist noch
nicht einmal das Schlimmste. Darüber hinaus gibt es
Rebellen, Banditen und Gastwirte, alles Galgenstricke,
deren Redlichkeit sich nach der Anzahl von Karabinern
richtet, über die man verfügt. Gefahr umgibt einen,
folgt einem und eilt einem voraus. Um sich herum hört
man nur von fürchterlichen und geheimnisvollen Vor-
fällen munkeln. Gestern haben die Räuber in dieser
posada zu Abend gegessen. Ein Konvoi wurde von den
Banditen in die Berge entführt und gegen Lösegeld ge-
fangen gehalten. Palillos liegt an der und der Stelle
im Hinterhalt, wo Sie vorbeimüssen! Fraglos ist eine
Menge Übertreibung dabei, indessen wird selbst der
größte Zweifler sich nicht verhehlen können, daß etwas Wahres daran sein muß, wenn er an jeder Wegbiegung Holzkreuze mit Inschriften sieht, die etwa so
lauten: *Aquí mataron a un hombre* oder *Aquí murió
de mano armada* . . . Hier wurde ermordet, hier starb
von bewaffneter Hand . . .

Wir waren abends von Granada aufgebrochen und
sollten die Nacht hindurch unterwegs sein. Der Mond
ging bald auf und überzog die seinen Strahlen ausge-
setzten Bergwände mit silbrigem Glanz. Die von den
Felsen geworfenen Schatten streckten und zackten sich
auf unserer Straße und riefen groteske optische Effekte
hervor. Wie Töne einer Harmonika hörten wir in der
Ferne die Glöckchen der Esel klingen, die mit unserem
Gepäck vorausgeschickt worden waren; oder ein *mozo
de mulas* sang ein Liebeslied mit jener kehligen und
tragenden Stimme, die des Nachts in den Bergen so
poetisch wirkt. Es war bezaubernd, und man wird es

uns gewiß danken, wenn wir hier zwei vermutlich improvisierte Strophen wiedergeben, die sich uns durch ihren seltsamen Reiz eingeprägt haben:

Son tus labios dos cortinas
de terciopelo carmesí;
entre cortina y cortina,
niña, dime que sí.

Átame con un cabello
a los bancos de tu cama.
Aunque el cabello se rompa
segura está que no me vaya.

Deine Lippen sind wie zwei Gardinen
aus scharlachrotem Samt;
zwischen den beiden Gardinen
sag' ja mir, mein Mädchen, sag' ja.

Fess'le mich mit einem Haar
an deines Bettes Lade.
Und wenn das Haar auch reißt,
verlaß dich drauf: ich geh' nicht fort.

Wir hatten bald Cacin hinter uns gelassen, wo wir durch einen niedlichen Bach von wenigen Zoll Tiefe ritten; sein klares Wasser blinkte auf dem Sand wie die Unterseite von Ukeleien und stürzte sich wie eine Lawine silberner Pailletten den steilen Berghang hinunter. Von hier ab wurde die Straße schlimm. Unsere Maultiere wateten bis zum Bauch in Geröll und hatten einen Funkenkranz um jeden Huf. Es ging bergauf, bergab, am Rande von Abgründen entlang, mal im

Zickzack, mal diagonal. An einer Wegbiegung bekamen wir einen gewaltigen Schrecken. Im Mondlicht erblickten wir sieben stattliche Kerle, in lange Mäntel gehüllt, den spitzen Hut auf dem Kopf und den *trabuco* auf der Schulter, die reglos mitten auf der Straße standen. Das so lang ersehnte Abenteuer stellte sich mit aller nur möglichen Schaurigkeit ein. Aber wir hatten Pech: die bösen Räuber grüßten uns höflich und respektvoll mit *Vayan Ustedes con Dios!* Sie waren das ganze Gegenteil von Banditen, nämlich *migueletes* oder Zollsoldaten! Welche Enttäuschung für zwei junge, schwärmerische Reisende, die ein Abenteuer gern zum Preis ihres Gepäcks erkauft hätten.

Wir sollten in dem Städtchen Alhama übernachten, das wie ein Adlerhorst auf einem Felsen nistet. Es gibt kaum etwas Malerischeres als die scharfen Knicke, welche die zu diesem Bergnest hinaufführende Straße machen muß, um sich dem zerklüfteten Gelände anzupassen. Hungrig, durstig und halbtot vor Müdigkeit kamen wir dort gegen zwei Uhr morgens an. Der Durst wurde mit Hilfe von Wasserkrügen gestillt und der Hunger durch ein Omelett mit Tomaten besänftigt, das für spanische Verhältnisse nicht gar zu viele Federn enthielt. Eine reichlich höckrige Matratze, etwa wie ein Sack voller Walnüsse, wurde auf den Boden gebreitet und sollte uns Ruhe bescheren. Nach zwei Minuten schlief ich den Schlaf des Gerechten, woran sich mein Kamerad folgsam ein Beispiel nahm. Der anbrechende Tag überraschte uns in der gleichen Stellung, regungslos wie Bleiklumpen.

Ich stieg in die Küche hinunter, um etwas Atzung zu erflehen. Dank meiner Beredsamkeit erreichte ich, daß wir Koteletts, ein in Öl gebratenes Huhn, eine halbe Wassermelone und zum Nachtisch Kaktusfeigen bekamen, deren stachelige Schale die Wirtin mit großem Geschick entfernte. Die Melone tat uns sehr wohl; das rosa Fleisch in seinem grünen Gehäuse wirkt schon beim bloßen Anblick erfrischend und durststillend. Kaum hat man hineingebissen, wird man bis zum Ellenbogen überflutet von einem leicht süßlichen, angenehm schmeckenden Saft, der mit dem unserer Kantalupen nichts zu tun hat. Wir hatten diese labenden Scheiben wirklich nötig, um das Brennen der scharfen Gewürze zu mildern, mit denen alle spanischen Gerichte aufgeputscht werden. Innen lodernd und außen geröstet, das war unser Zustand: es war grauenhaft heiß. Wir legten uns auf den Ziegelboden unseres Zimmers und zeichneten unsere Umrisse in Schweißlachen ab. Das einzige Mittel, um sich relativ etwas Kühle zu verschaffen, ist, alle Türen und Fenster dicht zu machen, und in völliger Dunkelheit zu verharren.

Trotz der Bruthitze warf ich indessen tapfer meine Jacke über die Achsel und machte mich zu einem Rundgang durch Alhama auf. Der Himmel war weiß wie Metallschmelze; die Pflasterkiesel glänzten, als seien sie gewachst und poliert worden; die geweißten Mauern warfen glimmerartige Reflexe; unbarmherziges, blendendes Licht drang selbst in den winzigsten Spalt. Türen und Fensterläden knisterten vor Trockenheit; die lechzende Erde barst, Weinreben wanden sich wie frisches Holz, das ins Feuer geworfen wird. Hinzu kam die Rückstrahlung von den umliegenden Felsen, sozusagen Brennspiegeln, welche die Sonnenglut verstärkt abgaben. Um das Maß meiner Qualen voll zu machen, trug ich Schuhe mit dünnen Sohlen, durch die hindurch mir das Pflaster die Füße versengte. Kein Hauch, nicht einmal ein Lüftchen, um eine Daunenfeder zu rühren. Man kann sich nichts Dumpferes, Traurigeres, Grausameres vorstellen.

Ich irrte planlos durch die verödeten Gassen. Die kreidigen Mauern waren nur selten von Fenstern durchbrochen, die mit hölzernen Läden verriegelt waren, so daß ein ganz afrikanischer Eindruck entstand. Ohne — um nicht zu sagen einer Seele — einem Lebewesen begegnet zu sein, gelangte ich zum Marktplatz, der von malerischer Eigenart ist. Ein Aquädukt überspannt ihn mit seinen steinernen Arkaden. Den Boden des Platzes bildet die schiere Felsplatte, in welche Rillen eingemeißelt wurden, damit man nicht ausgleitet. Eine ganze Seite fällt senkrecht ab und öffnet den Blick in den Abgrund. Unter Baumgruppen erkennt man Mühlen, deren Räder von einem Bach angetrieben werden, wobei das Wasser schäumt, als wäre es Seifenlauge.

Die Stunde des Abritts nahte. Schweißtriefend, als hätte es in Strömen geregnet, kehrte ich zur *posada* mit der Genugtuung zurück, meine Pflicht als Reisender bei einer Temperatur zum Hartsieden von Eiern getan zu haben.

Die Kavalkade setzte sich wieder auf Wegen in Marsch, die zwar kläglich, aber sehr pittoresk waren und auf denen nur Maultiere Fuß fassen können. Ich hatte den Zügel auf den Hals meines Tieres gelegt, weil ich ihm viel eher als mir selbst zutraute, sich richtig zu verhalten und über schlechte Stellen gut hinwegzukommen. Ich hatte mit ihm bereits mehrere heftige Auseinandersetzungen gehabt, um es zu veranlassen, neben dem Maultier meines Kameraden zu gehen, hatte jedoch die Nutzlosigkeit meiner Bemühungen einsehen müssen. Die Redensart ›störrisch wie ein Esel‹ gilt auch für alle Kreuzungen und ist von einer Akribie, vor der ich mich verneige. Gibt man ihm die Sporen, bleibt er stehen; versetzt man ihm die Gerte, legt er sich hin; zieht man die Zügel an, fällt er in Galopp. Im Gebirge ist ein Maultier vollends unlenkbar; es ist sich seiner Wichtigkeit bewußt und macht sie sich zunutze. Mitten auf dem Weg bleibt es oft unvermittelt stehen, hebt den Kopf, streckt den Hals, verzieht die Lefzen, so daß sein Zahnfleisch und die langen Zähne entblößt werden, und stößt unartikulierte Seufzer, krampfhafte Schluchzer, entsetzliche Gluckser aus, die unerträglich sind und dem Zetern eines Kindes ähneln, das am Spieß steckt. Während solcher Stimmübungen ließe es sich eher totschlagen, als auch nur einen Schritt zu tun.

Unser Weg führte durch einen richtigen Gottesakker. Die Mordkreuze wurden erschreckend häufig. An günstigen Stellen waren es manchmal drei oder vier auf einer Strecke von kaum hundert Schritten; es war keine Straße mehr, es war ein Friedhof. Ich muß allerdings zugeben, daß, wäre es in Frankreich üblich, das Andenken an gewaltsame Todesfälle durch Kreuze zu verewigen, gewisse Gassen in Paris der Straße nach Vélez Málaga keineswegs nachstehen würden. Obwohl verschiedene dieser unheimlichen Mahnmale Daten aus längst vergangener Zeit tragen, so halten sie doch die Phantasie der Reisenden wach, lassen ihn beim geringsten Geräusch aufhorchen, ihn ständig auf der Lauer sein und ersparen es ihm, sich auch nur einen Augenblick zu langweilen. Bei jeder Straßenbiegung sagt er sich, sobald ihm ein Felsblock oder ein Gebüsch nicht geheuer vorkommt: Wer weiß, ob sich dahinter nicht ein Schurke versteckt, der mich aufs Korn nimmt und es vielleicht schafft, daß ich als Motiv für ein neues Kreuz zur Erbauung der Passanten und zukünftigen Reisenden herhalten muß.

Als wir das zerklüftete Gelände hinter uns gelassen hatten, wurden die Kreuze etwas seltener. Unser Weg verlief jetzt am Fuße imposanter, rauher Berge, deren Gipfel große Dunstschwaden als Kappen trugen. Die Gegend war völlig verlassen, und man begegnete keiner anderen Behausung als der Schilfhütte eines Verkäufers von Wasser oder von Branntwein. Dieser Branntwein ist farblos und wird aus schlanken Gläsern getrunken; man füllt diese mit Wasser auf, welches sich milchig trübt, wie es auch bei einem Zusatz von Kölnisch Wasser der Fall ist.

Es war schwül, gewittrig, drückend heiß. Einige dikke Tropfen, die einzigen, die seit vier Monaten von diesem gnadenlosen Gewölbe aus Lapislazuli gefallen waren, sprenkelten den verschmachtenden Sand, so daß er aussah wie ein Pantherfell; der Regen konnte sich jedoch nicht entschließen, und der Himmel wurde wieder so ungerührt heiter wie zuvor. Diese Bläue war übrigens während meines ganzen Aufenthalts in Spanien so beharrlich, daß ich in meinem Tagebuch folgende Eintragung finde: ›Eine weiße Wolke gesehen‹, als wäre es ein außerordentliches Vorkommnis. Uns Nordländern bietet das dunstverhangene Firmament ein ständig wechselndes Schauspiel von Formen und Farben, wenn der Wind aus Wolken mal Gebirge, mal Inseln, mal Paläste baut, die er unablässig zerstört, um sie anderswo neu zu bilden. Wir können uns daher keine Vorstellung von der tiefen Melancholie machen, den dieser Azur, gleichförmig wie die Ewigkeit, einflößt, wenn er unablässig über einem schwebt. In einem kleinen Dorf, durch das wir kamen, standen alle Bewohner vor ihren Häusern, um den Regen zu genießen, wie man bei uns hineingeht, um sich vor ihm zu schützen.

Ohne Dämmerung war die Nacht hereingebrochen, fast unmittelbar, wie sie es in südlichen Ländern tut. Bis nach Vélez Málaga, wo wir übernachten sollten, konnte es nicht mehr weit sein. Das Gelände wurde sanfter, und die Hänge verloren sich in steinigen Senken, durch welche Bäche von 15 bis 20 Schritt Breite und einem Fuß Tiefe, gesäumt von riesigen Schilfrohren, flossen. Die Marterln tauchten wieder auf, sogar in größerer Anzahl als je zuvor; der weiße Stein machte sie deutlich erkennbar im blauen Schimmer der Nacht. Auf zwanzig Schritte zählten wir drei, was an dieser Stelle nicht wunder nimmt, denn in ihrer Einsamkeit eignet sie sich hervorragend für einen Hinterhalt.

Es war elf Uhr, als wir in Vélez Málaga ankamen; die Fenster waren froh erleuchtet, und der Klang von Liedern und Gitarren erfüllte die Gassen. Die jungen Mädchen saßen auf den Balkonen, sangen lustige Weisen und ließen sich von ihren *novios* unten auf der Straße begleiten; jede Strophe wurde mit Lachen, Jubel und Beifall ohne Ende quittiert. Andere Gruppen tanzten *cachucha*, *fandango* und *jaleo* an den Straßenecken. Die Gitarren summten dumpf wie Bienen, die Kastagnetten ratterten und plapperten, alles war Fröhlichkeit und Musik. Man möchte fast sagen: das einzige, was die Spanier ernsthaft betreiben, ist das Vergnügen; man muß bewundern, mit welcher Ungezwungenheit und welchem Schwung sie sich dieser Beschäftigung hingeben. Es gibt kein Land, dessen Bevölkerung einen glücklicheren Eindruck macht. Beim Durchqueren der Halbinsel wird sich ein Fremder der äußerst schwierigen politischen Lage kaum bewußt und kann sich nicht vorstellen, daß dieses Land durch einen zehnjährigen Bürgerkrieg verheert und verwüstet wurde. Unsere Bauern besitzen nicht entfernt die gesegnete Unbekümmertheit, die Frohnatur und die elegante Kleidung der andalusischen *majos;* und was Bildung anbelangt sind sie ihnen weit unterlegen. Fast alle spanischen Bauern können lesen, sie haben den Kopf voller Gedichte, die sie rezitieren oder singen können, ohne das Versmaß zu schinden, sie können ausgezeichnet reiten und sehr geschickt mit Dolch und Flinte umgehen. Freilich bleibt ihnen durch die hohe Fruchtbarkeit des Bodens und das günstige Klima jene geisttötende Schwerarbeit erspart, welche den Menschen in weniger gesegneten Gegenden zum Lasttier oder zur Maschine hinabwürdigt und ihm jene Gottesgaben raubt: Kraft und Schönheit.

Nicht ohne ein Gefühl innerster Zufriedenheit machte ich mein Maultier am Pfosten der *posada* fest.

Unser Abendessen fiel recht frugal aus. Alles Personal war tanzen gegangen, und wir mußten uns mit einem einfachen *gaspacho* begnügen. Dieses andalusische Gericht verdient nähere Beschreibung, und wir wollen hier sein Rezept verraten, wenn wir uns auch bewußt sind, daß es dem seligen Brillat-Savarin die Haare gesträubt hätte. In eine Suppenterrine gibt man etwas Wasser, fügt einen Schuß Essig, einige Knoblauchzehen, Zwiebelviertel, Gurkenscheiben, Pfefferschotenschnitzel und eine Prise Salz hinzu; dann schneidet man Brot, läßt es in dieser herrlichen Brühe aufweichen und serviert kalt. Bei uns würden es einigermaßen wohlerzogene Hunde ablehnen, ihre Schnauze mit einem derartigen Mischmasch zu besudeln. Für Andalusier ist es das Leibgericht, und die schönsten Frauen scheuen sich nicht, abends ganze Schüsseln von dieser teuflischen Suppe auszulöffeln. Der *gaspacho* gilt als sehr erfrischend, ein nach unserer Meinung anfechtbares Urteil. So sonderlich er einem das erste Mal auch schmekken mag, gewöhnt man sich aber doch schließlich daran und ißt ihn sogar gern. Durch eine Fügung des Schicksals erhielten wir zum Begießen dieses kargen Mahles eine große Karaffe ausgezeichneten, trockenen MálagaWeins, die wir gewissenhaft bis zum letzten Tropfen leerten. Auf diese Weise wurden unsere Kräfte wiederhergestellt, die durch einen Ritt von neun Stunden bei Gluthitze auf unwahrscheinlichen Wegen erschöpft worden waren.

Um drei Uhr setzte sich die Kolonne wieder in Marsch. Es war bedeckt, und ein warmer Dunst hüllte den Horizont wie in Watte. Die Luftfeuchte ließ die Nähe des Meeres ahnen, das sich auch bald als knallblaues Band am Rande des Himmels abzeichnete. Die Wellen hatten hie und da Schaumkronen aufgesetzt und erstarben in reglmäßigen Rollern auf dem Sand, der fein wie Sägemehl war. Hohe Klippen ragten zu unserer Rechten. Bald gaben uns die Felsen den Weg frei, bald versperrten sie ihn, so daß wir aufsteigen und uns um sie herumwinden mußten. Die direkte Verbindung nehmen spanische Straßen nicht oft; es ist zu schwierig, die Hindernisse aus dem Weg zu räumen, so daß man sie lieber umgeht. Die berühmte Regel: *linea recta brevissima* gilt in Spanien nicht.

Die aufgehende Sonne zerteilte den Dunst wie bloßen Rauch; wieder begannen Himmel und Meer ihren Streit um das schönste Blau, bei dem man nie sagen kann, wer gesiegt hat. Die Klippen nahmen aufs neue ihre Töne von Goldkäfer, Taubenhals, Amethyst und Rauchtopas an; der Sand stäubte, das Wasser flimmerte unter dem grellen Licht. Weit, ganz weit, fast auf der Kimmung, lagen fünf Segel von Fischkuttern am Wind wie Möwenflügel.

An den allmählich sanfter werdenden Hängen tauchten jetzt in Abständen kleine Häuser, weiß wie Zukker und mit flachen Dächern, auf; sie besaßen eine Art

Peristyl aus Weinspalier, das an den Enden von je einem eckigen Pfeiler und in der Mitte von einem massiven, recht ägyptisch anmutenden Pylon gestützt wurde. Häufiger begegneten wir nun Schenken von *aguardiente*, noch immer aus Binsen errichtet, aber schon viel schmucker mit weißgestrichenen, rotgestreiften Schanktischen. Die Straße, deren Verlauf nun klar erkennbar wurde, säumte sich mit Kaktus und Agaven, ab und zu unterbrochen von Gärten und Häusern, vor denen Frauen Netze flickten und splitternackte Kinder spielten, die, als sie uns auf unseren Maultieren vorbeireiten sahen, hinter uns herriefen: *toro, toro!* Wegen unserer Kostümierung als *majos* hielt man uns für Stierzüchter oder für *toreros* aus der *cuadrilla* von Montes.

Ochsenkarren und Reihen von Eseln folgten sich in immer kürzeren Abständen. Die charakteristische Betriebsamkeit auf den Zufahrtswegen einer großen Stadt machte sich bereits bemerkbar. In den Verkehr unserer Hauptstraße mündeten von allen Seiten Maultiertrupps mit Zuschauern für die Eröffnungsfeierlichkeiten der Arena. Schon im Gebirge hatten wir viele getroffen, die aus einer Entfernung von weit über hundert Kilometern angereist kamen. Was Leidenschaftlichkeit und Ungestüm anbelangt, sind die *aficionados* unseren Theaterbesuchern so weit voraus, wie ein Stierkampf einer Opernaufführung an Faszination überlegen ist. Nichts hält sie zurück, weder die Hitze, noch Mühe und Gefahr des Weges. Immer vorausgesetzt, daß sie ihr Ziel erreichen und Plätze an der *barrera* bekommen, wo sie dem Stier mit der Hand einen Klaps auf den Nacken geben können, fühlen sie sich für ihre Strapazen reichlich entschädigt. Welcher Autor von Tragödien oder Komödien kann sich einer derartigen Anziehungskraft rühmen? Das hindert zimperliche und sentimentale Moralprediger nicht daran zu behaupten, der Spaß des Spaniers an dieser ›barbarischen Volksbelustigung‹, wie sie es nennen, nehme von Tag zu Tag ab.

In der fremdartigen Umgebung Málagas fühlt man sich nach Afrika versetzt: das blendende Weiß der Häuser, das tiefe Indigoblau des Meeres, das mörderisch grelle Licht — alles trägt zu dieser Illusion bei. An beiden Straßenrändern recken sich enorme Agaven und schwenken ihre Spieße: undurchdringliches Gestrüpp von Feigenkaktus mit seinen graugrünen Paletten und dem unförmigen Geäst windet sich böse wie eklige Riesenschlangen oder starrt wie das Gerippe gestrandeter Walfische. Hier und dort ragt eine Palme wie eine Säule und entfaltet ihr gefiedertes Kapitell neben einem europäischen Baum, der erstaunt über solche Nachbarschaft und beunruhigt darüber zu sein scheint, daß er zu seinen Füßen die unheimliche afrikanische Vegetation herumkrauchen sieht.

Ein eleganter weißer Turm zeichnete sich gegen das Blau des Himmels ab: der Leuchtturm von Málaga; wir waren angekommen. Es mochte etwa acht Uhr morgens sein; die Stadt war schon geschäftig. Seeleute kamen und gingen, luden und entluden die im Hafen ankernden Schiffe und entwickelten eine für eine spanische Stadt ungewöhnliche Betriebsamkeit. Frauen mit großen, scharlachroten Schals um Kopf und Schultern — ein fabelhafter Rahmen für ihre maurischen Gesichter — eilten dahin und zerrten einen nackten oder nur mit einem Hemd bekleideten Sprößling hinter sich

her. Männer in ihrem Cape oder mit dem Wams über der Achsel beschleunigten den Schritt, und seltsamerweise bewegte sich diese ganze Menschenmenge in der gleichen Richtung, nämlich zur *plaza de toros*. Was mich aber in diesem bunten Gewimmel am meisten frappierte, das waren sechs schwarze Galeerensträflinge, die einen Karren zogen. Bei riesigem Wuchs hatten sie so scheußliche, unmenschliche Fratzen von bestialischer Wildheit, daß ich bei ihrem Anblick erschrak wie vor einem Tigergespann. Eine Art Leinenrobe, in die sie gekleidet waren, verstärkte die teuflische und phantastische Wirkung.

Wir stiegen im Parador de los Tres Reyes ab. Das verhältnismäßig recht komfortable Haus ist mit Wein bewachsen, der das Eisengitter des Balkons umrahmt, und besitzt einen großen Speisesaal, wo die Wirtin wie in einem Pariser Café hinter einem mit Geschirr beladenen Pult thronte. Ein niedliches Mädchen, charmantes Beispiel für die in ganz Spanien berühmte Schönheit der Frauen von Málaga, führte uns in unsere Zimmer und jagte uns einen argen Schrecken ein, indem sie uns eröffnete, die Karten für den Stierkampf seien ausverkauft und wir würden große Schwierigkeiten haben, uns noch welche zu besorgen. Zum Glück gelang es unserem *cosario* Lanza, zwei numerierte *asientos de preferencia* für uns aufzutreiben, allerdings auf der Sonnenseite. Aber das war uns einerlei, denn wir hatten schon seit geraumer Zeit unseren zarten Teint eingebüßt, und eine Schicht Sonnenbrand mehr oder weniger auf unserem versengten und vergilbten Gesicht machte uns nichts aus. Die Kämpfe sollten an drei aufeinanderfolgenden Tagen stattfinden. Für den ersten

Tag waren die Billets rot, für den zweiten grün und für den dritten blau, um jede Verwechslung auszuschließen und vor allem die Enthusiasten daran zu hindern, sich zweimal mit der gleichen Karte Einlaß zu verschaffen.

Während wir frühstückten, erschien eine Gruppe von Studenten auf Wanderschaft. Sie waren zu viert und sahen eher aus wie Modelle zu Riberas oder Murillos Gemälden als wie Scholaren der Theologie, so zerlumpt, barfuß und dreckig waren sie. Sie sangen lustige Lieder und begleiteten sich mit Tamburin, Triangel und Kastagnetten. Der mit dem *pandero* war in seiner Art ein wahrer Virtuose. Er spielte auf der Eselshaut mit den Knien, den Ellbogen und den Füßen, und wenn ihm alle diese Schlagwerkzeuge nicht mehr genügten, versetzte er dem Schädel eines *muchacho* oder einer alten Frau einen Stüber mit seiner Schellentrommel. Der Wortführer der Bande machte Kollekte, wobei er mit äußerster Zungenfertigkeit alle möglichen Possen riß, um die Gebelaune der Umstehenden anzustacheln. »*Un realito!*« rief er mit den herzergreifendsten Bittgebärden, »damit ich mein Studium beenden, Priester werden und leben kann, ohne etwas zu tun!« Wenn er eine kleine Silbermünze bekommen hatte, klatschte er sie sich neben den schon vorher erpreßten auf die Stirn, genau wie es eine Alime tut, die nach dem Tanz ihr schweißgebadetes Gesicht mit den Zechinen und Piastern bedeckt, welche ihr die begeisterten Scheichs zuwerfen.

Die *corrida* sollte um fünf Uhr beginnen, doch hatte man uns geraten, schon um ein Uhr an Ort und Stelle zu sein, weil die Gänge frühzeitig von den Menschen-

massen verstopft sein würden, so daß wir große Schwierigkeiten haben könnten, zu unseren reservierten Plätzen durchzudringen. Wir beeilten uns daher mit dem
Essen und machten uns zur *plaza de toros* auf den Weg.
Als Führer diente uns Antonio, ein hagerer Bursche,

dessen Dürre durch eine übermäßig straff gewickelte, breite, rote Schärpe noch unterstrichen wurde; als Grund für seine Abgezehrtheit gab er scherzhaft Liebeskummer an.

Je näher wir der Arena kamen, desto dichter wurde das Gewühl. Die *aguadores*, die Verkäufer von Eisgetränken, von Zigarren, Fächern und Papierschirmen, sowie die Kutscher der Kaleschen machten einen entsetzlichen Lärm; ein unbestimmtes Rumoren hing über der Stadt wie eine Dunstwolke von Geräusch.

Nach einem ziemlich langen Marsch durch das Gewirr der engen Gassen Málagas gelangten wir schließlich zur Plaza, deren Äußeres keine Besonderheiten bietet. Ein Truppenkommando hatte einige Mühe, die Menge in Schach zu halten und zu verhindern, daß man das Gebäude stürmte. Obzwar es gerade erst ein Uhr war, hatten sich die Ränge von oben bis unten schon wohl gefüllt, und es ging nicht ohne Rempelei und Schimpfworte ab, bis wir unsere Plätze erreicht hatten.

Das Amphitheater von Málaga hat wahrhaft antike Ausmaße und kann in seinem Riesentrichter zwölf- bis fünfzehntausend Menschen fassen; die Arena, der eigentliche Kampfplatz, bildet den Grund, und die Umfassungswände sind so hoch wie ein fünfstöckiges Haus. Es vermittelt eine Vorstellung von den Anlagen der Römer und von der Anziehungskraft jener fürchterlichen Spiele, wo Männer Leib an Leib mit wilden Tieren unter den Augen allen Volkes kämpften.

Das Bild, das sich unseren Augen bot, war unvorstellbar bunt und bewegt. Die Stufen im gewaltigen Rund wimmelten von einer ungeduldigen Menge, die sich die langen Stunden des Wartens mit allen möglichen Späßen und *andaluzadas* von recht pikanter Urwüchsigkeit vertrieb. Leute in moderner Stadtkleidung waren bei weitem in der Minderzahl; wer sie trug, wurde mit Hohngelächter und Pfiffen empfangen. Die Szenerie gewann besonders durch die leuchtenden Farben der Jacken und Leibbinden, durch die scharlachroten Drapierungen der Frauen und die grün-gelb gestreiften Fächer, was der Menschenansammlung jenes trauerschwarze Aussehen nahm, das sie bei uns immer hat, wo die dunklen Töne vorherrschen.

Die Frauen waren ziemlich zahlreich, und ich bemerkte viele hübsche unter ihnen. Die Malagueña zeichnet sich aus durch die goldige Blässe ihres ebenmäßigen Teints, wo die Wange nicht stärker getönt ist als die Stirn, durch das gestreckte Oval des Gesichts, durch das lebhafte Blutrot der Lippen, durch die edle Form der Nase und durch den Glanz ihrer arabischen Augen, von denen man annehmen könnte, sie seien mit Henna gefärbt, so gesondert und bis an die Schläfen verlängert stehen die Wimpern. Ob man diesen Effekt nun den strengen Falten der roten *mantones*, welche das Gesicht umrahmen, zuschreiben soll oder nicht, so haben die Frauen von Málaga jedenfalls einen ernsten und leidenschaftlichen Ausdruck, der ganz orientalisch anmutet und den die niedlicheren, graziöseren und koketteren Frauen von Madrid, Granada und Sevilla nicht besitzen, die ständig damit beschäftigt sind, wie sie wohl wirken. Ich sah wundervolle Köpfe, prächtige Typen, die von den Malern der spanischen Schule nicht genügend ausgeschöpft worden sind und die einem talentierten Künstler Stoff für eine

Reihe köstlicher und völlig neuartiger Studien abgeben würden.

Nach unseren Begriffen erscheint es sonderbar, daß Frauen einem Schauspiel beiwohnen mögen, wo ständig Menschenleben in Gefahr sind, wo Blut in Strömen fließt, wo armen Kleppern der Bauch aufgeschlitzt wird, daß sie die Füße in den eigenen Därmen verwickeln; solche Frauen würde man sich als böse, rasende Megären vorstellen. Aber man hätte sich schwer getäuscht: niemals hat sich ein lieblicheres Madonnengesicht mit samtigeren Wimpern und zarterem Lächeln über ein Jesuskind gebeugt. Die Wechselfälle beim Todeskampf des Stieres werden aufmerksam verfolgt von blassen und charmanten Wesen, aus denen ein Elegiendichter sich glücklich schätzen würde, eine Elvire à la Lamartine zu machen. Der Wert oder Unwert der verschiedenen Stöße in den blutüberströmten Nacken des Tieres wird von so hübschen Mädchen diskutiert, daß man sich wünschte, sie von nichts als Liebe sprechen zu hören. Daraus, daß sie Metzeleien zuschauen, bei denen unseren feinfühligen Pariserinnen übel würde, schlösse man zu Unrecht, sie seien grausam und bar jeder Zartfühligkeit. Es hindert sie nicht daran, gütig, schlichten Herzens und mitfühlend für Notleidende zu sein. Aber Gewohnheit ist alles, und die blutige Seite des Stierkampfs, die dem Fremden am meisten auffällt, beschäftigt die Spanier am wenigsten; ihnen geht es um die Qualität der Schritte und Stiche und um die Geschicklichkeit der *toreros*, die übrigens nicht so große Risiken eingehen, wie man zunächst meint.

Es war erst zwei Uhr, und die Sonne überschwemmte mit einer feurigen Flut die Ränge, auf denen wir

157

unsere Plätze hatten. Wie wir doch die Glücklichen beneideten, die sich in dem erfrischenden, von den oberen Logen geworfenen Schatten badeten! Nach einem Ritt von 130 Kilometern einen ganzen Tag unter afrikanischer Sonne bei einer Hitze von 38 Grad zu verbringen, ist allerhand für einen armen Kritiker, der in diesem Fall sogar für seinen Platz bezahlt hatte und ihn nicht verlieren wollte.

Die auf den *asientos de sombra* machten sich über uns lustig; sie schickten uns die Wasserverkäufer, um zu verhüten, daß wir in Flammen aufgingen; sie baten uns um die Erlaubnis, ihre Zigarren an der Rotglut unserer Nasen anstecken zu dürfen und boten uns etwas Öl an, damit wir schön braungebraten würden. Wir entgegneten ihnen schlecht und recht, und als der Schatten sich mit fortschreitender Stunde verschob und einen der Quälgeister den Stichen der Sonne auslieferte, wollte das Gelächter und Geklatsche kein Ende nehmen.

Dank einiger Krüge Wasser, mehrerer Dutzend Orangen und zweier Fächer in unablässiger Bewegung konnten wir uns vor der Einäscherung schützen und waren noch nicht einmal richtig gar, geschweige denn vom Hitzschlag getroffen, als die Musikkapelle auf der Tribüne Platz nahm und ein Reitertrupp sich daran machte, die von *muchachos* und *mozos* wimmelnde Arena zu säubern; ich weiß nicht, wie sie es anstellten, sich in der großen Menge zu verkrümeln, obgleich es mathematisch kein Fleckchen mehr gab, wo man noch jemand hätte unterbringen können. Unter Umständen ist die Masse jedoch von erstaunlicher Elastizität.

Ein tiefer Seufzer der Erlösung entrang sich den

15 000 Brüsten, von denen die Last des Wartens genommen war. Als sie ihre Loge betraten, wurden die Mitglieder des Ayuntamiento mit frenetischem Beifall begrüßt, und die Musikkapelle begann, die vaterländischen Weisen *Yo que soy contrabandista* und *Himno de Riego* zu spielen, wobei alles Volk unter Händeklatschen und Füßestampfen mitsang.

Auf Regeln und Verlauf eines Stierkampfes soll hier nicht ausführlich eingegangen werden; vielmehr wollen wir uns auf die Hauptereignisse und Glanzleistungen dieser *fiesta* beschränken, auf der die gleichen Kämpfer an drei Tagen ohne Ruhepause auftraten, auf der 24 Stiere getötet wurden und 96 Pferde auf der Strecke blieben, auf der jedoch kein Mensch zu Schaden kam, es sei denn ein *capeador*, dem ein Horn den Arm aufritzte. Die Verletzung war so unbedeutend, daß sie seinen Auftritt am folgenden Tag nicht hinderte.

Pünktlich um fünf Uhr öffneten sich die Tore der Arena, und die Akteure des Dramas, das aufgeführt werden sollte, machten ihren Rundgang in feierlicher Prozession. An der Spitze ritten die drei *picadores*, Antonio Sanchez und José Trigo, beide aus Sevilla, sowie Francisco Briones aus Puerto Real, Hand in die Hüfte gestemmt und Lanze auf den Fuß gesetzt, würdevoll wie römische Triumphatoren auf dem Weg zum Kapitol. Die Sättel ihrer Pferde trugen in vergoldeten Nägeln den Namen von Antonio Maria Alvarez, dem der Kampfplatz gehörte. Es folgten die *capeadores* oder *chulos* in Dreispitz und leuchtend bunten Mänteln, dichtauf die *banderilleros* im Figaro-Kostüm. Als letzte schritten in majestätischer Isolation die beiden *matadores*, die *espadas*, wie man in Spanien sagt, nämlich Montes de Chiclana und José Parra aus Madrid. Montes konnte sich auf seine getreue *cuadrilla* verlassen, was für die Sicherheit der Beteiligten sehr wesentlich ist, denn in diesen Zeiten politischer Spannungen kommt es oft vor, daß die *toreros cristinos* den *toreros carlistas* in Gefahr nicht zu Hilfe eilen und umgekehrt. Den Schluß des Umzuges machte bezeichnenderweise das Maultiergespann, dessen Aufgabe es ist, die toten Stiere und Pferde hinauszuschaffen.

Der Kampf konnte beginnen. Der *alguacil* im Straßenanzug, der den Schlüssel zum *toril* vom Präsidenten zu empfangen und einem *mozo* zu überbringen hatte, ritt ein feuriges Pferd sehr unbeholfen und sorgte dafür, daß die Tragödie ein lustiges Vorspiel bekam. Zuerst verlor er den Hut, dann die Steigbügel. Seine steglosen Hosen rutschten bis zu den Knien hinauf, was äußerst komisch wirkte. Da dem Stier arglistigerweise das Tor des Zwingers geöffnet worden war, ehe der arme Mann Zeit zur Flucht aus der Arena gehabt hatte, wurde seine Angst auf die Spitze getrieben, was ihn die lächerlichsten Verrenkungen auf seinem Pferd vollführen ließ. Zur großen Enttäuschung der Zuschauer wurde er jedoch nicht auf die Hörner genommen, denn der Stier war von der Flut des Lichts in der Arena so geblendet, daß er ihn zunächst gar nicht bemerkte und ihn auf seiner Flucht nicht behelligte. Die *corrida* begann also mit einem schallenden, homerischen, olympischen Gelächter, aber die Stille war rasch wiederhergestellt, nachdem der Stier das Pferd des ersten *picador* aufgeschlitzt und den zweiten aus dem Sattel geworfen hatte.

Wir hatten nur Augen für Montes, der ein Liebling

des gesamten spanischen Volkes ist und dessen Bravourstücke Stoff für tausend erstaunliche Geschichten liefern. Er wurde in Chiclana in der Nähe von Córdoba geboren, ist Mitte Dreißig und überdurchschnittlich groß. Seine Miene ist ernst, sein Gang gemessen, sein Teint von olivgrüner Blässe, und das Auffallendste an ihm ist die Ruhelosigkeit der Augen, die das einzig Lebendige in dieser starren Maske zu sein scheinen. Er ist eher gewandt als stark und verdankt seine Erfolge weniger der Muskelkraft als seiner Kaltblütigkeit, seinem untrüglichen Augenmaß und seiner gründlichen Beherrschung der Kunst. An den ersten Schritten, die der Stier in der Arena macht, erkennt Montes, ob er kurz- oder weitsichtig ist, ob er *claro* oder *obscuro*, das heißt aufrichtig oder tückisch ist, ob er *de muchas piernas* oder *aplomado*, das heißt leichtfüßig oder schwerfällig ist, ob er bei der *cogida* die Augen schließen oder offenhalten wird. Dank dieser mit Gedankenschnelle gemachten Beobachtungen kann er seine Kampfweise stets den Umständen anpassen. Da er jedoch in seiner kalten Verwegenheit bis an die äußerste Grenze geht, empfing er im Laufe seiner Karriere eine erkleckliche Anzahl von Hornstößen, wie es die Narbe auf seiner Backe bezeugt; auch mußte er mehrmals schwer verletzt vom Platze getragen werden.

An diesem Tag war er in apfelgrüne, silberbestickte Seide gekleidet. Diese Eleganz und diesen großen Luxus kann sich Montes leisten, denn er ist reich. Wenn er nicht aufhört, in die Arena zu steigen, so tut er es, weil er sein Handwerk liebt und die Aufregung braucht. Sein Vermögen wird auf über eine viertel Million Franken geschätzt, zwar eine beachtliche Summe, doch muß man die erheblichen Ausgaben für Kleidung bedenken, zu denen ein *matador* verpflichtet ist und die für eine komplette Tracht bis zu zweitausend Franken betragen; hinzu kommen die Kosten für ständige Reisen von einer Stadt zur anderen in Begleitung der gesamten *cuadrilla*.

Montes begnügt sich nicht wie andere *espadas* damit, den Stier zu töten, wenn das Signal des Todes gegeben wurde. Er hat das ganze Feld im Blick, leitet den Kampf und eilt den *picadores* oder *chulos* zu Hilfe, wenn sie in Gefahr sind. Mehr als ein *torero* verdankt seinem Eingreifen das Leben. Ein Stier ließ sich von den *capas* nicht beirren, welche die *chulos* vor seinem Kopf schwenkten, und stocherte weiter im Bauch des Pferdes herum, das er zu Boden geworfen hatte. Er war drauf und dran, ebenso mit dem Reiter zu verfahren, der unter dem Kadaver seines Tieres eingeklemmt lag, als Montes den wütenden Stier beim Schwanz packte und ihn zu dessen großem Verdruß, aber unter tobendem Beifall der Menge, drei oder vier Pirouetten drehen ließ und dadurch die Möglichkeit schaffte, den *picador* aus seiner mißlichen Lage zu befreien. Manchmal postiert er sich regungslos mit verschränkten Armen vor dem Stier und fixiert ihn; dann bleibt das Ungetüm plötzlich stehen, gebannt von diesem klaren Blick, der kalt und scharf ist wie eine Degenklinge. Dieser Schneid wird mit Gebrüll, Getrampel und Bravorufen aufgenommen, von denen man sich keinen Begriff machen kann. Wahnsinn packt alle Köpfe, ein allgemeiner Schwindel ergreift die 15 000 Zuschauer, die ohnehin von *aguardiente*, Sonne und Blut berauscht sind. Taschentücher werden geschwenkt,

Hüte in die Luft geworfen, während Montes als einziger Ruhepunkt in diesem Getümmel schweigend und gelassen seine tiefe Genugtuung auskostet und sich leicht verbeugt wie ein Mann, der ganz anderer Taten fähig wäre. Ich kann verstehen, daß man für einen solchen Beifall jederzeit sein Leben aufs Spiel setzen würde; er wäre nicht zu teuer bezahlt. O, ihr Sänger mit der goldenen Kehle, o, ihr Tänzerinnen mit den Elfenfüßen, ihr Komödianten aller Art, ihr Kaiser und Poeten, die ihr meint, Begeisterung entfacht zu haben; ihr seid niemals dabeigewesen, wenn Montes applaudiert wurde.

Zuweilen bittet ihn das Publikum, eines jener Kunststücke vorzuführen, die ihm stets gelingen. Ein hübsches Mädchen ruft ihm mit einer Kußhand zu: »Auf, señor Montes, auf, Paquiro, wo du doch so galant bist,

mach' mal eine Kleinigkeit, *una cosita*, für eine Dame!« Und Montes springt über den Stier mit einem Fuß auf dessen Nacken oder aber er schüttelt die *capa* vor dessen Maul und wickelt sich mit einer raschen Körperdrehung darin ein, so daß sich ein eleganter Umhang mit musterhaftem Faltenwurf bildet; dann springt er zur Seite und läßt den Stier passieren, der in zu heftigem Schwung ist, um anzuhalten.

Die Art, wie Montes den Stier tötet, zeichnet sich durch Präzision, Sicherheit und Ungezwungenheit aus; bei ihm verliert man das Gefühl von Gefahr. Er ist so kaltblütig, hat sich so in der Gewalt, scheint seines Erfolges so gewiß, daß der Kampf nur noch wie ein Spiel wirkt und vielleicht sogar weniger aufregt. Man ist nicht imstande, um sein Leben zu bangen; er trifft den Stier, wo er will, wann er will, wie er will. Die Chancen des Duells stehen viel zu ungleich. Durch die größeren Risiken, die dieser läuft, wird man manchmal von einem weniger geschickten *matador* stärker mitgerissen. Das mag raffiniert barbarisch klingen, aber *aficionados*, alle, die *corridas* gesehen und sich für einen ehrlichen, tapferen Stier begeistert haben, werden das bestimmt verstehen. Ein Ereignis, das sich am letzten Tage der *fiesta* zutrug, beweist die Richtigkeit dieser Behauptung; es gab Montes überdies ziemlich schonungslos zu verstehen, bis zu welchem Punkte das spanische Publikum die Unparteilichkeit gegenüber Mensch und Tier treibt.

Man hatte gerade einen prächtigen, schwarzen Stier in die Arena gelassen. Aus der forschen Art, mit der er aus dem *toril* herausstürmte, hatten sich die Kenner die höchste Meinung von ihm gebildet. Er vereinigte

in sich alle guten Eigenschaften eines Kampfstiers. Seine Hörner waren lang, scharf und wohlgeformt; seine strammen, schlanken und nervigen Beine versprachen große Behendigkeit; seine breite Wamme, seine voll ausgereiften Flanken deuteten auf immense Kräfte. Als er noch bei der Herde war, hatte man ihm den Namen Napoleon gegeben, weil es der einzige war, der seine unanfechtbare Überlegenheit ausdrücken konnte. Ohne zu zögern, stürzte er sich auf den *picador*, der seinen Posten dicht an den *tablas* bezogen hatte, und warf ihn über den Haufen samt seinem Gaul, der sofort tot war. Dann raste er auf den zweiten los, dem es nicht besser ging; man hatte kaum Zeit, ihm über die Brüstung zu helfen, so schwer angeschlagen war er von seinem Sturz. In weniger als einer Viertelstunde lagen sieben Pferde mit aufgeschlitztem Bauch auf dem Sand. Die *chulos* schwenkten ihre bunten *capas* in respektvoller Entfernung und ließen die Planke nicht aus den Augen, um über sie hinwegzusetzen, sobald Napoleon Miene machte, sich zu nähern. Montes selbst wirkte nervös und hatte sogar einmal seinen Fuß auf die Trittleiste der *tablas* gesetzt, womit er seine Bereitschaft zu erkennen gab, sie zu überspringen, falls er in ernste Bedrängnis geraten sollte; das hatte er an den beiden voraufgegangenen Tagen nie getan. Die Begeisterung der Zuschauer machte sich in einem Tumult von Ausrufen Luft, und aus aller Munde ertönten die schmeichelhaftesten Komplimente für den Stier. Gleich darauf steigerte ein neues Heldenstück des Tieres den Enthusiasmus der Menge aufs Äußerste.

Ein *sobresaliente*, Ersatzmann für die beiden außer Gefecht gesetzten *picadores*, erwartete mit gesenkter

Lanze den Ansturm des schrecklichen Napoleon, der sich nichts aus seiner Nackenwunde zu machen schien und dem Gaul mit den Hörnern unter den Leib fuhr. Mit einer ersten Bewegung des Kopfes warf er ihn mit den Vorderbeinen auf den Rand der *tablas*, mit der zweiten hob er seine Hinterhand und beförderte ihn samt Reiter über die Planke hinweg in die *valla*, den rettenden Gang, der rings um die Arena läuft.

Diese fabelhafte Leistung löste einen Orkan von Bravorufen aus. Der Stier war Herr des Feldes; ganz der Sieger, trabte er hin und her und amüsierte sich mangels Gegnern damit, die Kadaver der von ihm zerfetzten Pferde herumzuwälzen und hochzuwerfen. Der Vorrat an Opfern war erschöpft, und in den Stallungen der *plaza* gab es nicht einen Klepper mehr, um die *picadores* beritten zu machen. Die *banderilleros* hockten rittlings auf dem Rand der *tablas* und trauten sich nicht herunter, um mit ihren bändergeschmückten Pfeilen diesen achtungheischenden Kämpfer zu peinigen, dessen Wut es bestimmt nicht nötig hatte, aufgestachelt zu werden. Die Zuschauer wurden ungeduldig ob dieser Stockung im Ablauf und schrien: »*Las banderillas! las banderillas! Fuego al alcalde!*« Feuer unter den Sitz des Bürgermeisters, der das Signal nicht gibt! Auf ein Zeichen des Präsidenten der *corrida* machte sich einer der *banderilleros* auf und drückte seine beiden Spieße in den Nacken der vorbeirasenden Bestie, um dann schleunigst Reißaus zu nehmen, allerdings immer noch nicht rasch genug, als daß ihm ein Horn nicht den Ärmel aufgeschlitzt hätte. Ungeachtet der Schreie und Pfiffe des Publikums gab der Präsident das Zeichen für die *suerte de matar* und bedeutete Montes, *muleta* und *espada* zu ergreifen, obwohl die Regeln der Tauromachie vorschreiben, daß ein Stier mindestens drei — meist aber vier — Paar *banderillas* gesetzt bekommt, ehe er dem *estoque* des *matador* ausgeliefert wird.

Anstatt wie sonst bis zur Mitte der Arena vorzurücken, nahm Montes etwa zwanzig Schritte von der Brüstung entfernt Stellung, um im Notfall eine Rückzugsmöglichkeit zu haben. Er war sehr bleich; ohne sich mit den spielerischen Mutproben aufzuhalten, die ihm die Bewunderung ganz Spaniens eingetragen haben, entfaltete er die scharlachrote *muleta* und lockte den Stier, der sich nicht lange bitten ließ. Montes führte drei oder vier *pases* mit der *muleta aus*, indem er seinen Degen horizontal in Augenhöhe des Tieres hielt, das urplötzlich wie vom Blitz getroffen zu Boden stürzte und nach einem konvulsiven Ruck verendete. Der Degen hatte ihm die Hirnschale durchbohrt und war ins Gehirn gedrungen, was nach den Gesetzen der Tauromachie verpönt ist, denn diese schreiben vor, daß der *matador* von vorn zwischen den Hörnern des Stieres zustößt und ihm die *estocada* zwischen Genick und Schulterblatt beibringt, was die Gefahr für den Mann erhöht und seinem bestialischen Gegner größere Chancen gibt.

Als man sich des Verstoßes bewußt geworden war — es handelte sich um Sekunden — erhob sich ein Schrei der Entrüstung von den *tendidos* bis zu den *palcos;* ein Gewitter von Schimpfworten und Pfiffen entlud sich mit unglaublichem Getöse. ›Metzger, Mörder, Schuft, Räuber, Sträfling, Henker!‹ waren die sanftesten Ausdrücke. »Nach Ceuta mit dir! Auf den Scheiterhaufen mit Montes! Hetzt die Hunde auf Montes! Tod dem

Präsidenten!« so hörte man es von allen Seiten rufen. Niemals habe ich einen derartigen Wutausbruch erlebt, und errötend muß ich gestehen, daß ich daran teilnahm. Bald genügten die Verbalinjurien nicht mehr, und man begann, den armen Teufel mit Fächern, Hüten, Stöcken, vollen Wasserkrügen und herausgerissenen Bänken zu bewerfen. Ein Stier war noch zu erledigen, aber sein Tod blieb in diesem fürchterlichen Tumult unbeachtet, obwohl ihn José Parra, der andere *matador*, mit zwei wohlgesetzten *estocadas* liquidierte. Was Montes angeht, so war er aschfahl, sein Gesicht wurde grün vor Wut, seine Zähne bissen blutige Kerben in die weißen Lippen, obwohl er große Ruhe zur Schau trug und sich mit erkünstelter Grazie auf den Knauf seines Degens stützte, dessen regelwidrig gerötete Spitze er im Sand abgewischt hatte.

Was bestimmt die Popularität? Noch vor wenigen Tagen hätte sich niemand vorzustellen vermocht, daß ein so anerkannter und beliebter Künstler wie Montes derart rigoros für einen Verstoß bestraft werden könnte, der angesichts der unheimlichen Behendigkeit, Kraft und Wut des Tieres zweifellos zwingend geboten war. Am Schluß der *corrida* bestieg er seine Kalesche und fuhr mit seiner *cuadrilla* im Gefolge davon. Bei allen Göttern schwor er, seinen Fuß niemals wieder nach Málaga zu setzen, doch kann ich nicht sagen, ob er Wort gehalten und sich länger der Schmähungen des letzten Tages erinnert hat als der anfänglichen Ovationen. Nachträglich finde ich, daß das Publikum von Málaga ungerecht gegenüber dem großen Montes de Chiclana gewesen ist, dessen *estocadas* alle hervorragend waren. Schließlich hatte er in gefährlichen Situa-

tionen heldenhafte Kaltblütigkeit und bewunderns-
wertes Geschick an den Tag gelegt mit dem Ergebnis,
daß ihm das begeisterte Publikum alle von ihm gefäll-
ten Stiere zum Geschenk gemacht und ihm erlaubt
hatte, ihnen ein Ohr zum Zeichen des Eigentums ab-
zuschneiden, damit sie weder vom städtischen Kran-
kenhaus noch vom Eigner der Arena beansprucht werden können.

Verwirrt und überreizt, durchgerüttelt von heftigen
Gemütsbewegungen kehrten wir zu unserem *parador*
zurück und hörten auf unserem Wege durch die Straßen nur Lob für den Stier und Flüche auf Montes.

Am gleichen Abend ließ ich mich trotz meiner Müdigkeit ins Theater fahren, um unmittelbar nach der
blutigen Realität der Arena zu den geistigen Gefühls-
regungen der Bühne hinüberzuwechseln. Der Kontrast
war überwältigend: dort der Lärm, die Menge; hier
Verlassenheit und Schweigen. Der Saal war fast leer;
nur wenige Zuschauer setzten hier und da Tupfen auf
die blanken Bänke. Und das, obgleich *Los amantes de
Teruel*, das Drama von Juan Eugenio Hartzenbusch,
gegeben wurde, welches eine der beachtlichsten Leistungen der modernen spanischen Schule ist. Mit allen
seinen Fehlern ist es den arrangierten und derangier-
ten Übersetzungen französischer Boulevardstücke weit
überlegen, von denen heutzutage die Theater der Halbinsel überflutet werden.

Ein *sainete*, ein recht drolliger Schwank, folgte dem
Trauerspiel, und der Abend schloß mit einem *baile na-
cional*, der trefflich von zwei Tänzerpaaren vorgeführt
wurde. Obwohl spanische Tänzerinnen nicht die Exakt-
heit und den hohen Ausbildungsstand ihrer französi-

schen Kolleginnen besitzen, so sind sie diesen doch nach meiner Ansicht an Grazie und Charme weit überlegen. Da sie nur wenig üben und sich nicht jenem fürchterlichen Gelenkigkeitsdrill unterziehen, welcher eine Tanzklasse zu einer Folterkammer macht, vermeiden sie die Hagerkeit eines Rennpferdes, die unserem Ballett etwas Makabres und Anatomisches verleiht. Sie bewahren die Konturen und Rundungen ihres Geschlechts; sie sehen aus wie Frauen, die tanzen, und nicht wie Tänzerinnen, was nicht das gleiche ist. Ihr Stil hat überhaupt nichts gemein mit der französischen Schule, welche die starre und senkrechte Haltung des Oberkörpers ausdrücklich vorschreibt; infolgedessen beteiligt er sich kaum an der Bewegung der Beine. In Spanien bleiben die Füße am Boden. Es gibt keine dieser wirbelnden Pirouetten, kein Spagat, das eine Frau wie einen voll gespreizten Zirkel erscheinen läßt und den man in Spanien unanständig und ekelhaft findet. Es ist der Körper, der tanzt, das Kreuz, das sich wölbt, es sind die Flanken, die sich biegen, es ist die Taille, die sich wie eine Natter windet. Wenn sich die Tänzerin rückwärts beugt, berühren ihre Schultern fast den Boden; die willenlose Arme sind von der Flexibilität, der Weichheit eines wallenden Schals. Man möchte meinen, die Hände könnten kaum die Kastagnetten aus Ebenholz mit ihren golddurchwirkten Schnüren halten oder gar schlagen. Auf einmal jedoch folgen auf diese wollüstige Lässigkeit Sprünge wie die eines jungen Jaguars, die davon zeugen, daß dieser Körper, weich wie Seide, Muskeln hart wie Stahl umschließt. Noch heute arbeiten die arabischen Tänzerinnen nach dem gleichen System: ihr Tanz besteht aus lasziven, rhythmischen Windungen des Oberkörpers. der Hüften und des Kreuzes, wobei die Arme über dem Kopf zurückgeworfen werden. Die maurische Überlieferung hat sich in den spanischen Tänzen, besonders den andalusischen, erhalten.

Wenn die spanischen Tänzer auch mittelmäßig sind, so haben sie doch ein männliches, galantes und forsches Auftreten, das ich der zweideutigen und läppischen Anmut der unsrigen bei weitem vorziehe. Sie vermitteln den Eindruck, sich weder um sich selbst noch um das Publikum zu kümmern, sondern haben ihre Augen und ein Lächeln einzig und allein für ihre Partnerin, in die sie stets leidenschaftlich verliebt zu sein scheinen und die sie offenbar gegen alle und jeden zu verteidigen bereit sind. Sie besitzen eine Art wilder Grazie, eine gewisse kecke Arroganz in ihren Allüren, wie man es nur bei ihnen findet. Wenn sie sich abschminken, könnten sie ausgezeichnete *banderilleros* abgeben und von den Brettern des Theaters auf den Sand der Arena springen.

Der einheimische Tanz, die *malagueña*, ist von einem wahrhaft poetischen Reiz. Zuerst erscheint der Kavalier, den *sombrero* in die Stirn gedrückt und das scharlachrote Cape um die Schultern geschlungen, wie ein flanierender Hidalgo auf der Jagd nach Abenteuern. Dann tritt die Frau auf, in ihre *mantilla* gehüllt und den Fächer in der Hand wie eine Dame beim Spaziergang auf der Alameda. Der Galan sucht das Gesicht der geheimnisvollen Sirene zu sehen, diese aber betätigt ihren Fächer so kokett und geschickt, öffnet und schließt ihn stets im rechten Moment, dreht und wendet ihn derart rasch vor ihrem hübschen Kopf, daß der Zu-

dringliche enttäuscht einige Schritte zurückweicht und
auf andere Mittel sinnt. Er läßt die Kastagnetten unter
seinem Mantel sprechen. Sobald die Dame das Klap-
pern hört, spitzt sie die Ohren; sie lächelt, ihr Busen
wogt, die Spitze ihres satinbeschuhten Füßchens markiert unwillkürlich den Takt. Sie läßt Fächer und *mantilla* fallen und zeigt sich in einem tollen Tanzkostüm,
glitzernd vor Flitter und Pailletten, eine Rose im Haar
und einen großen Schildpattkamm am Hinterkopf. Der
Kavalier wirft Maske und Cape von sich, und das Paar
vollführt einen Tanz von bezaubernder Originalität.

Auf meinem Rückweg am Ufer des Meeres, das in seinem Spiegel aus poliertem Stahl das blasse Antlitz des Mondes reflektierte, mußte ich an den auffallenden Gegensatz zwischen den Menschenmassen der Arena und der Vereinsamung des Theaters, zwischen der Anteilnahme der Menge am blutigen Geschehen und ihrer Gleichgültigkeit gegenüber Geistesprodukten denken. Als Dichter konnte ich nicht umhin, den Gladiator zu beneiden, und ich bedauerte, die Tat zugunsten der Träumerei aufgegeben zu haben. Am Vorabend hatte man im gleichen Theater ein Stück von Lope de Vega gespielt, das auch nicht mehr Leute angezogen hatte als das Werk des jungen Autors; demnach sind das Genie der Alten und das Talent der Modernen nicht so viel wert wie der Degenstoß eines Montes!

Es wäre falsch, mit dem Volk zu streng ins Gericht zu gehen, das der Arena zuströmt und den Rausch sucht, wo es ihn findet. Schließlich ist es seine Schuld nicht, wenn die Theater so wenig Anziehungskraft ausüben. Umso schlimmer für uns Dichter, wenn wir uns von den Gladiatoren besiegen lassen. Letzten Endes tut es Herz und Geist wohler, einem tapferen Mann beim Töten einer wilden Bestie zuzusehen, als einem talentlosen Mimen beim Absingen eines obszönen Chansons oder beim Deklamieren von Pseudoliteratur vor einer verqualmten Rampe zuzuhören.

IV

Ecija — Córdoba

Bisher hatten wir nur Bekanntschaft mit den zweiräd-
rigen *galeras* gemacht; es fehlte uns also noch eine
Kostprobe der vierrädrigen. Eins dieser liebenswerten
Vehikel war drauf und dran, nach Córdoba abzufah-
ren. Eigentlich war es von einer spanischen Familie
schon voll besetzt, aber wir kamen noch unter. Man
stelle sich einen tiefliegenden Leiterwagen vor, dessen
Sparren ziemlich licht stehen; den Boden bildet eine
Espartomatte, auf die man Koffer und Pakete lädt,
ohne viel auf hervortretende Ecken und Kanten zu achten. Darüber werden zwei oder drei Matratzen geworfen oder, genauer gesagt, Leinensäcke, in denen sich
ein paar Flocken schlecht gekämmter Wolle herum-
treiben. Auf diese Matratzen strecken sich quer die bedauernswerten Reisenden in einer Stellung, welche —
man verzeihe den platten Vergleich — der von zu Markte gekarrten Kälbern ähnelt. Man hat zwar die Füße
nicht gefesselt, doch ist die Lage deswegen nicht einen
Deut besser. Das Ganze ist mit einer über Reifen ge-
spannten Plane abgedeckt, wird von einem *mayoral*
kutschiert und von vier Maultieren gezogen.

Die mitreisende Familie war die eines Ingenieurs,
der recht gebildet war und gut Französisch sprach; als
Begleiter hatte sie einen hochgewachsenen Kerl verwegenen Aussehens, der einstmals Straßenräuber in der

Bande von José Maria gewesen, jetzt aber Minenaufseher war. Dieser feine Herr folgte unserem Wagen hoch zu Roß, das Messer im Gürtel und den Karabiner über dem Sattelbogen. Der Ingenieur schien viel von ihm zu halten; er rühmte seine Rechtschaffenheit, von der er unbeschadet seines Vorlebens überzeugt war. Wenn er von José Maria sprach, sagte er mir jedenfalls des öfteren, er sei ein braver und redlicher Mann. Obgleich uns eine solche Beurteilung, über einen Wegelagerer abgegeben, einigermaßen paradox klingt, wird sie in Andalusien von den ehrbarsten Leuten geteilt. In dieser Hinsicht ist Spanien arabisch geblieben. Wenn Banditen dort bedenkenlos als Helden angesehen werden, so ist diese Parallele weniger ausgefallen, als es zunächst den Anschein hat, vor allem in diesen südlichen Gegenden, wo die Phantasie so üppig blüht. Die Todesverachtung, die Verwegenheit, die Kaltblütigkeit, der rasche und kühne Entschluß, Kraft und List, diese Art von Größe, die ein Mensch in Auflehnung gegen die Gesellschaft erwirbt, alle diese Eigenschaften beeindrucken noch wenig zivilisierte Gemüter außerordentlich stark. Sind es nicht gerade diese Eigenschaften, die aus Männern große Persönlichkeiten machen, und hat das Volk so unrecht, sie an diesen energischen Naturen zu bewundern, so verwerflich der Zweck auch sein mag, zu dem sie eingesetzt werden?

Auf unserem Weg ins Innere des Landes ging es ziemlich abrupt mal aufwärts, mal abwärts durch von Hügeln gebuckeltes Gelände. Es war durchfurcht von engen Tälern mit ausgetrockneten Bachbetten im Grunde. Steine und Felsbrocken lagen überall herum, so daß wir arg gerüttelt wurden, was den Frauen und Kindern immer wieder schrille Schreie entlockte. Unterwegs erlebten wir einen Sonnenuntergang von lyrischer Stimmung und erstaunlicher Farbenpracht. In der Ferne hüllten sich die Berge in purpurne und violette, goldglasierte Töne von unwahrscheinlicher Wärme und Intensität. Das Fehlen jeglicher Vegetation verlieh dieser einzig aus Himmel und Erde bestehenden Landschaft einen Charakter von überwältigender Nacktheit und grimmer Strenge, wie seinesgleichen nirgends existiert und wie Maler ihn auch noch nie wiedergegeben haben. Bei Einbruch der Nacht machte man Halt in einem Weiler von ein paar Häusern, um die Maultiere ausruhen zu lassen und uns zu gestatten, etwas zu uns zu nehmen. Sorglos wie Reisende in Frankreich hatten wir, obwohl uns fünf Monate Erfahrung in Spanien gewitzter hätten machen sollen, aus Málaga keinerlei Proviant mitgenommen; infolgedessen mußten wir uns mit trockenem Brot und Weißwein bescheiden. Eine Frau der *posada* war so nett, loszugehen und uns wenigstens das zu besorgen, denn die spanischen Speisekammern und Keller teilen keineswegs jenen *horror vacui*, angeblich ein Naturgesetz, und speichern das Nichts ruhigen Gewissens.

Gegen ein Uhr morgens ging die Reise weiter. Trotz des fürchterlichen Rumpelns, trotz der Kinder des Ingenieurs, die auf uns kullerten, und trotz der Stöße, die unsere nickenden Köpfe empfingen, wenn sie gegen die Leitersparren schlugen, schliefen wir dennoch. Als die Sonne aufging und unsere Nasen mit ihrem Strahl gleich einer goldenen Ähre kitzelte, waren wir dicht vor Carratraca, einem unbedeutenden Dorf, das auf der Karte nicht vermerkt ist und an Besonderheiten nur seine Schwefelquellen zu bieten hat, die große Heilwirkung bei Hautkrankheiten besitzen. Infolgedessen trifft sich in diesem versteckten Winkel eine recht fragwürdige Gesellschaft von lichtscheuem Gewerbe. Es ist eine Spielhölle, und obgleich es noch früh am Tage war, gingen Karten und Goldstücke schon von Hand zu Hand. Es war scheußlich zu sehen, wie diese Kranken mit ihren fahlen, grünlichen Fratzen, die von der Geldgier noch häßlicher gemacht wurden, langsam die zitternden Finger ausstreckten, um ihre Beute einzuheimsen. Wie alle Häuser in andalusischen Dörfern sind die von Carratraca weiß gekalkt. Zusammen mit dem lebhaften Ton der Ziegel, mit den Weinranken und mit dem Gesträuch um sie herum gibt ihnen dies ein festliches und wohlhäbiges Aussehen, das stark von den Vorstellungen abweicht, die man sich im restlichen Europa von spanischer Unsauberkeit macht und die im wesentlichen falsch sind; wenn sie überhaupt aufkommen konnten, dann im Hinblick auf einige armselige kastilische Dörfer, denen wir Gleichwertiges — und darüber hinaus — in der Bretagne und in der Sologne durchaus gegenüberstellen können.

Im Hof der Herberge fiel mein Blick auf rohe Wandzeichnungen, welche mit primitiver Naivität Stierkämpfe darstellten; um diese herum waren *coplas* zu Ehren von Paquiro Montes und seiner *cuadrilla* zu lesen. Montes ist in Andalusien so populär wie bei uns Napoleon. Sein Porträt schmückt Mauern, Fächer, Tabaksdosen, und die Engländer, die Modeströmungen gleich welcher Art so geschickt zu nutzen verstehen, überschwemmen den Markt von Gibraltar aus mit Tausenden von Taschentüchern, welche die Züge des berühmten *ma-*

tador und lobpreisende Sprüche in rotem, violettem und gelbem Druck tragen.

Durch die Erfahrungen des hungrigen Vorabends klug geworden, kauften wir etwas Proviant bei unserem Gastwirt, darunter insbesondere einen Schinken, für den er uns einen unverschämten Preis abverlangte. Man spricht so viel von Wegelagerern, aber die Gefahr lauert nicht so sehr auf dem Wege als an seinem Rande, in der Herberge. Dort wird einem der Hals abgeschnitten, dort wird man in aller Ruhe ausgeplündert, ohne für die Verteidigung gewappnet zu sein und ohne das Recht zu haben, auf den Kellner zu schießen, der die Rechnung bringt. Ich bemitleide die Banditen aus vollem Herzen; solche Hoteliers lassen ihnen nicht arg viel zu tun übrig, sondern schicken ihnen die Reisenden nur als ausgepreßte Zitronen. In anderen Ländern zahlt man teuer für etwas, was man bekam; in Spanien zahlt man sein Gewicht in Gold für etwas, was es nicht gab.

Nach der Siesta wurden die Maultiere angeschirrt. Ein jeder nahm seinen Platz auf den Matratzen wieder ein, der *escopetero* bestieg sein kleines Bergpferd, der *mayoral* versorgte sich mit einem Vorrat kleiner Kiesel, um sie seinen Tieren an die Ohren zu werfen, und die Reise ging los. Die Landschaft, die wir durchfuhren, war wild, ohne pittoresk zu sein: kahle, rauhe, verschrammte, ausgemergelte Hügel, steinige Bachbetten wie Narben, die von den Verheerungen der Winterregen zurückgeblieben sind; Olivenhaine, deren blasses, staubbepudertes Laub kein Gefühl von erfrischendem Grün aufkommen ließ; hier und dort an den zerklüfteten Hängen aus Kreide und Tuff ein von der Hitze gebleichter Fenchelbusch; im Staub des Weges Spuren von Nattern und Vipern und über all dem ein Himmel, glühend wie die Kuppel eines Backofens, und kein Lüftchen, kein Hauch! Der von den Hufen der Maultiere aufgeworfene graue Sand sank zu Boden, ohne zu wirbeln. Eine Sonne, um Eisen zur Weißglut zu bringen, brannte auf das Verdeck unserer *galera*, und wir reiften darunter wie Melonen unter der Glocke. Von Zeit zu Zeit stiegen wir aus und gingen ein Stück zu Fuß, indem wir uns im Schatten von Tieren oder Wagen hielten; hatten wir uns die Beine vertreten, kletterten wir wieder an Bord und strebten zurück an unseren Platz, wobei wir nicht vermeiden konnten, Mutter und Kinder ein bißchen zu knuffen und zu puffen, denn unsere Ecke ließ sich unter dem niedrigen Reifenverdeck nur auf allen Vieren kriechend erreichen.

Mit all dem Überqueren von Erdspalten und Rinnen, auch von Feldern, um abzukürzen, verloren wir den rechten Weg. Unser *mayoral* hoffte, wieder auf ihn zu stoßen, und fuhr weiter, als ob er genau wüßte, wohin es ging, denn daß sie sich verirrt haben, geben *cosarios* und Führer erst im äußersten Notfall zu, nachdem sie bereits viele Meilen von der richtigen Straße abgekommen sind. Ehrlich gesagt war nichts einfacher, als diesen abenteuerlichen, kaum gebahnten Weg zu verpassen, dessen Verlauf noch dazu alle Augenblicke von tiefen Schluchten unterbrochen wurde. Wir befanden uns inmitten weiter Felder, die spärlich von Olivenbäumen mit ihren gewundenen und krüppeligen Stämmen in unheimlichen Verrenkungen bestanden waren und wo es keine Spur einer menschlichen Behausung oder eines Lebewesens gab. Seit dem Morgen hatten wir nur einen halbnackten *muchacho* getroffen, der in einer Staubwolke ein halbes Dutzend schwarzer Schweine vor sich hertrieb. Es wurde Nacht. Wie das Pech es wollte, war es keine Mondnacht, so daß wir nur das zitternde Licht der Sterne hatten, um uns zu leiten.

Jeden Moment stieg der *mayoral* vom Bock und befühlte den Boden, um festzustellen, ob da nicht eine Wagenspur sei, die ihn auf den richtigen Weg zurückführen könne, aber seine Suche war ergebnislos, und er sah sich, wenn auch widerwillig, gezwungen, uns zu gestehen, daß er sich verfahren habe und nicht mehr wisse, wo er war; er könnte es nicht begreifen, denn er habe die Strecke zwanzigmal gemacht und wäre nach Córdoba mit geschlossenen Augen gefahren. All dies kam uns recht verdächtig vor, so daß wir schon argwöhnten, wir gerieten vielleicht in einen Hinterhalt. Unsere Lage war ohnedies keineswegs behaglich; von der Nacht überfallen, befanden wir uns in einer verlassenen Gegend, fern von allem menschlichen Beistand, mitten in einem Gebiet, das in dem Ruf steht, für sich allein mehr Banditen zu beheimaten als das ganze übrige Spanien. Solche Gedanken drängten sich zweifellos auch dem Ingenieur und seinem Freund, dem einstigen Kumpan von José Maria, auf, der sich in derartigen Dingen auskennen mußte, denn sie luden still ihre Karabiner, taten desgleichen mit zwei weiteren, die sie mitführten, und übergaben uns wortlos je einen, was Bände sprach. So blieb der *mayoral* unbewaffnet und wäre im Falle des Einvernehmens mit Banditen machtlos. Nachdem wir zwei oder drei Stunden aufs Geratewohl herumgeirrt waren, erblickten wir indessen ganz in der Ferne ein Licht, das durch das Laubwerk wie ein Glühwürmchen schimmerte; wir machten es sofort zu unserem Leitstern und hielten so direkt wie möglich darauf zu auf die Gefahr hin, jeden Augenblick umzukippen. Manchmal entzog eine Geländewelle es unserer Sicht, und die gesamte Umwelt schien uns ausgelöscht; dann tauchte es wieder auf und damit unsere Hoffnung. Schließlich kamen wir einem Bauernhof nahe genug, um das Fenster zu erkennen, den Himmel, an dem unser Stern in Gestalt einer kupfernen Lampe funkelte. Ochsenkarren, landwirtschaftliche Geräte, die herumstanden, beruhigten uns endgültig, denn wir hätten ebensogut an eine Mörderhöhle, eine *posada de barateros* geraten können. Als die Hunde uns gewittert hatten, bellten sie aus vollem Halse, so daß das ganze Gehöft bald in Aufruhr war. Die Bauern traten mit dem Gewehr in der Hand heraus, um die Ursache dieses nächtlichen Alarms zu ergründen. Als sie sich jedoch vergewissert hatten, daß es sich bei uns um biedere, verirrte Reisende handelte, forderten sie uns höflich auf, einzutreten und bei ihnen Rast zu machen.

Für die guten Leute war es gerade die Stunde des Abendessens. Eine runzlige, vergilbte, sozusagen mumifizierte Alte, deren Haut an allen Gelenken Falten warf wie ein Husarenstiefel, war damit beschäftigt, einen enormen *gaspacho* in einem Trog aus rotem Ton zuzubereiten. Fünf oder sechs prächtige Windhunde mit schmalen Flanken, breiter Brust und schönem Behang — sie wären der Meute eines Königs würdig gewesen — verfolgten alle Bewegungen der Frau mit der größten Aufmerksamkeit und einem Mienenspiel von ergebenster Bewunderung. Aber dieses köstliche Mahl war nicht für sie bestimmt; in Andalusien sind es die Menschen und nicht die Hunde, welche Suppe aus in Wasser aufgeweichten Brotrinden essen. Ein paar Katzen ohne Ohren und Schwänze, denn dieses rein schmückende Beiwerk wird ihnen in Spanien gestutzt, hockten da wie japanische Schimären und beobachteten ebenfalls, aber aus größerer Entfernung, die appetitliche Prozedur. Ein Napf von diesem *gaspacho*, zwei Scheiben von unserem Schinken und einige Weintrauben mit bernsteinblonden Beeren bildeten unser Nachtmahl; allerdings mußten wir es gegen die zudringlichen Hunde verteidigen, die uns unter dem Vorwand freundschaftlichen Leckens buchstäblich das Fleisch vom Munde wegschnappten. Wir erhoben uns und aßen stehend mit dem Teller in der Hand, aber die teuflischen Biester richteten sich auf die Hinterpfoten, legten uns die Vorderläufe auf die Schultern und befanden sich so auf gleicher Höhe mit dem begehrten Bissen. Wenn sie ihn auch nicht erwischten, so leckten sie doch zumindest daran und holten sich die Blume des ersten und feinsten Geschmacks. Diese Windspiele schienen uns direkte Nachfahren eines berühmten Hundes zu sein, der bei Cervantes allerdings nicht vorkommt. Jenes sagenhafte Tier bekleidete in einer spanischen *fonda* den Posten eines Geschirrwäschers. Als der Dienstmagd vorgeworfen wurde, die Teller seien nicht sauber, schwor sie bei allen ihren Heiligen, sie seien immerhin von sieben Wassern, *por siete aguas*, gewaschen worden. Nun war *Siete Aguas* der Name des Hundes, den man so genannt hatte, weil er das Geschirr so blitzsauber leckte, daß man meinen konnte, es habe siebenmaligen Wasserwechsel passiert; an dem fraglichen Tage hatte er sicher gepfuscht. Die Windhunde des Gehöfts waren gewiß von dieser Rasse.

Man gab uns einen jungen Burschen als Führer mit, der den Weg kannte und uns ohne Zwischenfall nach Ecija brachte, wo wir gegen zehn Uhr morgens ankamen.

Die Einfahrt nach Ecija beeindruckte uns, man gelangt in den Ort über eine Brücke, an deren Ende das mit Arkaden geschmückte Stadttor wie ein Triumphbogen steht. Diese Brücke überquert einen Fluß, der kein anderer ist als der Genil von Granada; Mühlwehre und die Trümmer alter Brückenbogen hemmen seinen Lauf. Wenn man das Tor passiert hat, tritt man auf einen baumbestandenen Platz mit zwei Denkmälern in barockem Stil. Das eine ist die vergoldete Statue der Heiligen Jungfrau auf einer Säule, deren Sockel als eine Art Kapelle ausgebildet und mit künstlichen Blumen, Votivgaben, Kränzen aus Binsenmark und allem Tand meridionaler Devotion herausgeputzt ist. Das andere ist ein riesiger Heiliger Christophorus, gleichfalls aus vergoldeter Bronze, der sich auf eine Palme als seiner Größe angemessenen Stab stützt; auf seiner Schulter trägt er mit gewaltig angespannten Muskeln und mit einem Kraftaufwand, als wolle er ein Haus hochstemmen, ein winziges Jesuskind von großer Zartheit und bezauberndem Liebreiz. Dieser Koloß wird dem florentinischen Bildhauer Torrigiani zugeschrieben, von dem es heißt, er habe Michelangelo mit einem Faustschlag die Nase zertrümmert, und steht auf einer Säule der salomonischen Ordnung — so bezeichnet man hier gedrehte Säulen — aus zartrosa Granit, deren Spirale auf halber Höhe in Voluten und üppigem Blatt- und Blütenwerk endet. Ich habe es sehr gern, wenn Statuen so aufgestellt sind; sie sind wirkungsvoller und lassen sich aus dem Abstand viel besser betrachten. In der Regel haben die Sockel etwas Massiges, Stumpfes, was den von ihnen getragenen Figuren viel von ihrer Anmut nimmt.

Obschon Ecija abseits der touristischen Reisewege liegt und wenig bekannt ist, so ist es doch eine hochinteressante Stadt mit ganz eigenartigem und sehr originellem Gesicht. Die Kirchtürme, die seiner Silhouette die schärfsten Spitzen aufsetzen, sind weder byzantinisch, noch gotisch, noch Renaissance; sie sind chinesisch oder eher noch japanisch. Man könnte sie für die Türme einer Buddha oder Konfuzius geweihten Pagode halten, denn sie sind vollständig mit leuchtend bunten Porzellan- oder Fayencekacheln ausgekleidet, während die Dächer mit glasierten weißen und grünen Ziegeln in Schachbrettmuster gedeckt sind, was überaus seltsam wirkt. Die übrige Architektur ist nicht weniger exzentrisch, denn der Hang zum Schnörkel ist bis an die äußerste Grenze getrieben. Da gibt es nichts als Vergoldungen, Inkrustationen, Breccien und farbigen, wie Stoff zerknüllten Marmor, nichts als Blumengirlanden, Liebesknoten, pausbäckige Engel, und all das bemalt, geschminkt, voller Überschwang und mit einer Geschmacklosigkeit von höchster Sublimität.

Die Calle de los Caballeros, wo die schönsten Adelspaläste stehen, ist wahrlich etwas Märchenhaftes in seiner Art; man kann es kaum fassen, in einer wirklichen Straße, zwischen von richtigen Menschen bewohnten Häusern zu stehen. An den Balkons, den Gittern, den Friesen ist nichts gerade, alles dreht und windet sich, löst sich auf in Blattwerk, in Voluten, in Gekräusel. Es ist unmöglich, eine Fläche von einem Quadratzoll zu finden, die nicht guillochiert, festoniert, vergoldet, verziert oder bemalt wäre; kurz, was der Rokoko genannte Stil bei uns an muscheligen und verschrobenen Auswüchsen hervorgebracht hat, noch dicker aufgetragen und noch protziger, wie es der gute Geschmack des Franzosen selbst in den schlimmsten Epochen zu vermeiden gewußt hat. Dieses Pompadur-holländisch-chinesisch überrascht und amüsiert einen in Andalusien. Die gewöhnlichen Häuser sind gekalkt, und ihr blendendes Weiß hebt sie wundervoll vom tiefen Himmelsblau ab. Mit ihren flachen Dächern, ihren kleinen Fenstern und ihren *miradores* erinnerten sie uns an Afrika, eine Gedankenflucht, die durch eine Temperatur von 37 Grad Réaumur begünstigt wurde, wie sie hier in kühlen Sommern gang und gäbe ist. Man nennt Ecija die Bratpfanne Andalusiens; nie war ein Beiname ehrlicher verdient. Bei seiner Lage in einer Senke ist es von sandigen Hügeln umgeben, die es vor Wind schützen und ihm wie ebensoviele konzentrische Spiegel die Sonnenstrahlen zurückschicken. Man wird dort gesotten, was uns jedoch nicht davon abhielt, die Stadt in allen Richtungen tapfer zu durchstreifen, während unser Mittagsmahl bereitet wurde. Die Plaza Mayor ist recht originell mit ihren von Pfeilern gestützten Häusern, den langen Fensterreihen, den Arkaden und den auskragenden Balkons.

Unser *parador* war ganz ordentlich. Man tischte uns ein beinahe menschenwürdiges Essen auf, welches wir mit Wollust verspeisten, was nach so vielen Entbehrungen wohl entschuldbar ist. Eine lange Siesta in einem großen, gut abgedichteten, schön dunklen und reichlich besprengten Zimmer stellte unsere Kräfte vollends wieder her, so daß wir, als wir gegen drei Uhr unsere *galera* bestiegen, heiter und gefaßt waren.

Die Straße von Ecija nach La Carlote, wo wir übernachten sollten, führt durch eine eintönige Landschaft, die dürr und staubig aussieht, jedenfalls zu dieser Jahreszeit; sie hinterließ infolgedessen kaum Spuren in unserem Gedächtnis. Ab und zu tauchte eine Olivenplantage oder ein Gehölz von Steineichen auf, oder Agaven präsentierten ihre bläulichen Lanzen mit dem charakteristischen Effekt. Der Hund des Ingenieurs (außer den Kindern hatten wir nämlich auch Vierfüßler in unserer Menagerie) stöberte Rebhühner auf, von denen mein Reisekamerad ein paar schoß. Es war der bemerkenswerteste Zwischenfall auf dieser Etappe.

Die Herberge von La Carlota ist in einem ehemaligen Kloster untergebracht, das zunächst in eine Kaserne umgewandelt worden war, wie es in revolutionären Zeiten fast immer geschieht, weil sich das militärische Leben am leichtesten in Gebäuden einrichten läßt, die für mönchisches Leben angelegt sind. Lange Kreuzgänge unter Arkaden bildeten eine schattige Galerie an allen vier Seiten der Höfe. Inmitten des einen von ihnen gähnte der schwarze Schlund eines mächtigen und sehr tiefen Brunnens, der uns den köstlichen Genuß eines klaren und kühlen Wassers verhieß. Als ich mich über den Rand beugte, sah ich, daß der Schacht über und über mit Pflanzen von herrlichstem Grün bewachsen war, die sich in den Mauerritzen angesiedelt hatten. Um etwas frisches Grün und Kühle zu finden, muß man sich tatsächlich über Brunnenschächte lehnen, denn die Hitze war derart, daß man meinen konnte, sie ginge von einer nahen Feuersbrunst aus. Nur die Temperatur in Gewächshäusern, wo man tropische Pflanzen zieht, kann einen Begriff davon geben. Selbst die Luft brannte, und die Windstöße schienen feurige Moleküle mit sich zu führen. Ich versuchte fortzugehen, um einen Gang durch das Dorf zu machen, aber die Ofenglut, die mich gleich an der Tür empfing, trieb mich ins Haus zurück. Unser Abendessen bestand aus zerstückelten Hühnern, wild durcheinander auf einen Reisberg gehäuft und so stark wie ein türkischer Pilaw mit Safran gewürzt, dazu ein grüner Salat, dessen Blätter in einer Flut von Essigwasser schwammen mit hier und da einem vermutlich von der Lampe geborgten Ölbläschen.

Nach diesem festlichen Mahle führte man uns auf unsere Zimmer, die aber bereits so bevölkert waren, daß wir es vorzogen, den Rest der Nacht in unseren Mantel gehüllt auf dem Hof zu verbringen; ein umgekippter Stuhl mußte uns als Kopfkissen dienen. Dort waren wir wenigstens nur den Mücken ausgesetzt; mit Handschuhen an den Fingern und einem Taschentuch auf dem Gesicht kamen wir mit einem halben Dutzend Stichen davon. Das tat nur ein bißchen weh, war aber nicht ekelhaft.

Unsere Wirtsleute hatten irgendwie Galgengesichter; seit langem jedoch achteten wir darauf nicht mehr, weil wir uns an mehr oder weniger abstoßende Physiognomien gewöhnt hatten. Aus Gesprächsbrocken, die wir zufällig aufschnappten, entnahmen wir, daß ihr Inneres dem Äußeren entsprach. In der Annahme, wir verstünden kein Spanisch, fragten sie den *escopetero*, ob bei uns nicht ›ein Ding zu drehen‹ sei, indem man uns einige Meilen weiter draußen auflauerte. Der ehemalige Kumpan von José Maria entgegnete ihnen hoheitsvoll: »Das würde ich unter keinen Umständen dulden, denn die jungen Herren gehören zu meiner Reisegesellschaft. Im übrigen sind sie darauf vorbereitet, beraubt zu werden, und haben nur den unbedingt für den Streckenabschnitt notwendigen Betrag bei sich; all ihr übriges Geld besteht in Wechseln auf Sevilla. Schließlich sind sie alle beide groß und stark. Was den Mineningenieur anbelangt, so ist er mein Freund, und wir haben vier Karabiner in der *galera*.« Diese überzeugende Argumentation verfehlte nicht ihren Eindruck auf den Wirt und seine Spießgesellen, die sich für diesmal mit den gewöhnlichen, allen Gastwirten der Welt erlaubten Plünderungsmethoden zufrieden gaben.

Trotz aller Schreckensmeldungen über Räuber, die wir von Reisenden und Ortsansässigen vernahmen, hatten unsere Abenteuer hiermit ihr Bewenden; immerhin war es der dramatischste Zwischenfall auf unserer langen Wanderschaft durch Gegenden, die als die gefährlichsten ganz Spaniens berüchtigt sind, zumal in einer für Handstreiche gewiß günstigen Zeit der Wirren. Der spanische Brigant blieb für uns ein Trugbild, eine Abstraktion, einfach Poesie. Nie wurde ein *trabuco* bedrohlich auf uns gerichtet. Was Räuber angeht, waren wir schließlich mindestens so ungläubig geworden wie jener junge englische Gentleman, von dem Mérimée erzählt: der war einer Bande in die Hände gefallen, die ihn ausplünderte, hielt sie aber beharrlich für Komparsen, von Freunden engagiert, um ihm bloß einen Schrecken einzujagen.

Wir verließen La Carlota gegen drei Uhr nachmittags und hielten abends bei einer ärmlichen Zigeunerhütte, mit einfachen Zweigen gedeckt, die man über Querstäbe sozusagen als rohes Strohdach gelegt hatte. Nachdem wir ein paar Gläser Wasser getrunken hatten, bettete ich mich vor der Tür ruhig an den Busen von Mutter Natur. Über mir hatte ich die blaue Himmelskuppel, auf der wie goldene Bienenschwärme große Sterne herumzuschwirren schienen; ihr Funkeln erzeugte einen leuchtenden Wirbel gleich dem, welchen die wegen ihrer raschen Bewegung unsichtbaren Flügel um den Körper der Libellen herum verursachen. Dabei fiel ich in tiefen Schlaf, als ruhte ich auf dem weichesten Pfühl. Als Kopfkissen hatte ich indessen nur einen in meinen Mantel gewickelten Stein, und einige Kiesel von anständiger Größe hinterließen Druckstellen in meinem Kreuz. Nie hat eine schönere und klarere Nacht die Erdkugel in ihren Umhang aus blauem Samt gehüllt. Ungefähr um Mitternacht ging die Fahrt weiter, und bei Sonnenaufgang war es nur mehr eine halbe Wegstunde bis Córdoba.

Aus der Beschreibung dieser Halte und Etappen könnte man vielleicht folgern, Córdoba und Málaga lägen weit auseinander und wir hätten eine gewaltige Strecke auf dieser Reise zurückgelegt, die immerhin viereinhalb Tage gedauert hat. Die Entfernung beträgt etwa 180 Kilometer, aber der Wagen war schwer beladen und die Straße abominabel ohne Relaisstationen für den Maultierwechsel. Außerdem ist die unerträgliche Hitze zu bedenken, die Mensch und Tier erstickt hätte, wäre man so unvorsichtig gewesen, sich ihr während der Stunden größter Sonnenkraft auszusetzen. Nichtsdestoweniger denken wir an diese langsame und beschwerliche Fahrt gern zurück. Übermäßige Geschwindigkeit des Transportmittels nimmt der Wegstrecke allen Charme; man wird fortgewirbelt, ohne Zeit zum Sehen zu haben. Wenn man sofort am Ziel ist, bleibt man besser daheim. Für mich besteht der Genuß im Reisen und nicht im Ankommen.

Eine Brücke über den an dieser Stelle ziemlich breiten Guadalquivir führt nach Córdoba hinein, wenn man von Ecija kommt. Dicht dabei sieht man die Reste eines alten arabischen Aquädukts. Der Brückenkopf ist befestigt durch einen massigen, viereckigen, zinnenbewehrten Turm, der von Kasematten aus neuerer Zeit flankiert wird. Das Stadttor war noch nicht geöffnet, und man harrte der Stunde des Einlasses mit dem Phlegma und der Geduld des Spaniers, der es anscheinend nie eilig hat. Da war ein bunter Haufen von Karren, deren Ochsen majestätisch mit Tiaren aus gelbem und rotem Binsengeflecht gekrönt waren; da gab es Maultiere und weiße Esel mit ihrer Last von Häcksel; da waren Bauern mit Kopfbedeckungen in Form eines Zuckerhuts und mit *capas* aus brauner Wolle, die vorn und hinten wie das Meßgewand eines Priesters herabfallen und die man anzieht, indem man den Kopf durch ein Loch in der Mitte steckt. Eine solche Ansammlung vor einem Pariser Schlagbaum hätte einen fürchterlichen Krach und sich in Fluchen und Schimpfen Luft gemacht. Hier war kein anderer Laut zu hören als das Läuten einer kupfernen Schelle am Hals eines Maultiers und das silberne Klingeln des Glöckchens, wenn ein Esel die Stellung wechselte oder seinen Kopf auf den Nacken eines langohrigen Kameraden legte.

Wir nutzten die Wartezeit zu einer geruhsamen Betrachtung des Stadtpanoramas aus günstigem Abstand. Wie ein Triumphbogen bildet ein schönes Tor der ionischen Ordnung — es ist so stilvoll, daß man es für römisch halten könnte — den würdigen Einlaß zur Stadt der Kalifen; allerdings wäre mir eine jener maurischen Arkaden mit herzförmigen Bogen lieber gewesen, wie man sie in Granada sieht. Mit seinen hohen, von arabischen Zinnen gezackten Mauern und dem massigen, auf dem orientalischen Unterbau hockenden katholischen Dom ragt die Moschee-Kathedrale über die Stadtmauern und die Dächer der Häuser eher wie eine Zitadelle als ein Gotteshaus. Leider sind ihre Mauern in einem recht scheußlichen Gelb getüncht. Wenn ich auch nicht gerade eine Vorliebe für schimmlige, aussätzige, schwarze Gebäude habe, so ist mir doch diese infame Kürbisfarbe besonders zuwider, obwohl sie das höchste Entzücken der Priester, Kirchenvorstände und Kapitel aller Länder ist, denn sie können es nicht lassen, die herrlichen Kathedralen unter ihrer Obhut damit zu beschmieren. Solche Bauten brauchen einen farbigen Anstrich und haben ihn stets gehabt, sogar in den Epochen größter Stilreinheit; nur sollte man Ton und Material des Bewurfs mit mehr Bedacht auswählen.

Endlich öffnete man die Tore, und wir hatten zum Willkommen das Vergnügen einer peinlichen Zollkontrolle. Anschließend durften wir uns mit unserem Gepäck zum nächsten *parador* verfügen.

Córdoba hat mehr von Afrika als irgendeine andere

andalusische Stadt. Das holprige Pflaster seiner Straßen oder vielmehr Gassen ähnelt ausgetrockneten Bachbetten und ist dick bestreut mit Häcksel, den die Esel aus ihrer Bürde verloren haben. Hier erinnert nichts an europäische Sitten und Gebräuche. Man wandelt zwischen endlosen, gekalkten Mauern, die höchst selten von vergitterten Fenstern durchbrochen sind, und begegnet nur einem Bettler mit abstoßendem Gesicht, einer schwarz verhüllten Betschwester oder einem *majo*, der auf braunem Pferd mit weißem Zaum- und Sattelzeug wie der Blitz vorbeistiebt und den Pflasterkieseln tausend Funken entlockt. Wenn die Mauren zurückkehren könnten, hätten sie nicht viel zu tun, um sich wieder einzurichten. Die Vorstellung, die man sich vielleicht von Córdoba als einer Stadt der gotischen Häuser und der durchbrochenen Kirchtürme gemacht hat, ist völlig falsch. Der allgemeine Gebrauch des Kalkverputzes verleiht allen Gebäuden einen einheitlichen Ton, verkittet alle Runzeln der Architektur, deckt allmählich jegliche Ornamentik zu und verhindert die Bestimmung des Alters. Wegen der Kumulierung der Kalkschichten läßt sich eine vor hundert Jahren errichtete Mauer nicht von der gestern fertiggestellten unterscheiden. Córdoba, einstmals der Mittelpunkt arabischer Kultur und Zivilisation, ist heute nur noch eine Ansammlung kleiner weißer Häuser, über die einige Banyanbäume mit ihrem metallischen Laub oder eine Palme mit ihren krabbenartig ausgreifenden Zweigen herausragen. Die Häuserblocks werden durch schmale Korridore voneinander getrennt, die es kaum gestatten, daß zwei Maultiere aneinander vorbeikommen. Alles Leben scheint diesen großen Körper verlassen zu haben, der ehedem durch die rege Zirkulation maurischen Blutes in voller Kraft stand; davon ist jetzt nichts geblieben als das gebleichte und verkalkte Skelett. Aber Córdoba besitzt seine Mezquita, ein auf der ganzen Welt einzigartiges Bauwerk und überwältigend neu selbst für jene Reisenden, die bereits Gelegenheit hatten, die Wunder arabischer Architektur in Granada und Sevilla zu bestaunen.

Trotz seiner maurischen Atmosphäre ist Córdoba doch gut christlich und steht unter dem besonderen Schutz des Erzengels Raphael. Vom Balkon unseres *parador* aus sahen wir ein recht barockes Denkmal zu Ehren dieses himmlischen Patrons und bekamen Lust, es aus der Nähe zu betrachten. Auf der Spitze seiner Säule scheint der goldglänzende Erzengel, Schwert in Hand und Flügel gebreitet, Posten zu stehen, um in alle Ewigkeit über der Stadt zu wachen, die seiner Obhut anvertraut ist. Die Säule aus grauem Granit hat ein korinthisches Kapitell aus vergoldeter Bronze und ruht auf einem etwa viermal so starken Schaft aus rosa Granit; dieser wiederum steht auf einem Postament aus rohen Felsblöcken, um das ein Pferd, eine Palme, ein Löwe und ein phantastisches Meerungeheuer gruppiert sind; vier allegorische Figuren vervollständigen die Ausschmückung. Eine eingefriedete Esplanade erstreckt sich um das Denkmal und erlaubt dem Betrachter, es in Ruhe von allen Seiten zu studieren.

Das Äußere der Mezquita hatte uns nicht gerade verlockt, und wir fürchteten eine grausame Enttäuschung. Die lobsingenden Verse Victor Hugos erschienen uns von vornherein zu schmeichelhaft, doch überzeugten wir uns rasch, daß sie das Richtige trafen.

Es war der Kalif Abdarrahmán I., der gegen Ende des 8. Jahrhunderts den Grund zur Moschee von Córdoba legte. Die Arbeiten wurden so emsig betrieben, daß der Bau zu Beginn des folgenden Jahrhunderts fertiggestellt war; 21 Jahre hatten genügt, um dieses riesenhafte Gebäude zu errichten! Wenn man darüber nachsinnt, daß vor tausend Jahren ein so wundervolles Werk von diesen kolossalen Ausmaßen in so kurzer Zeit von einem Volk vollbracht wurde, das seitdem in den Zustand schlimmster Barbarei zurückgefallen ist, staunt man und muß es ablehnen, an die sogenannten Fortschrittstheorien zu glauben, die heute so hoch im Kurs stehen. Man ist sogar versucht, sich der gegenteiligen Meinung anzuschließen, wenn man Länder besucht, in denen vormals eine jetzt verschwundene Zivilisation existierte. Was mich anbelangt, so habe ich es stets sehr bedauert, daß die Mauren nicht die Herren Spaniens geblieben sind, denn es hat durch deren Vertreibung bestimmt nur verloren. Wenn man den vermutlich übertriebenen Angaben alter Quellen glauben darf, die von den Historikern mit soviel ernstem Eifer zusammengetragen wurden, zählte Córdoba 200 000 Häuser, 80 000 Paläste und 900 öffentliche Bäder; seine Vorstädte bestanden aus 12 000 Dörfern. Heute hat es nicht einmal 40 000 Einwohner und kommt einem nahezu verlassen vor.

Abdarrahmán wollte aus der Moschee von Córdoba eine Pilgerstätte machen, ein westliches Mekka, den höchsten Tempel des Islam nach dem, der das Grab des Propheten verwahrt. Ich habe die große Moschee mit der Kaaba noch nicht gesehen, bezweifle jedoch, ob sie ebenso großartig und ausgedehnt ist wie die spanische Rivalin. Man hütete hier eins der Originale des Korans und als noch kostbarere Reliquie einen Armknochen Mohammeds.

Die Leute aus dem Volke behaupten sogar, der Sultan in Konstantinopel zahle noch immer einen Tribut an den spanischen König, damit man an der besonders dem Propheten geweihten Stelle nicht die Messe lese. Diese Nische heißt bei den Gläubigen *el zancarrón*, ein abfälliger Ausdruck, der ›großer, abgenagter Knochen‹ und übertragen ›magerer, häßlicher Mensch‹ bedeutet.

Die Mezquita hat sieben Eingänge, die keineswegs monumental sind; das Grundprinzip der Anlage steht dem entgegen und läßt das majestätische Portal nicht zu, welches der sakrale Bauplan der katholischen Kathedralen gebieterisch vorschrieb. Das Äußere bereitet einen in keiner Weise auf das märchenhafte Innere vor. Zunächst gelangt man in den *patio de los naranjos*, einen großen und sehr schönen Hof, der mit herrlichen Orangenbäumen aus maurischer Zeit bestanden ist und von Säulengängen mit Marmorfliesen eingefaßt wird. Auf einer Seite reckt sich ein Glockenturm, eine plumpe, nicht sehr geschmackvolle Imitation der Giralda, die wir später in Sevilla sehen konnten. Unter dem Pflaster dieses Hofes soll eine riesige Zisterne liegen. Zur Zeit der Omayyaden gelangte man ebenerdig in die eigentliche Moschee; die scheußliche Mauer, welche die Sicht nach dieser Seite versperrt, wurde erst in christlicher Zeit errichtet.

Um eine einigermaßen richtige Vorstellung von diesem merkwürdigen Bau zu geben, kann man am ehesten sagen, daß er aus einer rechteckigen, von Mauern umgebenen Fläche besteht, auf der Säulen in einander überkreuzenden Reihen eingerammt sind. Diese Fläche mißt etwa 135 mal 175 Meter, und die Säulen sind 860 an der Zahl; man sagt, die Moschee sei ursprünglich doppelt so groß gewesen.

Der Eindruck beim Betreten dieses ehrwürdigen Heiligtums des Islam ist unbeschreiblich und hat nichts gemein mit den Gefühlen, welche die Architektur von Innenräumen gewöhnlich auslöst. Es kommt einem vor, als wandle man nicht in einem Gebäude, sondern in einem überdachten Wald. Wohin man sich auch wendet, verliert sich der Blick in Säulenalleen, die sich überschneiden und ins Unabsehbare verlaufen; es ist wie eine marmorne Vegetation, die spontan aus dem Boden geschossen ist. Das geheimnisvolle Halbdunkel, das in diesem Wald herrscht, trägt noch zu dieser Illusion bei. Man zählt 19 Schiffe in der Breite, 29 in der Länge, aber die Spannweite der Querarkaden ist viel geringer. Jedes Schiff wird von zwei Bogenreihen übereinander gebildet, von denen sich manche kreuzen und wie Bänder verschlingen, was eine eigenartige Wirkung hervorruft. Die Säulen sind alle aus einem Stück und messen nur etwa zehn bis zwölf Fuß bis zum arabokorinthischen Kapitell voller Kraft und Anmut, das eher an die afrikanische Palme als an den griechischen Akanthus erinnert. Sie bestehen aus seltenen Marmorarten, aus Porphyr, aus Jaspis, aus grünen und violetten Breccien und anderen köstlichen Gesteinen. Einige von ihnen sind gar antiken Ursprungs und stammen angeblich aus den Ruinen eines alten Janustempels. Demnach hätten drei Religionen an dieser Stelle ihre Riten zelebriert. Von diesen drei ist eine samt der von ihr geschaffenen Kultur auf Nimmerwiedersehn im Abgrund der Vergangenheit verschwunden; die zweite wurde aus Europa, wo sie nur noch mit einem schwachen Fuß steht, bis in die tiefste orientalische Barbarei abgedrängt. Nachdem die dritte ihren Höhepunkt erreicht hatte, wurde sie vom fragenden Verstand untergraben und erlahmt selbst in denjenigen Ländern von Tag zu Tag, wo sie einst mit absoluter Souveränität herrschte. Vielleicht wird Abdarrahmáns alte Moschee noch Zeit genug überdauern, um zu erleben, wie sich ein vierter Glaube im Schatten seiner Bogen eingerichtet und unter anderen Formen und mit anderen Gesängen dem neuen Gott oder vielmehr dem neuen Propheten huldigt, denn Gott ist unwandelbar.

Zur Zeit der Kalifen erleuchteten achthundert silberne, mit aromatischem Öl gefüllte Lampen die langen Schiffe. Ihr Licht ließ den Porphyr und den blauen Jaspis der Säulen schimmern, bespenkelte die goldenen Sterne an der Decke mit Flitter und brachte im Dämmer die Glasmosaiken und mit Arabesken umwundenen Koransprüche zum Vorschein. Unter diesen Lampen befanden sich auch die von den Mauren erbeuteten Glocken von Santiago de Compostela; umgedreht und an der Decke mit silbernen Ketten aufgehängt, erhellten sie den Tempel Allahs und seines Propheten und waren sicher ganz erstaunt, aus katholischen Glocken zu muselmanischen Lampen geworden zu sein. Damals konnte der Blick frei unter den Säulenreihen wandern, bis er an deren Ende auf die blühenden Orangenbäume und die sprudelnden Fontänen des lichtüberfluteten *patio* traf, dessen Sonnenglanz durch den Kontrast mit dem Halbdunkel des Innenraums um so stärker blendete. Leider wird diese herrliche Perspektive heutzutage durch die Kathedrale versperrt, durch diesen gewaltigen Klotz, der mitten in die arabische Moschee hineingekeilt wurde. Dieser Parasit in Gestalt einer Kirche, dieser steinerne Riesenpilz, diese architektonische Warze auf dem Rücken des arabischen Baus wurde nach den Plänen von Hernán Ruiz errichtet und ist an sich keineswegs bedeutungslos; überall sonst würde man die Kathedrale bewundern, hier aber ist sie deplaciert. Wenn sich auch das *ayuntamiento* dagegen sträubte, wurde sie auf Grund eines Befehls Karls V. gebaut, den ihm das Domkapitel entlockt hatte. Er kannte die Moschee nicht, und als er sie einige Jahre später besuchte, gab er folgenden Kommentar, der auf Spanisch überliefert ist: *Yo no sabía lo que era esto, pues no hubiera permitido que se llegase a la antigua; porque hacéis lo que puede hacerse en otras partes y habéis deshecho lo que era singular en el mundo?* In seines Vaters Sprache hätte der Tadel etwa so geklungen: Wenn ich gewußt hätte, was er darstellt, hätte ich niemals zugelassen, daß man Hand an den alten Bau legt; warum baut ihr etwas, was sich ebensogut an anderer Stelle bauen ließe, und zerstört etwas, das einzig auf dieser Welt ist? Diese berechtigten Vorwürfe veranlaßten zwar die Kapitelherren, den Kopf zu senken, aber das Unheil war angerichtet. Im Chor kann man ein immenses Gestühl aus massivem Mahagoni bewundern, dessen Schnitzereien alttestamentliche Szenen zum Gegenstand haben. Don Pedro Duque Cornejo brauchte zehn Jahre für die erstaunliche Arbeit, wie es auf der Grabplatte des armen Künstlers mit dessen eingemeißeltem Abbild zu lesen steht, die nur we-

nige Schritte von seinem Werk entfernt ist. Was Grab-
mäler anbelangt, so sahen wir ein recht sonderbares,
das in die Wand eingelassen war; es hatte die Form einer Truhe und war mit drei Vorhangschlössern gesi-
chert. Wie stellt es der so sorgsam verwahrte Leichnam
am Tage des Jüngsten Gerichts an, um die steinernen
Schlösser seines Sarges zu öffnen, und wie vermag er
im allgemeinen Durcheinander die Schlüssel wiederzu-
finden?

Bis zur Mitte des 18. Jahrhunderts hatte sich Abdarrahmáns alte Decke aus Zedern- und Lärchenholz mit
seinen Kassetten, Soffitten, Rauten und aller orientalischen Pracht erhalten, um dann durch Gewölbe und
Halbkuppeln von fragwürdigem Geschmack ersetzt zu
werden. Die Fliesen von ehedem sind unter einem Pflaster aus Ziegelsteinen verschwunden, was den Boden
angehoben und die Säulenschäfte abgedrosselt hat, wo-
durch der Hauptmangel des Baus, zu niedrig für seine
Ausdehnung zu sein, noch betont wird.

Ungeachtet aller dieser Schändungen ist die Mezquita noch immer eins der bezauberndsten Baudenk-
mäler der Welt. Als wolle man uns die Verstümmelun-
gen des Übrigen noch bitterer fühlen lassen, hat sich
ein wesentlicher Teil, nämlich die Gebetsnische oder
mihráb, wie durch ein Wunder vollkommen intakt erhalten.

Die geschnitzte und vergoldete Holzdecke mit ihrer
sternübersäten *medianaranja*, die durchbrochenen Fenster, deren Gitterwerk mild das Licht dämpft, die Galerie der Säulchen im Kleeblattbündel, die Platten aus
buntem Glasmosaik, die Koranverse in Buchstaben aus
vergoldetem Kristall, die sich durch das anmutige Ge-

wirr von Ornamenten und Arabesken schlängeln, all dies erzeugt einen Gesamteindruck von einer derartigen Pracht, Schönheit und feenhaften Eleganz, daß man etwas Ebenbürtigem nur in den Geschichten aus Tausendundeine Nacht begegnen könnte. Es gibt anderen Kunststilen nichts nach, denn nie war die Linienführung feiner, die Farbzusammenstellung besser abgestimmt. Selbst die Gotik in ihrer ausgelassensten Laune, in ihrem preziösesten Maßwerk hat etwas Angekränkeltes, Abgezehrtes, Schwächliches, das nach Kinderstube der Kunst riecht. Im Gegensatz dazu ist die Architektur des *mihráb* ein Beispiel für eine Zivilisation auf ihrem höchsten Entwicklungsstand, für eine Kunst auf ihrem Gipfel; jenseits davon gibt es nur Dekadenz. Proportion, Harmonie, Reichtum und Anmut, es fehlt an nichts.

Von hier aus betritt man eine kleine, ungeheuer reich ausgeschmückte Nische, deren Decke aus einem einzigen Marmorblock in Form einer Muschel besteht und unendlich zart ziseliert ist. Vermutlich war dies das *sanctum sanctorum*, der unheimliche und geheiligte Ort, wo die Gegenwart Gottes mehr als anderswo zu spüren ist. Eine weitere Nische, die *capilla de los reyes moros*, wo der Kalif abgesondert von der Herde der Gläubigen seine Gebete verrichtete, hat ebenfalls sonderbare und reizvolle Einzelheiten zu bieten, doch war ihr das Schicksal weniger hold als dem *mihráb*, denn ihre Farben sind unter einer garstigen Kalkschicht verschwunden.

Die Sakristei quillt über von Schätzen; da gibt es Monstranzen mit funkelnden Edelsteinen, Reliquienschreine von enormem Gewicht und unerhört feiner

Arbeit, groß wie kleine Kathedralen, ferner Leuchter, goldene Kruzifixe, perlenbestickte Chorröcke, und alles von einem mehr als königlichen, eher asiatischen Prunk.

Als wir schon fortgehen wollten, führte uns der Küster, der uns alles gezeigt hatte, noch geheimnistuerisch in einen dunklen Winkel und deutete auf die für ihn größte Sehenswürdigkeit, ein Kruzifix, von dem man sagt, ein christlicher Gefangener habe es mit dem Fingernagel in die Porphyrsäule geritzt, an deren Fuß er gekettet war. Als Beweis für die Authentizität der Geschichte zeigte er uns dicht dabei die Statue des armen Kerls. Ohne hinsichtlich Legenden voltairischer als nötig zu sein, konnte ich doch nicht umhin zu denken, daß man damals verflucht harte Nägel gehabt haben muß, es sei denn, daß der Porphyr erheblich weicher war. Übrigens ist dieses Kruzifix nicht das einzige; das zweite an einer anderen Säule ist allerdings viel weniger deutlich. Der Küster ließ uns auch einen enormen Elfenbeinhauer sehen, der an eisernen Ketten von einer Kuppel herabhing und aussah wie das Jagdhorn eines gigantischen Sarazenen, eines Nimrods aus verklungenen Zeiten. Dieser Stoßzahn soll von einem Elefanten stammen, die beim Bau der Mezquita zum Materialtransport verwendet wurden. Zufrieden mit seinen Erläuterungen und seiner Dienstfertigkeit gaben wir ihm einige Münzen, was allerdings den Unwillen des einstigen Kumpans von José Maria, der uns begleitet hatte, erregte und ihm folgende, etwas ketzerische Worte entlockte: »Gäbe man dieses Geld nicht besser einem braven Banditen als einem schurkischen Küster?«

Nachdem wir das Gotteshaus verlassen hatten, verweilten wir kurz vor einem hübschen gotischen Portal an der Fassade der Casa de Expósitos oder Findelhaus. Überall sonst würde man es bewundern, hier aber wird es von der bedeutenden Nachbarschaft erdrückt.

Wenn man die Mezquita gesehen hat, hält einen nichts mehr in Córdoba zurück, das sonst nicht viel zu

bieten hat. Das einzige, woraus sich der Fremde ein Vergnügen machen kann, ist, im Guadalquivir zu baden oder sich in einer der zahlreichen Barbierstuben nahe der Moschee rasieren zu lassen. Diese Prozedur wird sehr gewandt mit Hilfe eines riesenhaften Messers von einem zwergenhaften Bader vollzogen, der auf der Rückenlehne des großen Eichenstuhls hockt, in den man hineinkomplimentiert wird.

Die Hitze war unerträglich, zumal sie von Feuersbrünsten noch gesteigert wurde. Die Ernte war beendet, und es ist der Brauch in Andalusien, das Stroh zu verbrennen, wenn die Garben eingebracht sind, damit die Asche den Boden anreichert. In weitem Umkreis loderte das Land, und der Wind, der sich bei seinem Wehen über das Flammenmeer die Flügel versengt hatte, hauchte uns so glühend an wie ein Ofenloch. Wir waren in der berühmten Lage des Skorpions; wenn die Kinder den Ring aus Hobelspänen anstecken, mit dem sie ihn umgeben haben, muß er entweder einen verzweifelten Ausbruch versuchen oder Selbstmord begehen, indem er seinen Giftstachel gegen sich selbst richtet. Wir zogen die erste Alternative vor.

Die *galera*, mit der wir gekommen waren, brachte uns auf der gleichen Straße bis nach Ecija, wo wir uns nach einer Kalesche erkundigten, die uns nach Sevilla befördern könnte. Als deren Kutscher uns beide gesehen hatte, fand er uns zu groß, zu dick und zu schwer für sein Gefährt und machte alle möglichen Ausflüchte. Das Gewicht unserer Koffer sei so unmäßig, daß vier Männer gebraucht würden, um sie zu heben; einmal aufgeladen, würde sein Wagen sofort unter ihnen zusammenbrechen. Um diese Einwände zu entkräften, lupften wir beide allein mit Leichtigkeit die verunglimpften Gepäckstücke hinten auf die Kalesche. Da der komische Kerl dem nichts mehr entgegenzuhalten hatte, entschloß er sich endlich loszufahren.

Meile um Meile ging die Fahrt durch flaches oder leicht gewelltes Gelände. Olivenbäume, deren graues Aussehen durch den Staub noch fahler gemacht wurde, und sandige Steppen, deren Eintönigkeit hier und dort von Büscheln schwärzlicher Gewächse unterbrochen wurde, waren unsere einzige Augenweide.

In La Luisiana hatte sich die gesamte Bevölkerung vor den Haustüren ausgestreckt und schnarchte unter freiem Himmel. Unser Wagen scheuchte ganze Reihen von Schläfern auf. Sie mußten sich erheben und an die Häuserwände stellen, was nicht ohne Brummen und eine Flut von Schimpfworten aus dem reichen andalusischen Vokabelschatz abging. Die *posada*, wo wir zu Abend aßen, kam uns ziemlich verdächtig vor, denn sie war mit Gewehren und Donnerbüchsen besser ausgestattet als mit Töpfen und Pfannen. Riesige Hunde verfolgten gespannt jede unserer Bewegungen und schienen nur auf ein Zeichen zu warten, um uns zu zerfleischen. Die Wirtin machte den Eindruck, als sei sie ungeheuer erstaunt über die lautlose Gier, mit der wir unser Tomatenomelette verschlangen. Sie hielt vermutlich diese Mahlzeit für überflüssig und das Essen für vergeudet, als ob es uns nicht bekommen könnte. Obwohl uns das Wirtshaus so unheimlich vorkam, wurde uns der Hals nicht abgeschnitten, und man war so gnädig, uns weiterfahren zu lassen.

Das Terrain wurde immer sandiger, und die Räder der Kalesche versanken bis an die Naben im bodenlosen

Grund. Erst da begriffen wir, warum sich unser Kutscher so besorgt um unser spezifisches Gewicht gezeigt hatte. Um das Pferd zu entlasten, stiegen wir aus. Nach einer Wegstrecke in Serpentinen am Steilhang eines Berges kamen wir gegen Mitternacht in Carmona an, wo übernachtet werden sollte. Auf diesen felsigen Bergzug warfen Kalköfen lange rötliche Reflexe, die Helldunkeleffekte von malerischer Kraft wie bei Rembrandt hervorriefen.

Unser Gastzimmer war mit schlechten Farblithographien ausgeschmückt, welche verschiedene Episoden der Julirevolution, die Einnahme des Hôtel de ville und dergleichen darstellten. Das amüsierte uns und rührte uns beinahe; es war wie ein Stückchen Frankreich, gerahmt und an die Wand gehängt. Beim Wiedereinsteigen in unseren Wagen hatten wir kaum Zeit, einen Blick auf Carmona zu werfen. Wir können daher weiter nichts davon berichten, als daß es ein Städtchen weiß wie Schnee ist, dem die verschiedenen Kampanile und der Turm eines ehemaligen Karmeliterklosters eine recht pittoreske Note geben.

Ab Carmona tauchten die Fettpflanzen, Kaktus und Agave, die uns eine Weile untreu geworden waren, stachliger und grimmiger denn je wieder auf. Die Landschaft war nicht mehr so nackt und dürr, eher abwechslungsreicher, die Hitze etwas weniger intensiv. Bald erreichten wir Alcalá de los Panaderos, das, wie sein Name andeutet, für die Güte seines Brotes bekannt ist, darüber hinaus aber auch für seine *novilladas*, die von den *aficionados* besucht werden, wenn die *plaza* von Sevilla Kampfpause hat. Alcalá de los Panaderos liegt sehr hübsch in einem Tal, durch das sich ein Fluß windet. Beherrscht wird der Ort von einem Hügel mit den Ruinen eines alten maurischen Palastes. Wir näherten uns Sevilla. Tatsächlich brauchte es nicht lange, bis die Giralda am Horizont zuerst ihre durchbrochene Laterne, dann ihren viereckigen Turm zeigte. Einige Stunden danach fuhren wir durch die Puerta de Carmona. Der Torbogen gab den Rahmen ab für einen Hintergrund aus flimmerndem Staub, auf dem sich *galeras*, Esel, Maultiere und Ochsenkarren, die einen kommend, die anderen gehend, in einer Wolke von goldenem Dunst begegneten. Auf der linken Seite der Straße spannte ein prächtiger Aquädukt von römischem Aussehen seine steinernen Bogen; auf der anderen reihten sich Häuser, die immer näher aneinanderrückten. Wir waren in Sevilla.

V

Sevilla

Häufig zitiert man ein spanisches Sprichwort:

> *Quien no ha visto a Sevilla*
> *no ha visto maravilla.*

In aller Bescheidenheit möchten wir behaupten, daß dieses Diktum — wenn es sich auch nicht reimt — auf Toledo oder Granada viel eher zutrifft als auf Sevilla, wo abgesehen von der Kathedrale nichts besonders ›Wundervolles‹ zu finden ist.

Sevilla liegt an den Ufern des Guadalquivir in einer weiten Ebene, nach der sie *Sephala* genannt wurde, was auf Phönizisch Niederung bedeutet. Es ist eine große, weitläufige, ganz moderne Stadt, fröhlich, lachend und lebhaft, also wie eine Stadt sein muß, wenn sie Spaniern reizvoll erscheinen soll. Einen krasseren Gegensatz zu Córdoba gibt es nicht. Córdoba ist eine tote Stadt, eine Häusergruft, eine Katakombe unter freiem Himmel, die man unter ihrem weißlichen Staub verkommen läßt; die seltenen Einwohner, auf die man an den Gassenecken stößt, sind wie Geistererscheinungen, welche sich in der Uhrzeit geirrt haben. Sevilla dagegen hat die ganze Unbändigkeit und Unrast des Lebens; ein irres Summen schwebt über der Stadt zu jeder Tageszeit, kaum daß sie sich während der Siesta einen Dämpfer aufsetzt. Um das Gestern macht sie sich keine Sorgen, um das Morgen noch weniger, sie ist ganz heute; Erinnerung und Hoffnung sind der Trost der Unglücklichen, Sevilla aber ist glücklich. Sie genießt, während ihre Schwester Córdoba in Schweigen und Einsamkeit wehmütigen Träumen von Abdarrahmán, vom Gran Capitán und von all dem erloschenen Glanz nachzuhängen scheint, Fanale in der Nacht der Vergangenheit, wovon ihr nur die Asche geblieben ist.

Zum großen Verdruß der Reisenden und Kunstgeschichtler herrscht der Gips in Sevilla souverän. Die Häuser kleiden sich drei- bis viermal jährlich in ein frisches Kalkgewand, was ihnen zwar ein gepflegtes und sauberes Aussehen verleiht, der Forschung jedoch die Überreste arabischer und gotischer Skulpturen entzieht, mit denen sie ehemals geschmückt waren. Nichts ist fader als dieses Straßengewirr, wo das Auge lediglich zwei Töne wahrnimmt, das Indigoblau des Himmels und das Kreideweiß der Mauern, auf denen sich die azurnen Schatten der benachbarten Häuser abzeichnen, denn in warmen Ländern sind die Schatten nicht grau, sondern blau, so daß die Gegenstände auf einer Seite vom Mond und auf der anderen von der Sonne angeleuchtet zu sein scheinen. Das Fehlen jeglicher dunklen Töne erzeugt indessen einen lebendigen und frohen Gesamteindruck. Mit Gittern abgeriegelte Toreingänge geben den Blick in das Innere der *patios* frei, die mit Säulen, Mosaikböden, Springbrunnen, Blumentöpfen, Zistrsträuchern und Bildern ausgestaltet sind. Diese Außenarchitektur ist belanglos. Selten geht die Bauhöhe über zwei bis drei Stockwerke hinaus, und künstlerisch interessante Fassaden ließen sich an den

Fingern abzählen. Wie in allen spanischen Städten besteht das Pflaster aus kleinen Kieseln, doch hat es als Fußsteige Streifen aus ziemlich großen Platten, auf denen die Leute hintereinander gehen. Den Frauen wird bei Begegnung stets der Vortritt mit jener erlesenen Höflichkeit gelassen, die jedem Spanier, selbst der untersten Schichten, in Fleisch und Blut steckt. Sevillas Frauen rechtfertigen ihren Ruf, schön zu sein. Fast alle ähneln sich, wie es bei Menschen von reiner Rasse und ausgesprochenem Typus der Fall zu sein pflegt. Ihre bis an die Schläfen geschlitzten Augen mit den Fransen der langen, braunen Wimpern bringen einen Schwarzweißeffekt hervor, der in Frankreich unbekannt ist. Wenn eine Frau an einem vorbeikommt, senkt sie langsam die Lider, hebt sie dann plötzlich, schießt einem direkt ins Gesicht einen Blick von unerträglichem Feuer, verdreht die Pupillen und läßt den Wimpernvorhang wieder herab. Um dieses Spiel der Augen zu bezeichnen, haben wir keinen Ausdruck; *ojear* fehlt in unserem Wortschatz. Diese grellen und plötzlichen Blitze, die einen Fremden fast genieren, haben indessen eigentlich nichts zu bedeuten und werden auf jedes beliebige Objekt geschleudert. Mit dem gleichen leidenschaftlichen Blick bedenkt eine junge Andalusierin einen vorbeiratternden Karren, einen Hund, der nach seinem Schwanz hascht, oder Kinder, die Stierkampf spielen. Neben diesen Augen sind diejenigen der Nordländer erloschen und leer, denn in ihnen hat die Sonne nie ihren Abglanz gelassen.

Ihr Gebiß, dessen Eckzähne sehr spitz sind und das so blendend ist wie bei einem jungen Neufundländer, verleiht dem Lächeln junger Sevillanerinnen etwas Arabisches, Wildes von höchster Eigenart. Die Stirn ist hoch, gewölbt und glatt, die Nase schmal und leicht gebogen, der Mund hochrot. Leider schließt zuweilen das Kinn mit einer zu jähen Kurve ein im übrigen himmlisches Oval ab. Etwas magere Schultern und Arme sind die einzigen Unvollkommenheiten, die der anspruchsvollste Künstler an Sevillas Frauen zu entdecken vermöchte. Die feinen Gelenke, die kleinen Hände und Füße lassen nichts zu wünschen übrig. Ohne jede dichterische Übertreibung: man fände in Sevilla leicht Frauenfüße, die ein Kind in der Hand halten könnte. Die Andalusierinnen sind sehr stolz darauf und tragen entsprechende Schuhe; zwischen ihren Pantöffelchen und denen der Chinesinnen ist es nicht weit.

> *Con primor se calza el pie*
> *digno de regio tapiz.*

ist in ihren Romanzen ein so häufiges Lob wie in den unsrigen die Haut wie Lilien und wie Rosen.

Diese Schuhe, meist aus Satin, bedecken kaum die Zehen und besitzen keine Hinterkappe, sondern vom Hacken ausgehend ein Bändchen in der Farbe des Strumpfes. Bei uns könnte ein kleines Mädchen von sieben oder acht Jahren nicht die Schuhe einer Andalusierin von zwanzig tragen. Deshalb sind sie auch unerschöpflich in Scherzen über die Fußbekleidung der Frauen des Nordens: Aus den Ballschuhen einer Deutschen habe man ein Boot für sechs Ruderer zum Spazierenfahren auf dem Guadalquivir gemacht; die hölzernen Steigbügel der *picadores* wären recht brauchbar als Pantoffeln für eine Lady; und tausend andere *andaluzadas* dieser Sorte. Ich habe die Füße der Parise-

rinnen nach besten Kräften in Schutz genommen, doch
hat mir niemand geglaubt. Leider sind die Sevillanerinnen nur mit den Füßen durch ihre Schuhe und mit
dem Kopf durch die Mantilla Spanierinnen geblieben;
Kleider in Farben *à la française* beginnen zu überwie-
gen. Der Anzug der Männer ist wie aus dem Mode-
journal. Manchmal tragen sie indessen kurze weiße
Jacken aus Köper mit passenden Hosen, die rote Schär-

pe und den andalusischen Hut. Das ist jedoch nicht häufig und wirkt im übrigen auch nicht sehr pittoresk.

Auf der Alameda del Duque ergeht man sich während der Pausen des Theaters, das ganz in der Nähe liegt. Vor allem aber ist es auf der Cristina zwischen sieben und acht Uhr reizend zu beobachten, wie die hübschen Sevillanerinnen in Gruppen zu drei oder vier, begleitet von ihren *novios* im Amt oder *in spe* paradieren und sich zur Schau stellen. Sie haben etwas Flinkes, Munteres, Vives an sich und hüpfen eher auf der Stelle, als daß sie schreiten. Die Behendigkeit, mit der ihre Finger den Fächer öffnen und schließen, das Funkeln ihrer Blicke, die selbstsichere Haltung, die wiegenden Hüften, all das gibt ihnen ein ganz besonderes Gepräge. In England, in Frankreich, in Italien mag es Frauen von vollkommenerer, regelmäßigerer Schönheit geben, ganz sicher gibt es aber keine hübscheren und pikanteren. Sie besitzen in höchstem Grade etwas, was die Spanier *la sal* nennen und wovon man Nichtspaniern schwer eine Vorstellung geben kann. Es ist eine Mischung von Nonchalance und Lebhaftigkeit, von dreister Schlagfertigkeit und rührender Kindlichkeit, eine Anmut, ein Prickel, ein Ragout, wie Maler sagen, dem man abseits von Schönheit begegnen kann und welches man dieser oft vorzieht. So sagt man in Spanien zu einer Frau: ›Wie gesalzen Sie sind, *salada!*‹ und macht ihr damit das größte aller Komplimente.

Die Cristina ist eine herrliche Promenade am Ufer des Guadalquivir mit einem Lustgarten, dessen Pflaster aus großen Platten besteht und der eingefaßt ist von einer langen, weißen Marmorbank mit eiserner Rückenlehne. Die Anlagen mit ihrem Labyrinth und chinesischem Pavillon werden von morgenländischen Platanen beschattet, daneben sind jedoch auch Bäume aus dem Norden, unter anderen Eschen, Zypressen, Pappeln und Weiden, angepflanzt, auf welche die Andalusier so stolz sind, wie es die Pariser auf Palmen und Agaven wären.

In den Gärten der Cristina sind Lunten um Pfosten gewickelt und halten den Rauchern ständig Feuer bereit, so daß man nicht von den Buben mit ihrer glühenden Holzkohle belästigt wird, die einem mit dem Ruf: *Fuego!* zusetzen und den Prado von Madrid verleiden.

So nett diese Anlagen auch sind, so ziehe ich ihnen doch die eigentliche Uferstraße vor, wo sich ein stets bewegtes und unaufhörlich wechselndes Schauspiel bietet. In der Mitte des Stromes, wo das Wasser am tiefsten ist, liegen die Handelsschiffe, die Briggs und Schoner mit ihren ragenden Masten und ihrer luftigen Takelage, deren Linien sich in scharfem Dunkel von dem hellen Hintergrund des Himmels abheben. Kleinere Boote kreuzen in allen Richtungen auf dem Fluß. Mitunter treibt stromabwärts ein Schiff mit einer Gesellschaft junger Leute vorbei, die zur Gitarre *coplas* singen; die schralende Brise verweht die Worte, und die Spaziergänger applaudieren am Ufer. Auf dieser Seite wird der Blick vorteilhaft von der Torre del Oro abgeschlossen, einem zwölfeckigen Turm mit drei zurückspringenden Stockwerken und maurischen Zinnen, dessen Fuß nahe bei der Landungsbrücke vom Guadalquivir umspült wird und der sich inmitten eines Waldes von Masten und Tauen in das Blau des Himmels reckt. Dieser Turm, angeblich römischen Ursprungs, war früher mit dem Alcazar durch Mauern verbunden, die man abgerissen hat, um für die Cristina Platz zu schaffen. An ihm war zur Maurenzeit ein Ende der eisernen Kette festgemacht, mit der man den Fluß abriegeln konnte und deren anderes Ende seinen Halt in der gegenüberliegenden Böschungsmauer hatte. Seinen Namen hat der Turm vermutlich von dem dort gespeicherten Gold, welches die Galeonen aus Amerika herangeschafft hatten.

Wir machten dort jeden Abend unseren Spaziergang und sahen zu, wie die Sonne hinter der Vorstadt Triana auf der anderen Seite des Flusses unterging. Eine Palme von besonders edlem Wuchs streckte ihre Blätterkrone in den Äther, als wolle sie das sinkende Gestirn grüßen. Ich habe Palmen immer sehr geliebt und mich jedesmal, wenn ich eine sah, versetzt gefühlt in eine patriarchalische und poetische Welt, mitten in das Feenreich des Orients und die Herrlichkeiten der Bibel.

Eines Abends kehrten wir in die Calle de las Sierpes zurück, wo unser Wirt, Don César Bustamente, und seine aus Jerez stammende Frau mit den schönsten Augen und den längsten Haaren unter der Sonne wohnten. Wie um uns in die Wirklichkeit zurückzuholen, wurden wir von Burschen mit angenehmen Umgangsformen, wohlgekleidet, mit Lorgnon und Uhrkette, angesprochen, die uns aufforderten, einen netten Abend mit Erfrischungen bei *personas muy finas, muy decentes* zu verbringen, von denen sie beauftragt seien, uns einzuladen. Diese ehrenwerten Leute schienen zuerst sehr erstaunt über unsere Ablehnung zu sein und erklärten sich dann deutlicher in der Annahme, wir hätten sie nicht recht verstanden. Als sie jedoch merkten, wie verloren ihre Liebesmüh war, begnügten sie sich, uns Zigaretten und Murillos anzubieten, denn, offen gesagt, Ruhm und zugleich Schande Sevillas ist Murillo. Man hört keinen Namen außer dem seinen. Der geringste Bürger, der schäbigste Geistliche besitzt mindestens dreihundert Murillos aus des Malers bester Zeit. Was ist diese Schmiererei? Das ist Murillo, duftiger Stil; und diese andere? ein Murillo, warmer Stil; und jene dritte? Murillo, kalter Stil. Wie Raphael hatte auch Murillo drei Stile. Daher können ihm alle möglichen Gemälde zugeschrieben werden, so daß sich Kunstliebhabern, die sich eine Sammlung anlegen wollen, ein weiter Spielraum bietet. An jeder Straßenecke stolpert man über einen Rahmen. Es ist ein Murillo für dreißig Franken, für den ein Engländer angeblich 30 000 Franken bezahlen würde. »Sehen Sie nur, *Señor Caballero*, welche Zeichnung, welche Farbenharmonie! Das ist die *perla, la perlita*.« Wieviele Perlen hat man uns nicht gezeigt, die nicht einmal den Keilrahmen und die Leinwand wert waren, wieviele Originale, die nicht einmal Kopien waren! Unbeschadet dessen ist Murillo einer der größten Maler Spaniens und der Welt.

Damit sind wir aber weit vom Ufer des Guadalquivir abgekommen; kehren wir dorthin zurück.

Eine Pontonbrücke verbindet die Stadt mit den Vororten am anderen Ufer. Man überquert sie, um bei Santiponce die Ruinen von Itálica zu besuchen, der Heimat des Dichters Silius Italicus sowie der Kaiser Trajan, Hadrian und Theodosius. Vom Circus sind genügend Reste erhalten, um sich ein Bild von der Anlage zu machen. Die Keller, wo die wilden Tiere eingesperrt waren, die Kabinen der Gladiatoren, die Gänge und gestuften Sitzreihen sind noch gut erkennbar. Das Ganze besteht aus Mörtel, in den Kieselsteine eingebettet sind. Die zur Auskleidung benutzten Platten sind vermutlich losgerissen worden, um bei späteren Bauten wiederverwendet zu werden, denn Itálica war lange Zeit der Steinbruch Sevillas. Einige Räume sind enttrümmert worden und dienen jetzt während der Stunden größter Hitze als Zuflucht für Herden blauer Schweine, die sich grunzend zwischen den Beinen der Besucher ins Freie flüchten; sie sind jetzt die einzigen Bewohner der alten römischen Stadt. Das besterhaltene und interessanteste Überbleibsel von dieser verschwundenen Pracht ist ein Mosaik beachtlichen Ausmaßes, um das man eine Mauer gezogen hat. Wenn man die Darstellung der Musen und der Nereiden mit Wasser benetzt, leuchten die noch sehr lebendigen Farben auf; allerdings muß man feststellen, daß die kostbarsten Steine aus Habsucht herausgebrochen wurden. In den Trümmern hat man auch Fragmente von recht gediegenen Statuen gefunden, und es besteht kein Zweifel, daß fachmännische Ausgrabungen bedeutende Ergebnisse haben müßten. Die Entfernung von Sevilla nach Itálica beträgt etwa 12 Kilometer, ein Ausflug also, den man mit einer Kalesche mühelos an einem Nachmittag machen kann, es sei denn, man wäre ein närrischer Altertumsforscher und wollte jeden einzelnen Stein untersuchen, ob er nicht eine Inschrift trägt.

Die Puerta de Triana soll ebenfalls römischen Ursprungs sein und hat ihren Namen vom Kaiser Trajan. Sie wirkt sehr monumental, ist von dorischer Ordnung mit gekuppelten Säulen und trägt das königliche Wappen mit Pyramiden darüber. Sie hat ihren besonderen Gouverneur und dient als Kavaliersgefängnis.

Sevilla ist von zinnengekrönten Mauern umgeben, die in Abständen von wuchtigen Wehrtürmen flankiert werden; mehrere von diesen sind eingestürzt, und der Graben ist fast überall aufgefüllt. Gegen die moderne Artillerie würden diese Mauern keinerlei Schutz gewähren, doch wirken sie mit ihren sägeförmigen, arabischen Scharten recht malerisch. Wie bei allen Mauern und Festungen werden die Fundamente Julius Caesar zugeschrieben.

Auf einem Platz, der an die Puerta de Triana grenzt, bot sich mir ein seltsames Schauspiel. Dort lagerte eine Zigeunerfamilie unter freiem Himmel und bildete eine Gruppe, die Callot begeistert hätte. Von oben zusammengebundene und im Dreieck aufgestellte Stangen hingen über einem großen Feuer, aus dem der Wind die Flammen züngeln ließ und Rauchspiralen aufwirbelte, an einem Haken ein Topf voller wunderlicher und verdächtiger Ingredienzien, wie Goya sie den Hexen von Barahona in den Kessel zu legen versteht. An diesem improvisierten Herd saß eine kupferhäutige Zigeunerin mit scharfem Profil und nackt bis zum Gürtel hinunter, was in ihrem Fall bedeutete, daß ihr Gefallsucht fern lag. Ihre langen, schwarzen, struppigen Haare fielen über den hageren, gelben Rücken herab und in die braune Stirn. Zwischen den wirren Strähnen blitzten zwei jener großen orientalischen Augen aus Perlmutt und Pechkohle hervor, die so geheimnisvoll und tiefsinnig sind, daß sie den bestialischsten und wüstesten Gesichtsausdruck in dichterische Sphären erheben. Um sie herum sühlten sich kreischend drei oder vier

Bälger im Naturzustand und schwarz wie Mulatten mit dicken Bäuchen und spindeldürren Beinen, die ihnen ein affenähnliches eher denn ein menschliches Aussehen gaben. Ich glaube kaum, daß kleine Hottentotten häßlicher und dreckiger sind. Diese Nacktheit ist durchaus nicht selten und schockiert niemanden. Oft begegnet man Bettlern, die nur mit einer zerlumpten Decke und dem riskanten Fragment einer Unterhose bekleidet sind. In Granada und Málaga habe ich an öffentlichen Plätzen Bengel von zwölf bis vierzehn Jahren herumstromern sehen, die nicht mehr anhatten als Adam bei der Vertreibung aus dem Paradies. In Triana kann man solchen Szenen oft begegnen, denn dort wohnen viele Zigeuner, Leute mit den fortschrittlichsten Anschauungen über Ungeniertheit. Die Frauen kochen in der frischen Luft, und die Männer beschäftigen sich mit Schmuggel, Maultierschur, Roßtäuscherei und dergleichen, wenn es nichts Schlimmeres ist.

Die Cristina, der Guadalquivir, die Alameda del Duque, Itálica, der maurische Alcázar sind bestimmt sehr sehenswert, aber das eigentliche Paradestück von Sevilla ist seine Kathedrale, ein Gebäude, das man bestaunt, selbst wenn man die Kathedralen von Burgos und Toledo und die Mezquita von Córdoba gesehen hat. Als der Bau beschlossen wurde, faßte ein Kapitelherr zusammen: ›Errichten wir eine so große Kirche, daß uns die Nachwelt für verrückt erklärt!‹ Solch ein großzügiges und klares Programm lasse ich mir gefallen. Da sie somit freie Hand hatten, vollbrachten die Künstler wahre Wunder, während die Kanoniker, um die Bauarbeiten zu beschleunigen, ihre gesamten Ein-

künfte opferten und für sich nur das zum Leben unbedingt Nötige behielten. O dreimal gebenedeite Kanoniker! Schlaft sanft unter eurer Platte im Dämmer der geliebten Kathedrale, während sich eure Seele im Paradies in einem Gestühl räkelt, das vermutlich weniger schön geschnitzt ist als das in eurem Chor.

Die üppigsten und ungeheuerlichsten indischen Pagoden können mit der Kathedrale von Sevilla nicht in einem Atem genannt werden. Es ist ein ausgehöhlter Berg, ein umgestülptes Tal. Im Mittelschiff von schwindelerregender Höhe könnte Notre-Dame von Paris hocherhobenen Hauptes spazierengehen. Pfeiler wie dicke Türme, die einem so zerbrechlich erscheinen, daß man schaudert, steigen aus dem Boden und fallen von den Gewölben herab wie Stalaktiten in der Höhle eines Riesen. Obgleich die vier Seitenschiffe weniger hoch sind, könnten sie doch je eine Kirche einschließlich Turm aufnehmen. Der *retablo* der Capilla Mayor mit seinen Treppen, seinen architektonischen Aufbauten und seinen Reihen von Figuren in Etage über Etage ist für sich allein schon ein gewaltiger Bau, der bis an die Decke reicht. Die Osterkerze, hoch wie ein Schiffsmast, wiegt 2050 Pfund, und der Bronzeleuchter, auf dem sie steht, ist so etwas wie die Säule der Place Vendôme; er wurde dem Leuchter des Tempels von Jerusalem nachgebildet, wie er auf den Basreliefs des Titusbogens dargestellt ist. Alles ist von diesen grandiosen Ausmaßen. In der Kathedrale werden jährlich 20 000 Pfund Wachs und ebensoviel Öl verbrannt, während der Verbrauch an Meßwein die schwindelnde Höhe von 18 750 Liter erreicht. An den achtzig Altären werden täglich ungelogen 500 Messen gelesen! Den Kata-

222

falk, der während der *Semana Santa* benutzt wird, nennt man wegen seiner Höhe von fast hundert Fuß *el monumento*. Die Orgel von gigantischen Proportionen sieht aus wie die Basaltkolonnaden der Fingalshöhle, und doch empfindet man den donnernden Sturm, der ihren Pfeifen, dick wie Kanonenrohre, entweicht, als melodiöses Murmeln, als das Zwitschern von Vögeln und Seraphim unter diesen kolossalen Gewölben. Man zählt 83 glasgemalte Fenster nach den Entwürfen von Michelangelo, Raphael, Dürer, Peregrino Tibaldi und Luca Cambiaso. Die ältesten und schönsten führte der berühmte Glasmaler Arnold von Flandern aus. Die jüngsten stammen aus dem Jahre 1819 und offenbaren, wie weit die Kunst seit diesem glorreichen 16. Jahrhundert heruntergekommen ist, dieser Gipfelepoche der Welt, während der die Pflanze Mensch ihre schönsten Blüten und ihre köstlichsten Früchte getragen hat. Der gotische Chor ist geschmückt mit Türmchen, Fialen, durchbrochenen Nischen, Figurinen und Blattwerk, eine unheimliche Kleinarbeit, die verwirrt und heutzutage nicht mehr zu begreifen ist. Vor derartigen künstlerischen Leistungen steht man völlig sprachlos und fragt sich besorgt, ob nicht die Vitalität mit den Jahrhunderten immer mehr aus dieser alternden Welt entschwindet. Dieses Wunderwerk des Genies, der Handfertigkeit und der Geduld trägt wenigstens den Namen seines Schöpfers, so daß die Bewunderung einen persönlichen Anhalt findet. Eine der Tafeln auf der linken Seite trägt folgende Inschrift: *Este coro hizo Nufro Sánchez entallador que Dios haya año 1475*.

Der Versuch, die Schätze der Kathedrale Stück für Stück zu beschreiben, wäre heller Wahnsinn. Man würde ein ganzes Jahr brauchen, um sie gründlich zu besichtigen, und hätte selbst dann noch nicht alles gesehen; allein der Katalog der bemerkenswertesten Objekte würde Bände füllen. Die Skulpturen in Stein, Holz und Silber von Juan de Arfe, Pedro Millán, Montañés und Roldán, die Gemälde von Murillo, Zurbarán, Pedro de Campaña, Roelas, Luis de Vargas, vom älteren und jüngeren Herrera, von Juan Valdés Leal und Goya verstopfen die Kapellen, die Sakristeien und Kapitelsäle. Man ist erschlagen von so viel Pracht, eingeschüchtert und benommen von so vielen Meisterwerken, daß man nicht mehr weiß, wohin man den Blick wenden soll. Der unerfüllbare Wunsch, alles zu sehen, versetzt einen in fiebrige Schwindelzustände. Man möchte nichts vergessen und merkt doch immer wieder, wie sich ein Name verflüchtigt, wie sich eine Linienführung im Gehirn trübt, wie ein Bildeindruck an die Stelle eines anderen tritt. Man richtet verzweifelte Appelle an sein Gedächtnis, man gebietet seinen Augen, keinen Blick auszulassen. Die geringste Ruhepause, sogar die Stunden der Mahlzeiten und des Schlafs kommen einem vor wie Diebstahl, den man an sich selbst begeht, denn gebieterisch treibt der Zwang. Die Abreise steht nämlich unmittelbar bevor, die Feuer unter den Kesseln des Dampfschiffs werden bereits geschürt, das Wasser kocht und zischt, aus den Schornsteinen quillt der weiße Rauch. Morgen kehrst du allen diesen Wunderdingen den Rücken, um sie vermutlich niemals wiederzusehen!

Da ich auf alles nicht eingehen kann, begnüge ich mich mit der Erwähnung von Murillos ›Heiliger Antonius von Padua‹, der die Kapelle des Baptisteriums ziert. Niemals ist der Zauber der Malerei weiter getrieben worden. Der Heilige im Zustand der Extase in der Mitte seiner Zelle, deren ärmliche Einzelheiten mit jener lebensvollen Wirklichkeitstreue, so charakteristisch für die spanische Schule, wiedergegeben sind. Durch die halboffene Tür sieht man die Arkaden eines dieser langen, weißen Kreuzgänge, die der Träumerei so zuträglich sind. Am Kopf des Bildes sind Engelsgruppen von wahrhaft idealer Lieblichkeit in helles, transparentes, duftiges Licht getaucht. Durch die Kraft des Gebets angezogen, steigt das Jesuskind von Wolke zu Wolke herab, um sich in die Arme des heiligen Mannes zu legen, dessen Kopf in einer Strahlenflut badet und sich im Taumel himmlischer Lust nach hinten wirft. Ich stelle dieses Bild über die ›Heilige Elisabeth von Ungarn bei der Kopfwäsche der Räudigen‹ in der Madrider Akademie, über den ›Moses‹ und über alle Jungfrauen und Kinder des Meisters, so schön und so rein sie auch sein mögen. Wer den ›Heiligen Antonius von Padua‹ nicht gesehen hat, kennt nicht das letzte Wort des Malers von Sevilla. Das wäre etwa wie bei denen, die sich einbilden, Rubens zu kennen und die Antwerpener ›Maria Magdalena‹ nicht gesehen haben.

Sämtliche Baustile sind in der Kathedrale von Sevilla vertreten. Strenge Gotik, Renaissance, *plateresco*, der spanische Hyperbarock, der sich durch irrsinnige Ornamentik und unglaubliche Arabesken auszeichnet, Rokoko, Griechisch und Römisch, nichts fehlt, denn jedes Jahrhundert hat seine Kapelle, seinen *retablo* nach eigenem Geschmack errichtet, und der Bau ist nicht einmal ganz zu Ende geführt. Mehrere Statuen in den Nischen der Portale, welche Patriarchen, Apostel, Heilige und Erzengel darstellen, sind aus Ton und scheinen nur Modell zu sein. Auf der Seite des *patio de los naranjos*, am Scheitel des unvollendeten Portals, reckt sich der eiserne Kran als Symbol dafür, daß der Bau nicht abgeschlossen ist und später fortgesetzt wird. Ein solcher Galgen steht auch auf dem First der Kathedrale von Beauvais, aber wann wird der Tag gekommen sein, wo die zur Baustelle zurückgekehrten Werkleute mit einem langsam hochgewundenen Haustein den seit Jahrhunderten rostenden Flaschenzug wieder zum Kreischen bringen? Vielleicht niemals, denn die aufsteigende Bewegung des Katholizismus ist zum Stillstand gekommen, und der Saft, der diese Blütenpracht von Kathedralen aus dem Boden schießen ließ, steigt nicht mehr vom Stamm in die Äste. Der Glaube, der keinen Zweifel kennt, hatte die ersten Strophen dieser gewaltigen Gedichte aus Sandstein und Granit geschrieben; die Vernunft, die alles anzweifelt, hat es nicht gewagt, sie zu vollenden. Die Architekten des Mittelalters sind eine Art frommer Titanen, die Pelion auf Ossa türmen, nicht etwa um den donnernden Gott zu entthronen, sondern um aus größerer Höhe das Antlitz der jungfräulichen Mutter zu bewundern, wie es dem Jesuskind zulächelt. Heutzutage, wo alles auf grobes und stupides Wohlleben ausgerichtet ist, hat man kein Verständnis mehr für jenes sublime Streben der Seele zum Unendlichen, welches sich in Fialen und Wimpergen, in Glockentürmen und Spitzbogen ausdrückte, die ihre steinernen Arme gen Himmel strecken und sich über den Köpfen der knienden Menge falten wie riesige, flehende Hände. Alle diese gehorteten Schätze, die nichts einbringen, entlocken den Wirtschaftlern nur ein mitleidiges Achselzucken. Die Leute aus dem Volke fangen auch schon an zu berechnen, wieviel das Gold des Ziboriums wert ist. Wer zuvor die Augen nicht zur weißen Sonne der Hostie zu erheben wagte, sagt sich heute, daß man die Diamanten und anderen Edelsteine der Monstranz vortrefflich durch Glassplitter ersetzen könnte. Die Kirche wird fast nur noch von Durchreisenden, von Bettlern und gräßlichen alten Weibern besucht, schauderhaften, schwarzgekleideten *dueñas* mit Eulenblick, Totenkopfgrinsen und Spinnenhänden, deren jede Bewegung vom Rasseln morscher Knochen und vom Geklimper der Ablaßpfennige und Rosenkränze begleitet ist und die einem unter dem Vorwand des Begehrens von Almosen ordinäre Angebote von schwarzen Haaren, rosigen Wangen, flammenden Blicken und blühendem Lächeln zuflüstern. Selbst Spanien ist nicht mehr katholisch!

Die Giralda dient der Kathedrale als Campanile und überragt alle anderen Kirchtürme der Stadt. Sie ist ein ehemaliges Minarett, zu dessen Architekten die Legende einen Araber namens Dschabr, angeblichen Erfinder der angeblich nach ihm benannten Algebra, gemacht hat. Sie wirkt reizvoll und originell. Das Rosa der Ziegel und das Weiß der Quadern verleihen ihr ein fröhliches und jugendliches Aussehen, das man von der bejahrten Dame aus dem späten 12. Jahrhundert nicht erwartet; bei diesem respektablen Alter könnte sich ein Turm ruhig einige Runzeln gestatten und sich damit abfinden, daß der Teint nicht mehr ganz frisch ist. In ihrer heutigen Gestalt ist die Giralda nahezu hundert Meter hoch auf einer Basis von etwa vierzehn Metern im Quadrat. Bis zu einer gewissen Höhe sind die Mauern glatt; dann beginnen Stockwerke von maurischen Fenstern mit Gesimsen, Kleeblattbogen und weißen Marmorsäulchen, die in große Felder von Backsteinen in Rautenmuster eingegliedert sind. Den Abschluß des Turmes bildete ursprünglich eine mit verschiedenfarbigen Fliesen ausgekleidete Kuppel; aus deren Mitte ragte eine Eisenstange empor, auf die vier dicke, schwer vergoldete Kugeln in abnehmender Größe gesteckt waren. Nachdem dieser kostbare Aufsatz gegen Ende des 14. Jahrhunderts durch ein Erdbeben heruntergeworfen und anderen Zwecken zugeführt worden war, wurde der Architekt Hernán Ruiz de Burgos 1568 beauftragt, den oberen Teil der Giralda neu zu gestalten. Das Kind des maurischen Baumeisters wurde von ihm um dreißig Meter höher in das reine Blau des Himmels gehoben, damit die Bronzestatue an der Spitze über die Sierras hinwegblicken und mit den vorbeifliegenden Engeln auf gleichem Niveau reden konnte. Einen Kirchturm auf einen Turm zu setzen, entsprach durchaus den Absichten des besagten Domkapitels, das in den Augen der Nachwelt für verrückt gelten wollte. Der Beitrag des Hernán Ruiz besteht in drei Etagen; die erste ist von Fenstern durchbrochen, in deren Öffnungen die Glocken hängen; die zweite ist von einer Balustrade eingefaßt und trägt rundum an den Simsen die Worte: *Turris fortissima nomen Domini;* die dritte ist ein als Laterne bezeichneter Aufsatz, auf dem sich als Symbol des Glaubens eine vier Meter hohe, weibliche Figur aus vergoldeter Bronze dreht. Diese Statue von Bartolomé Morel mit einem Palmzweig in der einen und einem Banner in der anderen Hand versieht — etwas paradoxerweise — den Dienst einer Wetterfahne und hat dem ganzen

Turm den Namen gegeben, denn *girar* heißt drehen. Man sieht sie von fern her, und wenn sie unter den Strahlen der Sonne im blauen Äther glitzert, kann man sie wirklich für einen schwebenden Seraph halten.

Man besteigt die Giralda über eine Folge von stufenlosen Rampen, die so leicht geneigt und bequem sind, daß zwei Männer zu Pferde mühelos nebeneinander bis nach oben reiten könnten, von wo sich eine wundervolle Aussicht bietet. In schimmerndem Weiß liegt einem Sevilla zu Füßen mit all den Türmen, die vergeblich streben, sich bis zur Höhe des Gürtels aus rosa Ziegeln der Giralda zu recken. Jenseits breitet sich die Ebene, durch die der Guadalquivir seine Bahn zieht. Man sieht Santiponce, La Algaba und andere Dörfer. Im Hintergrund liegt die Kette der Sierra Morena mit ihren trotz der Entfernung scharf gezackten Konturen; so durchsichtig ist die Luft in diesem herrlichen Land. Auf der anderen Seite starren die Sierras de Gibalbin, Zaara und Morón in Tönen von sattem Lapislazuli und Amethyst, ein großartiges Panorama in der blendenden Pracht des Sonnenlichts.

Zahlreiche Säulenstümpfe, die man zu Prellsteinen behauen und, außer an den Durchgangsstellen, mit Ketten untereinander verbunden hat, bilden einen Gürtel um die Kathedrale. Einige von ihnen sind antik und entstammen entweder den Ruinen von Itálica oder den Trümmern der alten Moschee, deren Platz die heutige Kirche einnimmt und von der nichts übriggeblieben ist als die Giralda, ein paar Mauern und ein oder zwei Bogen, deren einer als Eingang zum Orangenhof dient. Die *Lonja*, ein großer quadratischer Bau von perfekter Regelmäßigkeit, ist von ähnlichen Prellstei-

229

nen eingefriedet. Ihr Erbauer ist der schwerfällige und deprimierende Juan de Herrera, der Architekt des *ennui*, der den Escorial, dieses trübseligste aller Bauwerke der Welt, auf dem Gewissen hat. Rundum freistehend und mit vier gleichen Fassaden, liegt diese ehemalige Handelsbörse zwischen Kathedrale und Alcázar. Man bewahrt hier die Archive Lateinamerikas und die Korrespondenz mit Columbus, Pizarro und Cortés auf, aber alle diese Schätze werden von so grimmigen Drachen bewacht, daß wir uns mit der Außenansicht der Schachteln und Ordner begnügen mußten, die in Mahagonischränken wie Kurzwaren in einem Laden gestapelt sind. Dabei wäre es doch gewiß nicht schwierig, ein paar der interessantesten Urkunden unter Glas auszustellen, um den begreiflichen Wissensdurst der Durchreisenden zu stillen.

Der Alcázar, alter Palast der maurischen Könige, ist zwar sehr schön und verdient seinen Ruf, hat jedoch nichts Überragendes für den, der die Alhambra von Granada gesehen hat. Auch hier wieder sind es die kleinen, weißen Marmorsäulen, die bemalten und vergoldeten Kapitelle, die Hufeisenbogen, die Felder mit von Arabesken umwundenen Koranversen, die Türen aus Zedern- und Lärchenholz, die Stalaktitenkuppeln, die Springbrunnen mit ihrer Reliefornamentik, die dem Auge wohl etwas anders vorkommen mögen, deren Beschreibung die endlosen Details und Feinheiten aber nicht wiederzugeben vermag. Der *salón de embajadores*, dessen Türen im Originalzustand erhalten sind, ist vielleicht schöner und reicher als der von Granada; leider ist man aber auf den absonderlichen Gedanken verfallen, den Platz zwischen den schlanken, die Decke stützenden Säulen auszunutzen, um dort eine Galerie von Porträts der spanischen Könige seit grauer Vorzeit bis zur Gegenwart aufzuhängen. Man kann sich nichts vorstellen, was lächerlicher wäre. Die frühen Könige in ihren Rüstungen und goldenen Kronen machen noch eine einigermaßen gute Figur, doch wirken die jüngsten in gepuderter Perücke und Galauniform höchst grotesk. Nie werde ich eine bestimmte Königin mit Brille auf der Nase und einem Hündchen auf dem Schoß vergessen, die sich hier sehr fehl am Platze vorkommen muß. Die Bäder der Maria Padilla, der Mätresse Peters des Grausamen, die hier lebte, sind noch im gleichen Zustand wie zur Zeit der Mauren; das Gewölbe der Schwitzkammer ist sogar völlig unangetastet. Wie in der Alhambra von Granada hat Karl V. auch im Alcázar von Sevilla allzu zahlreiche Spuren seiner Pfoten hinterlassen. Der Wahnwitz, einen Palast in einen anderen hineinzubauen, ist unheilvoll und überaus geschmacklos, und was er an historischen Monumenten zerstört hat, um bedeutungslose Bauten an deren Stelle zu setzen, ist auf ewig zu bedauern. Die Gärten des Alcázar sind im alten französischen Stil angelegt; auffallend sind insbesondere die in verschrobenen und gekünstelten Formen gestutzten Taxusbäume.

Da wir nun einmal dabei sind, den Sehenswürdigkeiten einen Besuch abzustatten, wollen wir auch einen Blick in die Tabakmanufaktur werfen, zu der es nur ein paar Schritte sind. Das riesige Gebäude ist seinem Verwendungszweck hervorragend angepaßt und enthält eine Menge Maschinen zum Raspeln, Zerhacken und Zerreiben des Tabaks, die den Lärm von vielen Mühlen machen und von über zweihundert Maultieren angetrieben werden. Hier wird der *polvo sevillano* hergestellt, ein sehr feiner, beißend scharfer Staub von goldgelber Farbe, mit dem der Marquis zur Zeit der Régence sein Spitzenjabot zu besudeln pflegte; er ist so stark und flüchtig, daß man niesen muß, sobald man die Schwelle des Saales überschritten hat, wo er zubereitet wird. Dieser Schnupftabak wird pfund- oder halbpfundweise in Blechschachteln vertrieben. Anschließend führte man uns zu den Werkstätten, in denen die Zigarren gerollt werden; mit dieser Fertigung sind zwischen fünf- und sechshundert Frauen beschäftigt. Als wir den Saal betraten, wurden wir von einem orkanartigen Getöse betäubt; sie schwatzten, sangen, zankten alle zugleich. Niemals habe ich einen solchen Radau gehört. Die meisten waren jung mit einigen sehr hübschen darunter. Die recht spärliche Bekleidung bei der Arbeit gestattete es, ihre Reize in aller Ruhe auf uns wirken zu lassen. Keck wie Husarenoffiziere hatten manche eine brennende Zigarre im Mundwinkel stecken, während andere — o Muse, steh' mir bei! — wie alte Matrosen kauten; man läßt sie nämlich so viel Tabak nehmen, wie sie am Arbeitsplatz verzehren können. Sie verdienen zwischen vier und sechs Real am Tag. Die *cigarrera* von Sevilla ist ein Typ wie die *manola* von Madrid. Man muß sie am Sonntag oder beim Stierkampf in ihrer mit üppigen Volants besetzten Baskine, in ihren Ärmeln mit den schwarzen Jetknöpfen und mit ihrem *puro* gesehen haben, dessen Rauch sie einzieht und den sie von Zeit zu Zeit ihrem Verehrer reicht.

Um endlich Schluß zu machen mit all dieser Kunst und Architektur, sei ein letzter Besuch dem berühmten

Hospital de la Caridad gewidmet, welches von dem be-
rüchtigten Don Juan de Mañara gegründet wurde, der
nicht, wie man meinen könnte, ein Fabelwesen ist. Ein
von Don Juan gestiftetes Hospital? Guter Gott! Ja! Die
Geschichte soll sich folgendermaßen zugetragen haben.
Auf dem Heimweg von einer Orgie begegnete Don
Juan eines Nachts einem Leichenzug, der sich auf die
Kirche San Isidoro zu bewegte. Schwarze, vermummte
Büßermönche mit gelben Wachskerzen machten die
Szene grausiger und unheimlicher als bei einem ge-
wöhnlichen Begräbnis: ›Wer ist der Tote? Ist es ein
Ehemann, der vom Liebhaber seiner Frau im Duell
getötet wurde? Ist es ein redlicher Vater, auf dessen
Tod die Erben zu lange warten mußten?‹ fragte der

bezeichnete Don Juan. ›Dieser Tote‹, antwortete ihm einer der Sargträger, ›ist niemand anders als der Herr Don Juan de Mañara; wir wollen jetzt den Trauergottesdienst für ihn abhalten. Kommen Sie mit uns und beten Sie für ihn!‹ Don Juan näherte sich dem Sarg und erkannte beim Schein der Fackeln sich selbst; er konnte es, weil in Spanien die Toten mit unbedecktem Gesicht getragen werden. Er folgte seiner eigenen Bahre in die Kirche und sprach die Gebete mit den mysteriösen Mönchen. Am Tag darauf fand man ihn bewußtlos auf den Fliesen des Chors. Dieses Ereignis beeindruckte ihn so stark, daß er sein Lotterleben aufgab, die Kutte nahm und das besagte Hospital gründete, wo er fast im Geruche der Heiligkeit starb.

Die Caridad besitzt Bilder von Murillo, die zu seinen schönsten zählen: ›Moses schlägt Wasser aus dem Felsen‹ und ›Die Speisung der Fünftausend‹ sind zwei gewaltige Kompositionen von reichster Gestaltung; ›Johannes der Täufer‹, der einen Kranken trägt und von einem Engel gestützt wird, ist ein Meisterwerk der Farbe und des Clair-obscur. Hier befindet sich auch das Gemälde von Juan Valdés, dem der Volksmund den Titel ›*Dos Cadáveres*‹ beigelegt hat, ein bizarres und entsetzliches Bild, neben dem sich die schwärzesten Nachtgedanken von Edward Young wie lustige Possen ausnehmen.

Die *plaza de toros* war geschlossen; wir bedauerten dies sehr, denn die Stierkämpfe von Sevilla sind im Urteil der *aficionados* die brillantesten von ganz Spanien. Diese *plaza* hat die Besonderheit, nur halbkreisförmig zu sein, jedenfalls was die Zuschauertribünen anbelangt, denn die Arena ist rund. Man sagt, ein

Orkan habe die eine Seite demoliert, und sie sei nicht wieder aufgebaut worden. Diese Anordnung eröffnet einen fabelhaften Blick auf die Kathedrale und bietet eins der schönsten Bilder, die man sich vorstellen kann, vor allem wenn die Ränge von einer schillernden, bunt gekleideten Menge besetzt sind. Ferdinand VII. gründete eine Schule der Tauromachie in Sevilla, wo man die Schüler zunächst an Pappstieren, dann an *novillos* mit Schutzkugeln auf den Hörnern und schließlich an vollwertigen *toros* ausbildete, bis sie des öffentlichen Auftretens für würdig erachtet wurden. Mir ist nicht bekannt, ob die Revolution diese königliche und despotische Einrichtung respektiert hat.

Nachdem wir uns in unseren Hoffnungen betrogen sahen, blieb uns nichts weiter übrig, als abzureisen. Unsere Plätze auf dem Dampfer nach Cádiz waren gebucht, und die Einschiffung verlief unter Tränen, Schreien und Jammern von Liebchen oder Ehefrauen der Soldaten, die in eine andere Garnison versetzt waren und mit uns fuhren. Ich weiß nicht, ob diese Schmerzen echt waren, doch nie haben sich klassische oder biblische Verzweiflungsausbrüche wie etwa die Klagen der jüdischen Frauen am Tage der babylonischen Gefangenschaft zu derartiger Heftigkeit verstiegen.

VI

Cádiz — Jerez

Nach dem Reisen auf Maultierrücken, zu Pferde, in Karren und Kaleschen kam uns das Dampfschiff als etwas Märchenhaftes, wie eine Art Zauberteppich vor. Pfeilschnell den Raum durcheilen zu können, und das ohne Mühe, Ermattung, Ruck und Stoß, während man sich auf Deck ergeht und trotz der Launen von Wind und Gezeiten die langen Uferstreifen an sich vorüberziehen läßt, ist gewiß eine der vortrefflichsten Erfindungen des menschlichen Geistes. Vielleicht zum ersten Mal fand ich, daß die Zivilisation ihre guten, ich sage ausdrücklich nicht schönen Seiten besitzt, denn alles, was sie hervorbringt, ist leider mit Häßlichkeit behaftet und verrät dadurch seinen verzwickten und teuflischen Ursprung. Verglichen mit einem Segelschiff wirkt ein Dampfer scheußlich, so bequem er auch sein mag. Das eine gleicht einem Schwan, der seine weißen Schwingen im Hauch der Brise ausbreitet, der andere einem Ofen, der rittlings auf einem Mühlrad aus Leibeskräften das Weite sucht.

Wie dem auch sei, unterstützt von der Strömung trieben uns die Schaufelräder rasch gen Cádiz. Hinter uns verblaßte Sevilla bereits, aber je mehr die Dächer der Stadt in den Boden zu sinken schienen, desto mehr wuchs infolge eines wundersamen optischen Effekts die Kathedrale zu gewaltigen Proportionen, so daß sie einem vorkam wie ein stehender Elefant inmitten einer Herde lagernder Schafe; erst da wurde mir ihre ganze Riesenhaftigkeit recht bewußt. Von den übrigen Kirchtürmen überragten die höchsten nicht ihr Schiff. Was die Giralda angeht, so verlieh die Entfernung ihren rosa Ziegeln Töne von Amethyst und Aventurin, die sich mit der Architektur des trostlosen Klimas unserer nördlichen Breiten nicht vertragen. Die Glaubensfigur auf der Spitze schillerte wie eine goldene Biene am Ende eines hohen Halms. Bald raubte uns eine Flußbiegung den Blick auf die Stadt.

Zumindest flußabwärts machen die Ufer des Guadalquivir nicht jenen bezaubernden Eindruck, der ihnen von Dichtern und Reisenden in ihren Schilderungen zugeschrieben wird. Ich habe keine Ahnung, wo sie die Orangen- und Granatapfelwälder hergenommen haben, mit denen sie ihre Romanzen parfümieren. In Wirklichkeit sieht man nur niedrige, sandige, ockerfarbene Böschungen und trübes, gelbliches Wasser, dessen erdiger Ton kaum von dem hier so seltenen Regen herrühren kann. Diese mangelnde Klarheit des Wassers war mir schon am Tajo aufgefallen; vielleicht liegt es an den Staubmassen, die der Wind hineinweht, und an dem bröckeligen Erdreich der Flußbetten. Das harte Blau des Himmels trägt irgendwie auch dazu bei, denn dessen hohe Intensität läßt die stets weniger lebhaften Tönungen des Wassers schmutzig erscheinen. Nur das Meer kann sich an Durchsichtigkeit und Bläue mit einem solchen Himmel messen. Der Fluß wurde immer breiter, die Ufer flachten ab, und die Landschaft erinnerte im großen und ganzen an die Schelde zwischen Antwerpen und Ostende. Dieser Gedanken-

239

sprung nach Flandern im tiefsten Andalusien mag abwegig anmuten, wenn es sich um den Guadalquivir
mit seinem maurischen Namen handelt, aber dieser
Vergleich kam mir so unwillkürlich in den Sinn, daß
die Ähnlichkeit frappierend gewesen sein muß. Überdies war der Fluß wenig belebt, und was man von der
Landschaft jenseits der Ufer sehen konnte, schien unbestellt und öde. Allerdings befanden wir uns mitten
in den Hundstagen, also in einer Jahreszeit, während
der Spanien nichts ist als ein unermeßlicher Aschenhaufen ohne Grünwuchs. Als einzige Lebewesen warteten Reiher und Störche mit einem Bein bis zur Hälfte im Wasser, das andere unter dem Leib eingezogen,
auf das Vorbeikommen eines Fisches und verharrten
dabei in so vollkommener Reglosigkeit, daß man sie
für hölzerne Vögel auf einem Stecken hätte halten
können. Boote mit dreieckigen Segeln in Scherenstellung glitten flußauf und flußab unter dem gleichen
Wind, ein Phänomen, das ich nie recht begriffen habe,
obwohl man es mir mehrmals erklärt hat. Einige dieser Boote führten in der Schere zwischen den beiden
großen Segeln ein kleines drittes Tuch in Form eines
gleichschenkligen Dreiecks, eine Takelung, die sehr
malerisch wirkt.

Nachmittags gegen vier, fünf Uhr passierten wir
Sanlúcar de Barrameda auf der linken Seite des Flusses. Ein wuchtiger, moderner Bau von der einfallslosen Regelmäßigkeit einer Kaserne oder eines Krankenhauses, die der heutigen Architektur ihren Charme
verleiht, trug an seinem Giebel irgendeine Inschrift,
die wir zu unserem geringen Leidwesen nicht zu entziffern vermochten. Dieses vierkantige und vielfenstri-

ge Gebilde ließ Ferdinand VII. errichten; es dürfte eine Festung, ein Zollgebäude, ein Lagerhaus, eine Fabrik oder dergleichen sein. Nach Sanlúcar weitet sich der Guadalquivir und bekommt die Ausmaße eines Meeresarms; die Ufer bilden einen immer schmaleren Strich zwischen Himmel und Wasser. Das ist zwar gewaltig, aber von einer etwas nüchternen, monotonen Großartigkeit, und wir hätten uns bestimmt gelangweilt, wären nicht die Spiele und Tänze, die Kastagnetten und Tamburine der Soldaten gewesen. Einer von ihnen, der Aufführungen einer italienischen Komödiantentruppe gesehen hatte, machte sehr lustig und lebendig die Schauspieler und besonders die Schauspielerinnen in Worten, Gesten und Gesang nach. Seine Kameraden bogen sich vor Lachen und schienen die rührenden Abschiedsszenen völlig vergessen zu haben. Vermutlich hatte auch die jeweilige Ariadne inzwischen ihre Tränen getrocknet und lachte wieder aus vollem Herzen. Die Passagiere des Dampfschiffs nahmen ungezwungen teil an der allgemeinen Fröhlichkeit und desavouierten nach Kräften den Ruf unerschütterlichen Ernstes, der den Spaniern im übrigen Europa anhängt. Die Zeit Philipps II., der schwarzen Gewänder, der gestärkten Halskrausen, des devoten Gehabes, der stolzen und kalten Mienen ist viel gründlicher vergangen, als im allgemeinen angenommen wird.

Sobald man Sanlúcar hinter sich gelassen hat, findet man sich fast ohne spürbaren Übergang auf offenem Meer. Die Wellen werden lang und rollen gleichmäßig, das Wasser wechselt die Farbe, und die Gesichter tun desgleichen. Wer anfällig war für dieses seltsame Leiden, Seekrankheit genannt, zog sich in einen stillen

Winkel zurück oder beugte sich trübsinnig über die Reling. Ich selbst hockte mich tapfer auf das Kabinendach bei den Schaufelrädern und studierte gewissenhaft meine Empfindungen, denn ich hatte noch nie eine Seefahrt gemacht und wußte nicht, ob ich diesen unsäglichen Torturen ausgeliefert sein würde. Die ersten Schlingerbewegungen machten mich etwas stutzig, aber ich faßte mich rasch und war munter wie zuvor. Nach Verlassen der Flußmündung nahmen wir Kurs nach links und dampften längs der Küste, allerdings so weit ab, daß wir sie kaum ausmachen konnten, denn es wurde Abend und die Sonne stieg majestätisch ins Meer auf einer funkelnden Leiter, deren fünf oder sechs Sprossen von purpurnen Wolken gebildet wurden.

Es war finstere Nacht, als wir in Cádiz festmachten. Die Schiffslaternen, die Ankerlichter der Boote auf der Reede, die Beleuchtung in der Stadt, die Sterne am Himmel übersäten die plätschernden Wellen mit Millionen von goldenen, silbernen und feurigen Pailletten; auf stillem Wasser zeichnete der Widerschein der Leuchtfeuer bis auf das Meer hinaus lange, flammende Streifen von zauberhafter Wirkung. In der Dunkelheit hoben sich unheimlich die massigen Festungswälle ab.

Um an Land zu gehen, mußten wir uns und unser Gepäck in einem der kleinen Boote übersetzen lassen, deren Besitzer sich mit fürchterlichem Stimmaufwand Passagiere und Koffer streitig machten. Mein Kamerad und ich hatten alle Mühe, nicht voneinander getrennt zu werden, denn einer zog uns nach links, ein anderer nach rechts mit einem Ungestüm, das umso mehr beängstigte, als sich dieser Wettkampf auf Kähnen abspielte, die durch die geringste Bewegung in

bedenkliches Schaukeln versetzt wurden. Nichtsdestoweniger erreichten wir den Kai ohne Zwischenfall,
passierten den Zoll, der in der dicken Mauer unter
dem Stadttor eingenistet ist, und begaben uns zu unserer Unterkunft in der Calle de San Francisco.

Wie zu vermuten, waren wir mit Tagesanbruch auf
den Beinen. Des Nachts in einer unbekannten Stadt
anzukommen, irritiert den neugierigen Reisenden erheblich. Man gibt sich die größte Mühe, in der Finsternis das Straßengewirr zu enträtseln, die Bauformen
zu erkennen, einen Eindruck von der Physiognomie
der seltenen Passanten zu erhaschen. Damit tastet man
sich notdürftig heran, und am nächsten Morgen ent-
hüllt sich einem plötzlich die ganze Stadt wie eine Büh-
nendekoration, wenn der Vorhang aufgeht.

Auf der Palette des Malers oder des Schriftstellers
gibt es keine Farben von hinlänglicher Helligkeit und
Leuchtkraft, um den blendenden Effekt wiederzugeben, den Cádiz an diesem herrlichen Morgen auf uns
machte. Nur zwei Töne fallen ins Auge: blau und weiß.
Aber das Blau ist so lebhaft wie Türkis, wie Saphir, wie
Kobalt, wie alles, was man sich als maßloses Blau nur
denken kann; und das Weiß ist so rein wie Silber, wie
Milch, wie Marmor, wie der feinste Kristallzucker. Das
Blau war der Himmel und sein Abglanz vom Spiegel
des Meeres; das Weiß war die Stadt. Etwas Strahlen-
deres und Schimmernderes, ein diffuseres und gleichzeitig doch grelleres Licht ist nicht vorstellbar. Ehrlich
gesagt, was wir bei uns Sonne nennen, ist verglichen
damit nur ein blasses, dem Verlöschen nahes Kerzen-
licht auf dem Nachttisch eines Kranken.

In Cádiz sind die Häuser viel höher als in anderen

spanischen Städten, was sich aus der Geländestruktur erklärt, denn es liegt eingeengt auf einem felsigen Kap, das nur durch eine schmale Landzunge mit dem Festland verbunden ist. Da die Bewohner zudem gern einen Ausblick auf das Meer haben, stellt sich jedes Haus neugierig auf die Zehenspitzen, um über die Schulter des Nachbarn hinwegzusehen und den Kopf über den dicken Gürtel der Festungswälle hinauszurecken. Weil das aber nicht immer genügt, haben fast alle Terrassen an der Ecke einen kleinen Aussichtsturm, den manchmal eine Kuppel abschließt. Diese luftigen Ausgucke bereichern das Stadtbild mit unzähligen Zacken und wirken ungemein pittoresk. All das ist gekalkt, und das Weiß der Fassaden wird belebt durch lange, zinnoberrote Streifen zwischen den einzelnen Häusern und zur Abgrenzung der Stockwerke. Die Balkons kragen weit hervor und stecken in einem verglasten Gehäuse mit roten Vorhängen und vielen Blumen. Einige der Quergassen gehen ins Leere und scheinen im Himmel zu enden; diese überraschenden Durchblicke ins Blau sind charmant. Abgesehen von diesen munteren, lebhaften und lichten Aspekten hat Cádiz keine bemerkenswerten Bauten aufzuweisen. Obwohl es der riesigen Kathedrale weder an Würde noch an Schönheit gebricht, bietet sie doch nichts Überwältigendes nach den Wunderwerken von Burgos, Toledo, Córdoba und Sevilla. Sie ist eher in der Art der Kathedralen von Jaén, Granada und Málaga, nämlich eine konventionelle Architektur mit spitzeren, schlankeren Proportionen, wie es die Baumeister der Renaissance verstanden. Die korinthischen Kapitelle mit ihrem gestreckteren Modul als beim griechischen Prototyp sind sehr elegant. Was es an Bildern und Ornamenten gibt, ist in seiner verrückten Überladenheit nicht nach meinem Geschmack. Allerdings darf ich einen kleinen Märtyrer von sieben Jahren nicht übergehen, eine bemalte Holzskulptur von echtem Gefühl und erlesen feiner Arbeit. Begeisterung, Glaube und Schmerz vereinigen sich in kindhaften Anteilen auf diesem reizenden Gesicht, so daß man zutiefst gerührt wird.

Wir statteten der *plaza de toros* einen Besuch ab; sie ist klein und gilt als eine der gefährlichsten von ganz Spanien. Auf dem Wege dorthin durchquert man Parkanlagen mit mächtigen Palmen der mannigfaltigsten Arten. Nichts ist edler, königlicher als eine Palme. Die große Sonne aus Wedeln am Ende der kannelierten Säule strahlt so hoheitsvoll vom Lapislazuli eines orientalischen Himmels. Schlank, als wäre er in ein Korsett gepreßt, erinnert der schuppige Stamm an die Taille eines jungen Mädchens; seine Haltung ist so gebietend, so elegant. Palmen und Oleander sind meine Lieblingsbäume; ihr bloßer Anblick stimmt mich froh. Mir kommt es vor, als könne man in ihren Schatten nicht traurig sein.

Die Arena von Cádiz hat keine ringsum laufenden *tablas*. In Abständen sind so etwas wie hölzerne Paravents aufgestellt, hinter die sich die *toreros* flüchten, wenn ihnen der Stier zu dicht auf den Fersen ist. Vermutlich bietet diese Anordnung weniger Sicherheit.

Man zeigte uns die Zwinger, in denen die Stiere für den Kampf bereitgehalten werden. Es sind Käfige aus dicken Balken mit einem Fallgatter, das wie das Schütz einer Wassermühle oder eines Wehrs hochgezogen werden kann. Um ihre Wut anzustacheln, peinigt man die

Tiere mit spitzen Gegenständen oder Tupfen von Salpetersäure.

Wegen der unmäßigen Hitze fanden jetzt keine Stierkämpfe statt. Ein französischer Akrobat hatte in der Mitte der Arena seine Gerüste und das Seil für die Vorstellung am nächsten Tag aufgebaut. In dieser Arena sah Lord Byron die *corrida*, von der er im ersten Gesang des ›Childe Harold‹ eine poetische Schilderung gibt; seinen Kenntnissen in Tauromachie macht sie allerdings wenig Ehre.

Cádiz ist von einem engen Festungsgürtel umschlossen, der es fesselt wie eine Zwangsjacke; ein zweiter Gürtel von Klippen und Felsen bildet eine Wehr gegen Angriffe und Wogenprall. Vor einigen Jahren sprengte dennoch ein fürchterlicher Sturm das Bollwerk und warf an verschiedenen Stellen die mehr als zwanzig Fuß dicken Mauern um, von denen ansehnliche Brokken noch heute hier und da am Ufer herumliegen. Vorbei an in Abständen plazierten Beobachtungsständen aus Stein kann man auf dem Glacis der Festungswälle einen Rundgang um die Stadt machen. Auf der einen Seite hat man das Stadttor, den einzigen Zugang zur Stadt vom Festland; draußen auf offener See oder auf der Reede kann man den Booten und Feluken zusehen, wie sie kommen und gehen, wie sie wenden und wie sich ihre Kurse kreuzen, wie sie spielen, als seien sie Albatrosse. Hinten am Horizont wirken die Fischkutter nur noch wie Taubenfedern, die eine übermütige Brise in die Luft geblasen hat. Gleich den Galeeren der alten Griechen tragen manche dieser Boote am Bug zu beiden Seiten des Brustholzes je ein großes Auge in naturgetreuen Farben aufgemalt; sie sollen wahrscheinlich auf den Kurs aufpassen und verleihen dem Vorderende des Schiffes eine vage Ähnlichkeit mit einem menschlichen Profil. Dieser Anblick ist außerordentlich lebendig und lustig.

Auf der Mole, in der Nähe des Zolltors, ist ein Betrieb ohne gleichen. Eine bunte Menge mit Vertretern aus aller Herren Länder drängt sich jederzeit zu Füßen der mit Statuen gekrönten Säulen, die den Kai zieren. Von der weißen Haut und dem roten Haar des Engländers bis zur bronzenen Schwarte und schwarzen Wolle des Afrikaners mit allen Zwischentönen von kaffeebraun, kupferrot und goldgelb finden sich sämtliche Spielarten der menschlichen Spezies dort versammelt. Draußen auf der Reede liegen die Dreimaster, die Fregatten und die Briggs vor Anker und hissen jeden Morgen unter Trommelwirbel ihre jeweilige Nationalflagge. Die Kauffarteischiffe, die Dampfer, deren Schornsteine zweifarbigen Rauch speien, liegen wegen ihres geringeren Tiefgangs näher am Ufer und bilden den Vordergrund dieser großartigen Seelandschaft.

Ich hatte ein Empfehlungsschreiben für den Kommandanten der französischen Brigg *Le Voltigeur*, die damals in Cádiz auf Station war. Nachdem ich es ihm hatte überbringen lassen, lud mich M. Lebarbier de Tinan mit noch zwei anderen jungen Leuten sehr liebenswürdig zum Abendessen an Bord für den nächsten Tag gegen fünf Uhr ein. Um vier Uhr waren wir an der Mole auf der Suche nach einem Boot, dessen Schiffer uns zur Brigg übersetzen könnte, wofür wir höchstens fünfzehn bis zwanzig Minuten veranschlagten. Ich war sehr erstaunt, als uns ein Duro anstatt des üblichen Tarifs von einer Pesete abverlangt wurde. In

meiner nautischen Unerfahrenheit hatte ich beim Anblick des völlig klaren Himmels und einer Sonne, strahlend wie am Schöpfungstage, recht einfältig gemeint,
es sei schönes Wetter. Meinem Optimismus zum Trotz
war es wüst, und ich wurde mir dessen rasch bewußt,
als das Boot die ersten Schläge machte. Die See war
kurz, krabbelig und fürchterlich rauh. Es war ein Wind,
um einem die Haare vom Kopf zu blasen. Wir wurden
herumgeworfen wie in einer Nußschale und nahmen
dadurch Wasser über. Nach einigen Minuten durften
wir ein Fußbad genießen, das bald ein Sitzbad zu
werden drohte. Die Spritzer drangen mir in den Kragen, und das Wasser rann mir den Rücken hinunter.
Der Schiffer und seine beiden Knechte fluchten und
wetterten und rissen sich Schoten und Pinne aus den
Händen. Der eine wollte dies, der andere das, und ich
sah den Moment schon kommen, wo sie sich in die
Haare gerieten. Unsere Lage wurde so kritisch, daß einer von ihnen Gebetsfetzen zu ich weiß nicht welchem
Nothelfer zu stammeln begann. Zum Glück näherten
wir uns der Brigg, die sich lässig vor Anker wiegte und
auf die krampfhafte Dümpelei unseres kleinen Kahns
voll mitleidiger Verachtung zu blicken schien. Endlich
kamen wir längsseits, und wir brauchten mehr als zehn
Minuten, ehe wir das Fallreep erhaschen und an Deck
klettern konnten,

»Das heiße ich Mut zur Pünktlichkeit«, empfing uns
lächelnd der Kommandant, als er uns triefendnaß und
die Haare zerzaust wie der Bart eines Meergottes die
Gangway heraufkommen sah; dann ließ er uns Hemd,
Hose, Rock, kurz einen kompletten Anzug geben. »Das
wird Sie lehren, den Beschreibungen der Dichter zu

mißtrauen. Gewiß haben Sie geglaubt, es gäbe keinen Sturm ohne obligate Begleitung von Donner und die Finsternis durchzuckende Blitze, ohne Regen und Wellen, deren Schaum bis in die Wolken spritzt. Schaden macht klug. Wahrscheinlich werde ich Sie erst in zwei, drei Tagen an Land zurückschicken können.«

Der Wind war tatsächlich erschreckend heftig. Das Tauwerk schwirrte wie Violinsaiten unter dem Bogen eines rasenden Spielers; die Flagge knallte wie Peitschenschlag, ihr Tuch drohte zu zerreißen und in Fetzen davonzufliegen; die Blöcke knarrten, kreischten, pfiffen und stießen zuweilen schrille Schreie aus, die sich einer menschlichen Kehle zu entringen schienen. Ein paar Matrosen, die zur Strafe für irgendein Vergehen in die Toppen geschickt worden waren, hatten alle Mühe, sich nicht fortblasen zu lassen.

All das schmälerte keineswegs unseren Genuß an einem hervorragenden Diner, das mit edlen Weinen begossen und durch muntere Gespräche belebt wurde; die teuflischen indischen Gewürze, mit denen es zubereitet war, hätten selbst einen Hydrophoben zum Trinken veranlaßt. Obwohl man am folgenden Tag wegen des schlechten Wetters kein Boot hatte wassern können, um frische Lebensmittel von Land zu holen, war unser Abendessen nicht weniger köstlich; das Besondere daran war nur, daß jede Zutat ein ziemlich weit zurückliegendes Herstellungsdatum trug. So aßen wir grüne Erbsen von 1836, Butter von 1835 und Sahne von 1834, und das alles im Zustand erstaunlicher Frische. Das schwere Wetter dauerte zwei Tage, die ich nutzte, um auf Deck spazieren zu gehen, wobei ich nicht müde wurde, die einer holländischen Hausfrau würdige Reinlichkeit zu bewundern. Der Schliff des kleinsten Details, die geniale Ordnung und Platzausnutzung machen aus dem, was man ganz einfach Schiff nennt, ein Wunderwerk des menschlichen Geistes. Das Kupfer der Schiffshaubitzen glänzte wie Gold, die Planken leuchteten wie feinpolierte Palisandermöbel. Freilich macht das Schiff jeden Morgen große Toilette, und wenn es auch in Strömen regnet, so wird das Deck doch mit der gleichen Gewissenhaftigkeit überschwemmt, gewaschen und geschwabbert.

Nach zwei Tagen legte sich der Wind, und man brachte uns in einem mit zehn Ruderern bemannten Boot an Land. Allerdings war mein schwarzer Anzug derart mit Meerwasser getränkt, daß er nach dem Trocknen seine einstige Elastizität nicht wiedergewann; er blieb für immer mit funkelnden Kristallen übersät und so steif wie ein Stockfisch.

Von der Seeseite ist der Blick auf Cádiz besonders reizvoll. Wenn man es so in strahlendem Weiß zwischen dem Blau des Meeres und dem Blau des Himmels liegen sieht, möchte man es für eine riesige Krone aus Silberfiligran halten, während die Kuppel der Kathedrale mit ihrer gelben Farbe wie eine feuervergoldete Tiara in der Mitte thront. Die Blumentöpfe, die Voluten und die Türmchen in der oberen Umrißlinie der Häuser variieren die Zacken ins Unendliche. Byron hat die Physiognomie der Stadt wundervoll mit einem einzigen Strich hingeworfen:

›Fair Cádiz, rising o' er the dark blue sea!‹

In der gleichen Stanze bespöttelt der englische Dichter die Tugend der Frauen von Cádiz, wozu er höchstwahrscheinlich berechtigt war. Was uns angeht, so wollen wir uns mit dieser heiklen Frage hier nicht näher beschäftigen und uns auf die Feststellung beschränken, daß sie von eigenartiger Schönheit sind. Ihr Teint besitzt die Weiße polierten Marmors, was die Reinheit der Züge so vorteilhaft zur Geltung kommen läßt. Die Nase ist weniger aquilin als die der Sevillanerinnen, die Stirn ist schmal, die Backenknochen treten kaum hervor, und die Physiognomie ähnelt stark der griechischen. Auch kamen sie mir rundlicher und größer als andere Spanierinnen vor. Das ist wenigstens das Ergebnis der Beobachtungen, die ich bei meinen Spaziergängen auf dem Salón oder auf der Plaza de la Constitución und im Theater gemacht habe, wo — nebenbei gesagt — *Le Gamin de Paris* von einer Frau in Hosenrolle gespielt wurde. Die abschließenden Boleros waren mit feurigem Schwung getanzt.

So hübsch Cádiz auch sein mag, so fühlt man sich doch auf dem knappen, zunächst von den Festungswällen und dann vom Meer beschränkten Raum eingesperrt und sehnt sich aus der Enge heraus. Mir scheint, als ob ein Inselbewohner ständig wünschen müsse, auf das Festland zu entkommen. Das würde die ewige Reisewut der Engländer erklären, die überall sind, nur nicht in London, wo es nur Italiener und Polen gibt. Genauso sind die Bewohner von Cádiz ständig zwischen ihrer Stadt und Puerto de Santa Maria unterwegs. Ein kleines Dampffährschiff, das stündlich verkehrt, ferner Segel- und Ruderboote erwarten und locken die ruhelosen Geister. Eines schönen Morgens fiel uns ein, daß uns einer unserer Freunde in Granada ein Empfehlungsschreiben an seinen Vater, einen reichen Weinhändler in Jerez, mitgegeben hatte; es lautete: ›Öffne den beiden, hier beigefügten Herren Dein Herz, Dein Haus und Deinen Keller.‹ Als wir den Dampfer bestiegen hatten, bemerkten wir ein an die Kajüte angeschlagenes Plakat, das für den Abend in Puerto de Santa Maria einen Stierkampf mit komischen Einlagen ankündigte. Mit einer Kalesche konnte man von Puerto nach Jerez fahren, dort ein paar Stunden bleiben und rechtzeitig für die *corrida* zurück sein. Nach einem hastigen Mittagessen in der Fonda de Vista Alegre, die ihren Namen vollauf verdient, wurden wir mit einem Kutscher handelseinig, der uns pünktliche Wiederkehr um fünf Uhr zur *función* versprach; das ist das Wort, welches man in Spanien für eine festliche Veranstaltung, gleich welcher Art, gebraucht. Die Straße nach Jerez führt durch eine runzlige, bucklige Ebene von der Trockenheit des Bimssteins. Wie man sagt, überzieht sich diese Wüstenei im Frühjahr mit einem Teppich saftigen Grüns, betupft von wilden Blumen; Ginster, Lavendel, Thymian würzen die Luft mit ihren Wohlgerüchen. Aber zu der Jahreszeit, in der wir uns befanden, ist jede Spur von Vegetation verschwunden. Kaum entdeckt man hier und da einige Büschel dürren, gelben, faserigen Grases, überpudert mit Staub. Wenn man dem Gerede der Leute glauben darf, ist diese Straße sehr gefährlich. Sie wird häufig von *rateros* heimgesucht, das heißt von Bauern, die zwar keine professionellen Briganten sind, die aber dennoch eine Börsenchance ergreifen, wenn sie sich bietet, und dem Vergnügen nicht widerstehen können, einen einzelnen Passanten zu erleichtern. Diese *rateros* sind mehr als die eigentlichen Banditen zu fürchten, die als organisierte Bande unter der Leitung eines Anführers planvoll vorgehen und die Reisenden schonen, um sie auf einer anderen Straße erneut zu überfallen. Im übrigen versucht man nicht, einem Trupp von zwanzig gut ausgerüsteten, bis an die Zähne bewaffneten Berittenen Widerstand zu leisten, während man sich gegen zwei *rateros* wehrt und riskiert, getötet oder zumindest verletzt zu werden. Und schließlich ist dieser *ratero* vielleicht jener Kuhhirte, der einem entgegenkommt, oder jener Landarbeiter, der einen grüßt, oder jener zerlumpte, braungebrannte *muchacho*, der in in dem schmalen Schatten einer Erdspalte schläft oder vorgibt zu schlafen, wenn nicht gar der eigene *calesero*, der auf einen verabredeten Hinterhalt zufährt. Man kann es nicht wissen; die Gefahr ist überall und nirgends. Von Zeit zu Zeit läßt die Polizei durch ihre Agenten in eigens dafür angezettelten Wirtshausraufereien die bekanntesten und gefährlichsten dieser Kerle beiseite schaffen. Diese Justiz ist zwar etwas summarisch und barbarisch, mangels Beweisen und Zeugen jedoch die einzig praktikable. Hinzu kommt die Schwierigkeit der Ergreifung von Tätern in einem Land, wo es einer ganzen Armee bedürfte, um einen einzelnen dingfest zu machen, und wo der Polizei mit so viel Schläue und Leidenschaft von einer Bevölkerung entgegengearbeitet wird, deren Begriffe von Mein und Dein kaum fortgeschrittener sind als die der Beduinen in Afrika. Hier wie bei früheren Gelegenheiten tauchten jedenfalls die angekündigten Räuber nicht auf, so daß wir ohne Zwischenfall in Jerez ankamen.

Wie alle andalusischen Städtchen ist Jerez über und über weiß gekalkt und hat an bemerkenswerten Gebäuden nur seine *bodegas* aufzuweisen. Diese Weinhandlungen sind kolossale Kellereien mit Ziegeldächern und langen, fensterlosen Mauern. Der Herr, dem man uns empfohlen hatte, war abwesend, aber das Schreiben tat seine Wirkung, und man führte uns sofort in den Keller. Niemals hat sich den Augen eines Säufers ein prächtigeres Schauspiel geboten; man wandelte in Alleen von vier- oder fünfreihig übereinander gestapelten Fässern. Wir mußten alles probieren, jedenfalls die Hauptsorten, und es gibt unzählige Hauptsorten. Die ganze Stufenleiter mußte erklommen werden, vom achtzigjährigen, dunklen, dicken Jerez mit einem Anklang an Muskat bis zum trockenen, strohfarbenen Pale Sherry, der nach Feuerstein riecht und an Sauterne erinnert. Zwischen diesen beiden extremen Noten gibt es ein ganzes Register von Abstufungen mit Tönen von Gold, Rauchtopas, Orangenrinde und mit einer breiten Geschmackskala. Allerdings sind sie mehr oder weniger mit Branntwein versetzt, insbesondere, wenn sie für den Export nach England bestimmt sind, wo man sie sonst nicht stark genug fände, denn um englischen Kehlen zuzusagen, muß Wein als Rum verkleidet werden.

Nach einem so gründlichen Studium der Önologie von Jerez bestand die Schwierigkeit darin, unseren Wagen in so würdevoller, aufrechter Positur zu erreichen, daß Frankreich in Spaniens Augen nicht kompromittiert wurde. Fallen oder Nichtfallen, das war hier die Frage; allerdings forderte sie einen anderen Ausweg aus der Verlegenheit als den, worüber der Prinz von Dänemark nachsann. Mit berechtigtem Stolz kann ich sagen, daß wir den Weg zu unserer Kalesche in kerzengerader Haltung zurücklegten und daß wir unser geliebtes Vaterland in diesem Kampf mit dem berauschendsten Wein Iberiens rühmlich vertreten haben. Dank der raschen Verdunstung unter einer Hitze von fast vierzig Grad waren wir bei unserer Ankunft in Puerto de Santa Maria wieder in der Lage, über die heikelsten psychologischen Streitfragen zu diskutieren und die verschiedenen *pases* des Stierkampfes zu würdigen. Bei dieser *corrida* waren die meisten Stiere *embolados*, das heißt, sie trugen Schutzkugeln auf den Hörnern, und nur zwei von ihnen wurden getötet. Wegen der vielen komischen Begleitumstände hatten wir eine Menge Spaß. Die *picadores*, die als Türken in Maluckenhosen aus Baumwollstoff und Jacken mit einer Sonne auf dem Rücken wie beim Karneval kostümiert waren, sahen zum Verwechseln den grotesken Mauren ähnlich, die Goya mit ein paar Strichen der Graviernadel auf die Platten seiner *Tauromaquia* geworfen hat. Während einer dieser drolligen Kerle auf seinen Auftritt wartete, schneuzte er sich in einen Zipfel seines Turbans mit einer stoischen Ruhe, die bewundernswert war. Ein *barco de vapor* aus stoffbespanntem Korbgeflecht mit einer Besatzung von Eseln in roten Jäckchen und Dreispitz als Kopfbedeckung wurde in die Mitte der Arena geschoben. Der Stier stürzte sich auf die Dampferattrappe, spießte die klapprigen *burros* auf, warf sie zu Boden und in die Luft, was die Zuschauer höchlich erheiterte. Hier sah ich auch einen *picador*, wie er einen Stier mit einem einzigen Stoß seiner Lanze tötete, in deren Schaft ein Sprengkörper eingebaut war; die Detonation war so heftig, daß Stier, Pferd und Reiter zu Boden geschleudert wurden, der erste infolge Ablebens, die beiden

anderen durch den Rückstoß. Der *matador* war ein alter Halunke in einem abgewetzten Rock und gelben, arg durchlöcherten Strümpfen, der aussah wie ein Hanswurst der komischen Oper oder einer Kermes. Er wurde vom Stier mehrmals geworfen und setzte seine *estocadas* so ungeschickt, daß man die *media luna* anwenden mußte, um Schluß mit dem grausamen Spiel zu machen. Wie schon der Name sagt, ist die *media luna* eine halbmondförmige Klinge an einer Stange und gleicht einer Hippe, wie man sie zum Beschneiden von Bäumen benutzt. Man durchtrennt damit die Kniesehnen des Tieres, das man dann gefahrlos erledigen kann. Nichts ist so gemein und abscheulich; sobald die Gefahr vorbei ist, fühlt man sich angeekelt, denn es ist kein Kampf mehr, sondern bloße Metzgerei. Das arme Tier, das sich am Boden hinschleppt, bietet den kläglichsten Anblick, den man sich denken kann. Man hat nur den einen Wunsch, daß es sich noch einmal aufraffen möge, um seine stupiden Henker mit vollendetem Hornstoß aufzuschlitzen.

Eine Sonderbeschäftigung dieses jämmerlichen *matadors* im Nebenberuf war zu fressen. Er verschlang sieben oder acht Dutzend harte Eier, einen ganzen Hammel, ein Kalb. Nach seiner Magerkeit zu urteilen, wurden ihm solche Arbeiten nicht oft aufgetragen. Dieser Stierkampf war stark besucht. Die Tracht der zahlreichen *majos* war aufwendig. Die Frauen, deren Typ ganz anders ist als der der Frauen von Cádiz, trugen auf dem Kopf anstelle der *mantilla* einen langen, scharlachroten Schal; dieser gibt einen vortrefflichen Rahmen für die olivfarbenen Gesichter ab, deren Teint fast so dunkel wie der einer Mulattin ist und aus denen das Perlmutt der Augen und das Elfenbein der Zähne mit ungewöhnlichem Eklat hervorblitzen. Diese reinen Linien der Gesichtszüge in ihren rehbraunen, goldigen Tönen rufen nach dem Pinsel des Malers.

Bei unserem Gang durch die nächtliche Stadt gerieten wir auf dem Marktplatz. Die Läden und Stände waren durch Laternen oder Hängelampen erleuchtet, eine reizende Szene mit ihrem Flitter von glitzernden Punkten. Wassermelonen in grüner Schale mit rosa Fleisch, Kaktusfeigen, teils in ihrer stachligen Kapsel, teils herausgelöst, Säcke von *garbanzos*, riesige Zwiebeln, bernsteingelbe Trauben, wie sie selbst das gelobte Land nicht hervorgebracht hat, Knoblauchgirlanden, Pfefferschoten und andere scharfe Sachen waren dekorativ gehäuft. In den Passagen zwischen den Kaufständen zirkulierten Bauern, die ihren Esel vor sich hertrieben, und Frauen, die ihren Sprößling hinter sich herzogen. Eine von seltener Schönheit fiel mir besonders auf. Sie hatte kohlschwarze Augen in einem braunen Oval und auf den Schläfen angekleisterte Locken, die wie schwarze Atlasschleifen oder Rabenflügel glänzten. Sie schritt mit ernstem, aber strahlendem Gesicht, die Beine ohne Strümpfe, die niedlichen Füße nackt in Satinschuhen. Die Koketterie mit dem Fuß ist in Andalusien ganz allgemein.

Im *patio* unseres Gasthofes war der Springbrunnen von Ziersträuchern umgeben, auf denen ein Volk von Chamäleons lebte. Man kann sich nicht leicht ein Tier von groteskerer Häßlichkeit vorstellen. Diese dickbäuchige Eidechse hat ein unverhältnismäßig breites Maul, aus dem sie eine weißliche, klebrige Zunge von etwa gleicher Länge wie der Körper herausschnellt, und die großen, vorstehenden Augen eines Frosches, auf den man getreten ist. Diese Augen sind von einem einzigen Lid umschlossen und bewegen sich völlig unabhängig voneinander, so daß das eine nach oben, das andere nach unten blicken kann. Nach Angabe der Spanier leben diese schielenden Echsen von der Luft, doch habe ich sie deutlich Fliegen fressen sehen. Ihre erstaunlichste Eigenschaft ist, daß sie die Farbe wechseln können, je nach dem, wo sie sich befinden. Sie werden nicht plötzlich rot, blau oder grün, aber nach einer Stunde oder zwei passen sie sich der Tönung ihrer nächsten Umgebung an. Auf einem Baum werden sie lindgrün, auf einem blauen Stoff schiefergrau, auf einem roten rostbraun. Im Schatten entfärben sie sich und nehmen einen weißlich-gelben Ton an. Ein paar Chamäleons würden ausgezeichnet in das Laboratorium eines Alchimisten oder in Fausts Studierzimmer passen. In Andalusien verlustiert man sich damit, eine Schnur von der Zimmerdecke herabhängen zu lassen und deren unteres Ende dem Tierchen in die Vorderpfoten zu geben; es klettert hoch bis zur Decke, wo seine Klammerfüße jedoch keinen Halt finden. Daraufhin steigt es wieder hinunter bis zum Schnurende und mißt, indem es eins seiner Augen verdreht, den Abstand bis zum Boden. Nach reiflicher Überlegung klettert es mit bewundernswertem Ernst und Bedacht wieder nach oben, und so geht es endlos weiter. Hat man zwei Chamäleons an der gleichen Schnur, wird das Schauspiel unerhört drollig. Sogar der schlimmste Sauertopf würde sich totlachen, wenn er die Verrenkungen und fürchterlichen Blicke der beiden garstigen Biester bei ihrer Begegnung sieht. In der Absicht, mich mit diesem Seilakt in

Frankreich zu produzieren, kaufte ich ein Paar der lieben Tierchen und nahm sie in einem kleinen Käfig mit. Leider erkälteten sie sich auf der Schiffsreise und waren bei der Ankunft in Port-Vendres verendet und ganz zusammengeschrumpft; man konnte ihr armes, kleines Skelett durch die schlaffe, runzlige Haut hindurch erkennen.

Einige Tage darauf ließ mich die Ankündigung eines Stierkampfes — des letzten, den zu sehen mir vergönnt war — nach Jerez zurückkehren. Die dortige *plaza* ist sehr schön, sehr groß und ermangelt nicht eines gewissen architektonischen Charakters. Der Backsteinbau wird seitlich durch Quader veredelt, eine Mischung, die gut wirkt. Eine buntscheckige, wimmelnde Menschenmenge hatte sich eingefunden, und es gab ein unablässiges Schwenken von Fächern und Taschentüchern. In der Mitte der Arena war ein Pfahl mit einem kleinen Brett an der Spitze eingerammt. Darauf hockte ein als Troubadour kostümierter Affe, der Grimassen schnitt und sich kratzte. An einer ziemlich langen Kette festgemacht, konnte er einen weiten Kreis um den Pfahl herum beschreiben, was er auch ausnutzte. Das erste, was dem in die Arena stürmenden Stier in die Augen stach, war der Affe, der rasch auf seinen Hochsitz flüchtete. Nun begann eine ergötzliche Posse. Das wütende Tier versetzte dem Pfahl gewaltige Hornstöße, so daß der verstörte Herr Pavian arg durchgeschüttelt wurde und in seiner Todesangst Grimassen von unwiderstehlicher Komik schnitt. Wenn er sich nicht mehr auf seinem Brett halten konnte, obwohl er sich mit allen vier Händen an dessen Ränder klammerte, fiel er manchmal gar auf den Rücken des Stieres, wo er sich verzweifelt festzukrallen suchte. Dann war die Heiterkeit grenzenlos, und fünfzehntausend braune Gesichter lachten. Aber dem Lustspiel folgte das Trauerspiel. Ein armer Neger, der dazu angestellt war, die Blutlachen mit frischem Sand aus einem Korb zu bestreuen, wurde vom Stier angenommen, den er an anderer Stelle beschäftigt wähnte, und mehrmals in die Luft geschleudert. Still und leblos lag er in den Sand gestreckt. Die *chulos* eilten herbei, schwenkten ihre *capas* vor den Augen des Stiers und lenkten ihn ab, damit die sterbliche Hülle des Negers weggeschafft werden konnte. Er kam dicht an mir vorbei; zwei *mozos* trugen ihn an Kopf und Füßen. Seltsamerweise war der Schwarze dunkelblau geworden, wohl des Negers Art zu erblassen. Dieser Zwischenfall störte die *corrida* keineswegs: *Nada, es un moro;* nichts weiter, es ist nur ein Mohr, das war die Leichenrede auf den armen Afrikaner. Wenn die Menschen auch ungerührt von seinem Tod waren, so war das bei dem Affen nicht der Fall; er rang die Hände, kreischte fürchterlich und versuchte mit aller Kraft, seine Kette zu sprengen. Betrachtete er den Neger als ein Tier seiner Rasse, als einen Bruder, als den einzigen Freund, der ihn verstehen konnte? Jedenfalls habe ich nie heftigere und ergreifendere Trauerbeweise gesehen als die jenes Affen, der den Neger beklagte. Das ist um so erstaunlicher, als er *picadores* aus dem Sattel gehoben und in höchster Gefahr schwebend gesehen hatte, ohne auch nur das geringste Zeichen von Besorgnis oder Mitgefühl gegeben zu haben. In diesem Augenblick ließ sich eine riesige Eule mitten in der Arena nieder. Sie kam zweifelsohne in ihrer Eigenschaft als Nachtvogel, um die schwarze Seele zu holen und in das Paradies aus Ebenholz der Afrikaner zu bringen.

Von den acht Stieren dieser *corrida* wurden nur vier getötet. Nachdem sie ein halbes Dutzend Lanzenstiche und drei oder vier Paar *banderillas* bekommen hatten, wurden die übrigen von großen Ochsen zurückbegleitet. Den letzten, einen *novillo*, überließ man den *aficionados*, die mit Tumult in die Arena einfielen und das Tier mit Messerstichen erledigten. Die Begeisterung der Andalusier für den Stierkampf ist derart, daß sie sich mit der Rolle des Zuschauers nicht begnügen, sondern mitmachen wollen; sonst wären sie nicht befriedigt.

VII

Gibraltar — Port-Vendres

Der Dampfer *El Océano* lag reiseklar auf der Reede, wo ihn das schlechte Wetter, dieses herrliche schlechte Wetter, von dem schon die Rede war, seit einigen Tagen festgehalten hatte. Wir bestiegen ihn mit einem gewissen Gefühl der Erleichterung, denn wegen der Ereignisse in Valencia und der darauffolgenden Unruhen befand sich Cádiz gewissermaßen im Belagerungszustand. In den Zeitungen erschienen nur noch Gedichte oder aus dem Französischen übersetzte Feuilletons, und an allen Ecken klebten ungemütliche *bandos*, die bei Todesstrafe jegliche Zusammenrottung von mehr als drei Personen untersagten. Aber dies war nicht das einzige Motiv für unseren Wunsch, möglichst rasch abzureisen. Lange genug hatten wir auf unseren Wanderungen Frankreich den Rücken zugekehrt, und jetzt geschah es das erste Mal seit Monaten, daß wir einen Schritt in Richtung auf das Vaterland machten. So frei man auch immer von nationalen Vorurteilen sein mag, so kann man sich doch fern der Heimat eines Anflugs von Chauvinismus nicht erwehren. In Spanien ärgerte mich die geringste kritische Bemerkung über Frankreich, und ich hätte vaterländische Lieder brüllen mögen wie ein Zirkuskomparse.

Alle Leute waren an Deck, liefen hin und her und winkten den Booten nach, die an Land zurückfuhren.

Da ich am Ufer keinen Menschen hinterließ, dem ich nachtrauerte, stöberte ich in den äußersten Winkeln und Ecken der kleinen, schwimmenden Welt herum, in die ich für einige Tage eingesperrt war. Auf meinem Entdeckungsgang geriet ich in eine Kammer voller Nachtgeschirre. Diese nicht gerade etruskischen, zudem wenig poetischen Töpferwaren verblüfften mich durch ihre Menge. Wir waren kaum eine Seemeile gefahren, als ich deren Zweck begriff. Von allen Seiten ertönte es: »*Me mareo!* Mir ist übel! Etwas Zitrone! Etwas Rum! Riechsalz!« Das Deck bot einen traurigen Anblick. Die vor kurzem noch so reizenden Frauen waren grün geworden wie achttägige Wasserleichen. Sie lagen hingestreckt auf Matratzen, Decken, Koffern, ohne ein Gefühl für Anmut und Anstand bewahrt zu haben. Eine junge Mutter war beim Stillen ihres Kindes seekrank geworden, hatte ihre Mieder zu schließen vergessen und merkte es erst, als wir Tarifa passiert hatten. Ein armer Papagei, den es in seinem Käfig ebenfalls ereilt hatte, konnte nicht begreifen, warum es ihn so quälte, und haspelte sein Repertoire mit einer jammernden Geläufigkeit herunter, die recht drollig wirkte. Zum Glück wurde ich nicht seekrank. Die beiden Tage auf dem *Voltigeur* hatten mich wohl abgehärtet. Mein Kamerad war schlechter dran; er verschwand im Bauch des Schiffes und tauchte erst wieder auf, als wir in Gibraltar angekommen waren. Wie kommt es nur, daß die moderne Wissenschaft, die sich mit so liebevoller Sorgfalt des Schnupfens von Kaninchen annimmt, noch nicht ernsthaft nach einem Mittel gegen diese grauenhafte Unpäßlichkeit geforscht hat, die quälender ist als echte Todespein?

Die See ging trotz des prachtvollen Wetters noch immer etwas hoch. Die Luft war so transparent, daß wir die afrikanische Küste, das Kap Spartel und die Bucht mit Tanger in ihrem Grunde deutlich erkennen konnten; leider mußten wir auf einen Besuch verzichten. Jene Bergkette mit dem Aussehen von Wolken, von denen sie sich nur durch ihre Bewegungslosigkeit unterschied, war also Afrika, jenes Wunderland, von dem die Römer sagten: ›*Quid novi fert Africa?*‹, *der* älteste Kontinent, die Wiege der orientalischen Zivilisation, die Heimat des Islam, die schwarze Welt, wo sich die Düsternis, welche dem Himmel abgeht, auf die Haut der Menschen niedergeschlagen hat, dieses geheimnisvolle Laboratorium, wo die Natur den Menschen zu erschaffen sucht und zunächst aus dem Affen einen Neger macht! Welch raffinierte, moderne Steigerung der Tantalusqualen: Afrika zu sehen und daran vorbeifahren zu müssen!

Auf der Höhe von Tarifa, einem Nest, dessen kreidige Mauern sich auf einem steilen Hügel hinter einer kleinen Insel gleichen Namens erheben, kommen sich Europa und Afrika am nächsten und scheinen sich einen Kuß der Vermählung geben zu wollen. Die Straße ist so eng, daß man die beiden Kontinente zugleich sehen kann. Links Europa, rechts Afrika mit ihren felsigen Küsten, die sich in der Entfernung mit hellila, taubenhalsfarbenen Tönen überzogen hatten wie die eines schillernden Seidenstoffes. Vor uns hatten wir den grenzenlosen, sich ständig weitenden Horizont, über uns einen türkisblauen Himmel und unter uns das Meer wie ein Saphir so rein, so daß man den ganzen Rumpf unseres Dampfers erkennen konnte und sogar den Kiel der in der Nähe vorbeiziehenden Schiffe, die eher in die Luft zu fliegen als im Wasser zu schwimmen schienen. Wir schwebten in einer Fülle von Licht, und der einzige dunkle Fleck auf zwanzig Meilen in der Runde war die dicke Rauchfahne, die wir hinter uns herzogen. Das Dampfschiff ist wahrlich eine echte Erfindung des Nordens. Seine Feuer, die immer glühen, seine Kessel, die unablässig sieden, seine Schornsteine, die schließlich einmal den Himmel mit ihrem Ruß unrettbar schwärzen werden, sind in ausgezeichnetem Einklang mit Nebel und Dunst unserer Breiten. In der Helle des Südens ist das Dampfschiff fehl am Platze. Die gesamte Natur freute sich; große schneeweiße Wasservögel schnitten die Wellenkämme mit ihren Schwingen. Delphine, Thune und viele andere glitzernde Fische machten ihre Sprünge und Kapriolen und trieben ihr Spiel mit den Wogen. Segel folgte auf Segel, weiß und gebläht wie der milchpralle Busen einer Nereide, die aus dem Meer aufgetaucht ist. Die Ufer färbten sich in phantastischen Tönen; ihre Falten, Risse und Buckel fingen die Sonnenstrahlen auf eine Weise ein, daß die unwahrscheinlichsten Effekte entstanden und man ein unaufhörlich wechselndes Panorama geboten bekam. Gegen vier Uhr lagen wir vor Gibraltar und warteten, bis die Quarantänebeamten die Güte hatten, unsere Papiere mit Pinzetten anzufassen und sich zu vergewissern, ob wir in unseren Taschen nicht ein gelbes Fieber, eine blaue Cholera oder eine schwarze Pest einschleppten.

Der Anblick Gibraltars bringt einen völlig aus der Fassung; man weiß nicht mehr, wo man ist und was man sieht. Man stelle sich einen gewaltigen Felsblock oder vielmehr einen Berg von vierhundert Meter Höhe vor, der mit einer flachen und kaum erkennbaren Landzunge als Sockel jäh aus dem Meer herausragt. Nichts bereitet auf ihn vor, nichts motiviert seine Existenz, er steht in keinerlei Verbindung zu einer Gebirgskette. Es ist ein ungeheurer Monolith, der als Splitter eines Planeten dort während eines Kampfes der Gestirne niedergegangen ist, das Fragment einer geborstenen Welt. Wer hat ihn gerade an diese Stelle fallen lassen? Nur Gott und die Ewigkeit wissen es. Was die Wirkung dieses unerklärbaren Brockens noch steigert, ist seine Form; man möchte meinen, eine gigantische Sphinx aus Granit, wie sie Titanen hätten meißeln können und neben der sich die stumpfnäsigen Ungetüme von Karnak und Giseh wie Mäuse zu einem Elefanten verhalten würden. Die vorgestreckten Tatzen bilden das Kap Europa Point; der etwas entstellte Kopf ist Afrika zugewandt, das er mit grüblerischem Argwohn zu beobachten scheint. Welche Gedanken mag dieser Berg in seiner tückisch lauernden Haltung hegen? Welches Rätsel gibt er auf oder versucht er zu lösen? Lenden und Hinterteil sind Spanien in lässigen Falten zugekehrt; die sanftgewellten Linien ähneln denen eines ruhenden Löwen. Unten die Stadt ist kaum zu erkennen, unerhebliches Detail am Rande der Masse. Die in der Bucht ankernden Dreidecker kommen einem vor wie deutsches Spielzeug, wie winzige Schiffsmodelle gleich denen, welche man in Hafenstädten verkauft, und beim Anblick der kleineren Boote denkt man an Fliegen, die in der Milch ersaufen. Selbst die Befestigungsanlagen sind unsichtbar; dabei ist der gesamte Berg unterhöhlt und in allen Richtungen miniert. Er hat den Bauch voller Kanonen, Haubitzen, Mörser und der dazugehörigen Munition. Es ist das Gepränge und die Hoffart des Unbezwinglichen. Aber all das bietet dem Auge lediglich einige undeutliche Striche, die sich in den Felsritzen verlieren, und ein paar Löcher, aus denen Geschütze verstohlen ihre bronzenen Schlünde hervorstrecken. Im Mittelalter hätte Gibraltar von Basteien, Wehrtürmen und zinnenbekränzten Mauern gestarrt; anstatt unten Stellung zu beziehen, hätte es den Berg erstiegen und sich wie ein Adlerhorst auf dem höchsten Grat eingenistet. Die heutigen Batterien bestreichen das Meer, das an dieser Stelle so eng ist, daß sie es einem Schiff sozusagen unmöglich machen, die Durchfahrt zu erzwingen.

Am Eingang zu einer Bucht auf einer Halbinsel gelegen, ist Gibraltar mit dem Kontinent nur durch eine Landenge verbunden, die als neutrale Zone gilt und beiderseits die Zollgrenze bildet. Die erste spanische Ortschaft ist San Roque. Algeciras, dessen weiße Häuser im allgemeinen Blau leuchten wie der silbrige Bauch eines an der Wasseroberfläche treibenden Fisches, liegt Gibraltar genau gegenüber. Inmitten dieser blauen Herrlichkeit machte Algeciras gerade seine kleine Revolution. Man hörte ganz vage das Paffen von Gewehrschüssen wie von Salzkörnern, die man ins Feuer wirft. Die Mitglieder des *ayuntamiento* flüchteten sich sogar auf unseren Dampfer, wo sie in aller Seelenruhe ihre Zigarre rauchten.

Da die Gesundheitswächter keine Bazillen bei uns gefunden hatten, durften wir eins der lauernden Mietboote heuern und waren eine Viertelstunde später an Land. Der Eindruck ist unvorstellbar verwirrend. Mit einem Schritt hat man 500 Seemeilen zurückgelegt, und das ist ein bißchen mehr, als Däumling mit seinen berühmten Stiefeln geschafft hat. Soeben war man noch in Andalusien, jetzt ist man in England. Aus den maurischen Städten der Königreiche von Granada und Murcia verschlägt es einen unversehens nach Ramsgate; hier hat man die Backsteinhäuser mit ihren vertieften Vorplätzen, niedrigen Türen und Schiebefenstern genau wie in Twickenham und Richmond. Ein paar Schritte weiter findet man *cottages*, umfriedet von ihrem gestrichenen Zaun. In den Alleen und Anlagen sind Eschen und Birken, Rüstern und sonstige Gewächse des Nordens angepflanzt, deren grüne Blätter sich so stark von den gelackten, gestanzten Blechstückchen unterscheiden, welche man in südlichen Ländern als Laub ausgibt. Die Engländer sind derart eingefleischte Individualisten, daß sie überall die gleichen sind, und ich verstehe wirklich nicht, warum sie auf Reisen gehen, denn sie nehmen alle ihre Gewohnheiten überallhin mit und tragen ihr Haus auf dem Rücken wie die Schnecken. Wo immer sich ein Engländer aufhält, lebt er, als wäre er in London; er braucht seinen Tee, seine Rumpsteaks, seinen Rhabarberpie, seinen Porter und seinen Sherry, wenn es ihm gut geht, und sein Abführmittel, wenn es ihm schlecht geht. Mit Hilfe der zahllosen Kisten und Dosen, die er mit sich herumschleppt, verschafft sich der Engländer allerorten das für seine Existenz notwendige *home and comfort*. Wieviel Zeug doch diese ehrenwerten Insulaner zum Leben brauchen, wieviel Unbequemlichkeit sie doch auf sich nehmen, um es sich bequem zu machen, und wieviel lieber als diese Umstandskrämerei mir doch die spanische

Genügsamkeit ist. Schon seit geraumer Zeit hatte ich auf dem Kopf der Frauen nicht mehr diese gräßlichen Schuten, diese widerlichen, mit einem Stoffetzen umwickelten Tüten gesehen, die sich Hüte nennen und mit denen das schöne Geschlecht in den angeblich zivilisierten Ländern sein Gesicht verschandelt. Ich kann mein unangenehmes Gefühl bei der Begegnung mit der ersten Engländerin nicht beschreiben, die, einen Hut mit grünem Schleier auf dem Kopf, in plumpen Stiefeln an großen Füßen einhermarschierte wie ein Grenadier. Sie war keineswegs häßlich, ganz im Gegenteil, aber ich war so gewöhnt an die Reinheit der Rasse, an den edlen arabischen Wuchs, an die erlesene Anmut des Gangs, an die Niedlichkeit und Liebenswürdigkeit der Andalusierin, daß mir diese kerzengerade Gestalt mit ihrem steinernen Blick und toten Ausdruck, mit ihren eckigen Bewegungen und ihrer korrekten Haltung, mit ihrem Duft nach *cant* und dem Fehlen jeder Natürlichkeit einen trotz seiner Komik unheimlichen Eindruck machte. Es kam mir vor, als wäre ich plötzlich mit dem Gespenst der Zivilisation, meiner Todfeindin, konfrontiert und als wollte die Erscheinung bedeuten, daß mein Traum vagabundierender Ungebundenheit zu Ende sei, daß ich nun in das Leben des 19. Jahrhunderts zurückkehren müsse, um ihm nie wieder zu entrinnen. Vor dieser Engländerin schämte ich mich, weder weiße Handschuhe noch ein Lorgnon, noch Lackstiefeletten zu tragen, und ich warf einen verstörten Blick auf die extravaganten Stickereien meines himmelblauen Umhangs. Zum ersten Mal seit sechs Monaten hatte ich das Gefühl, nicht gesellschaftsfähig zu sein, nicht nach Gentleman auszusehen.

Jene langen britischen Gesichter, jene rotuniformierten Soldaten mit den Bewegungen von Automaten sind unter diesem strahlenden Himmel und am Ufer dieses gleißenden Meeres nicht in ihrem Recht. Man versteht, daß ihre Anwesenheit auf einen Handstreich, auf Usurpation zurückzuführen ist. Sie sind Besatzer, aber nicht Bewohner ihrer Stadt.

In dem seit der Ankunft der ungläubigen Engländer ketzerisch gewordenen Gibraltar gibt es viele Juden, die aus Spanien vertrieben wurden oder dort schlecht gelitten waren. In den Straßen erkennt man sie am Profil mit der Hakennase, am schmalen Mund, am gelben, glänzenden Schädel mit dem Käppchen am Hinterkopf und am fadenscheinigen, engen und dunklen Kaftan. Die Jüdinnen, die durch ein seltsames Privileg ebenso schön sind wie ihre Männer häßlich, tragen schwarze Kapuzenmäntel mit roten Borten von pittoresker Wirkung. Wenn wir ihnen begegneten, mußten wir unwillkürlich an die Bibel denken, an Rachel am Brunnen, an die schlichten Szenen der patriarchalischen Zeiten, denn wie alle orientalischen Frauen haben sie in ihren länglichen, schwarzen Augen und auf ihrem goldenen Teint den geheimnisvollen Abglanz einer versunkenen Welt bewahrt. Auch viele Marokkaner, sowie Araber aus Tanger und von der nordafrikanischen Küste gibt es in Gibraltar. Sie haben Butiken mit Parfum, seidenen Tüchern, Pantoffeln, Fliegenwedeln, verzierten Lederkissen und anderen Produkten berberischen Handwerks. Da wir einige Kleinigkeiten und Andenken besorgen wollten, ließen wir uns zu einem der angesehensten Händler geleiten, der in der oberen Stadt wohnte. Der Weg führte durch treppenförmig angelegte Gassen, die weniger englisch als die der Unterstadt sind und wo sich an manchen Ecken ein märchenhafter Blick auf die Bucht von Algeciras im letzten Schimmer des Tageslichts auftat. Als wir das Haus des Marokkaners betraten, wurden wir von einer Wolke orientalischer Düfte umfangen; das süßliche und durchdringende Parfüm des Rosenwasser stieg uns in die Nase und ließ uns an die Geheimnisse des Harems und die Wunder von Tausendundeine Nacht denken. Die Söhne des Kaufmanns, schöne junge Männer von einigen zwanzig Jahren, saßen auf einer Bank neben der Tür und genossen die Kühle des Abends. Sie besaßen jene Reinheit der Züge, jenen klaren Blick, jene vornehme Ungezwungenheit, jene sanfte und nachdenkliche Melancholie, die den edlen Rassen eigen ist. Der Vater hatte das würdige, majestätische Aussehen eines Weisen aus dem Morgenlande. Wir kamen uns neben dieser stattlichen Persönlichkeit recht klein und häßlich vor. In ehrerbietigem Ton und mit dem Hute in der Hand fragten wir ihn, ob er die Güte haben würde, uns einige Babuschen aus gelbem Marocain zu verkaufen. Er nickte zustimmend. Als wir ihm andeuteten, daß wir den Preis recht hoch fänden, antwortete er mit grandioser Miene: »Ich überfordere nie; das überlasse ich den Christen.« So macht uns unsere geschäftliche Unredlichkeit verächtlich in den Augen barbarischer Völker, die nicht verstehen können, daß die Sucht, ein paar Pfennige mehr zu verdienen, einen Menschen meineidig werden lassen kann.

Nachdem wir unsere Einkäufe gemacht hatten, stiegen wir wieder in die Unterstadt hinab und machten eine Runde auf der schönen, mit Laubbäumen bestandenen und von Blumen, Schildwachen und Kanonen flankierten Promenade, wo man Kutscher und Reiter genauso antrifft wie in Hyde Park. Es fehlt nur das Standbild von Wellington. Zum Glück haben die Engländer weder das Meer verschmutzen noch den Himmel schwärzen können. Diese Promenade liegt außerhalb der Stadt gegen Europa Point und bei dem Felsen, auf dem die Affen hausen. Es ist die einzige Stelle unseres Erdteils, wo diese liebenswerten Vierhänder in völliger Ungebundenheit leben und sich vermehren. Je nach dem wie der Wind dreht, wechseln sie von einer Seite des Felsens zur anderen und dienen so als Wetterpropheten; sie zu töten, ist bei sehr schweren Strafen verboten. Was mich anbetrifft, so habe ich keinen gesehen. Das Klima hier ist jedoch warm genug, daß auch die verfrorensten Magoten ohne künstliche Heizung gedeihen können.

Am folgenden Tage verließen wir diesen Artilleriepark und Schmugglerhorst und traten unsere Rückreise über Málaga, Cartegena und Alicante nach Valencia an, wo wir wegen des ungünstigen Wetters zehn Tage auf Anschluß warten mußten. Unsere Wißbegierde war gestillt, und wir wünschten uns nichts weiter, als nach Paris zurückzukehren, unsere Verwandten und Freunde, die lieben Boulevards und Gassen wiederzusehen. Ich glaube — Gott sei mir gnädig! —, ich hegte sogar den heimlichen Wunsch, ein Vaudeville zu besuchen; kurz, das zivilisierte Leben, welches wir während sechs Monaten aus dem Sinn verloren hatten, rief gebieterisch nach uns. Wir sehnten uns danach, die Tageszeitung zu lesen, im eigenen Bett zu schlafen und tausend andere banale Launen zu befriedigen. Endlich kam ein Postschiff aus Gibraltar, das uns mit kurzem Zwischenaufenthalt in Barcelona nach Port-Vendres mitnahm.

Um zehn Uhr morgens liefen wir in die kleine Bucht ein. Wir waren in Frankreich. Und soll ich es gestehen? Als ich den Fuß auf den Boden der *patrie* setzte, spürte ich, wie mir die Tränen aufstiegen, nicht etwa vor Freude, sondern vor Kummer. Die roten Türme, die Silbergipfel der Sierra Nevada, der Oleander des Generalife, die langen, feuchten, samtenen Blicke, die Lippen wie Nelkenknospen, die niedlichen Füße und zierlichen Hände, all das stieg so lebhaft vor meinem geistigen Auge auf, daß es mir vorkam, als solle dieses Frankreich, wo ich immerhin meine Mutter wiedersehen würde, für mich ein Land des Exils werden. Der Traum war aus.

Literatur

Gautier, Théophile, *Tra los montes — Voyage en Espagne*, 2 Bände. Paris, V. Magen 1843 (erste Buchausgabe)

Davillier, Jean-Charles Baron de, *l'Espagne*, mit 309 Holzstichen von Gustave Doré. Nach Vorabdruck in der Zeitschrift *Le Tour du Monde* von 1862 bis 1873 Buchausgabe in Großquart, Paris, Hachette 1874.
Die Abbildungen für die vorliegende Ausgabe sind diesem Band entnommen

Dumas, Alexandre, *Nach Spanien und Nordafrika*. Hamburg, Hoffmann und Campe 1969

Jones, Owen, und J. Goury, *Plans of the Alhambra*, mit 104 Tafeln in Chromolithographie, Kupfer- und Stahlstich. Großfolio. London, Selbstverlag 1836 bis 46

Gautier, Théophile, *Mademoiselle de Maupin*, München, Goldmanns Gelbe Taschenbücher 1969

Verzeichnis der Abbildungen

Alle Rechte vorbehalten
© dieser Ausgabe 1977, Büchergilde Gutenberg
Frankfurt am Main Wien Zürich
Aus dem Französischen von
Ulrich C. A. Krebs, Overijse (Belgien)
Die erste Buchausgabe erschien 1843
bei V. Magen in Paris (in 2 Bänden) unter dem Titel
›Tra los montes — Voyage en Espagne‹
Ausstattung Hans Peter Willberg, Vockenhausen
Lithografien Paja-Klischees, Frankfurt am Main
Satz und Druck Color- und Werkoffsetdruckerei
Richard Wenzel, Goldbach bei Aschaffenburg
Bindearbeiten G. Lachenmaier, Reutlingen
Papier 90 g holzfrei weißes Werkdruckpapier der
Papierfabrik Scheufelen Oberlenningen
Schrift Borgis Walbaum-Antiqua (Linotype)
Printed in Germany 1977
ISBN 3 7632 2105 0